W0198562

Bergmannssagen

aus dem
Harz

Herausgegeben und bearbeitet von
DIETMAR WERNER
Mit kulturwissenschaftlichen
und montanhistorischen Erläuterungen von
EBERHARD NEUBERT
Mit 69 Schabkartonblättern von
CHRISTA JAHR

VEB Deutscher Verlag für Grundstoffindustrie
Leipzig

ISBN 3-342-00323-5

Inhaltsverzeichnis

Über den Berggeist *162*

Einleitung

»Der Harz wird genennet der Wald und die Gegend, so um den Brocken oder Brockens-Berg her auf etliche Meilen gelegen ist, samt denen darinnen befindlichen Städten und Flecken.« So lesen wir in dem im Jahre 1678 gedruckten »Kurzen historischen Bericht von Aufkunft und Anfang der ... Bergwerke an und auf dem Harz«, den Thomas Schreiber verfaßte. Er erinnert daran, daß bei den »alten Historici und Geographi, als Julius Caesar, Strabon ... Tacitus und Ptolemäus«, ein viel größeres Gebiet, das den Schwarzwald, den Odenwald, den Spessart, den Thüringer Wald und den Böhmerwald einschloß, »Sylva Hercynia« genannt wurde. Die Natur dieser Landschaft wird von ihm sehr sorgfältig, beinahe liebevoll geschildert: »Die Luft auf dem Harz-Gebirge ist rauh, hart und kalt, gemeiniglich ungestüm und voller Nebels, welcher auf dem Gebirge und Walde lieget, weswegen es dann lange und harte Winter allda gibt und kurze Sommer. Es wird allda kein Acker gebaut oder besamet, sondern das Korn und Getreide wird von dem benachbarten Land-Volk häufig hinaufgebracht und verkauft ... Kohl, Rüben, Möhren sind die Raritäten und Zierde derer Gärten daselbst, welche ... (sich) die Einwohner wohl wissen zu Nutze zu machen, wobei sie ziemlichen Wiesenwachs und eine gute Viehzucht haben. Um den Herbst gibt es viele Krammets- (Wacholderdrossel – E. N.) und andere Vögel, welche von den Vogelstellern alsdann häufig gefangen werden. Sonst gibt es auch Haselhühner und Schnepfen, wie auch Auerhähne und -hühner, welche aber Landes-Fürstlicher Tafel alleine vorbehalten werden. Es entspringen in dem Harz-Gebirge gar schöne Wasser, ... welche schöne Forellen, Schmerlinge, Gründlinge und andere Fische in sich führen.«

Auf die lange Vorgeschichte der Landschaft mit dem Harzgebirge im Zentrum geht der Autor indessen nicht ein, berichtet nichts vom Angriff der Franken und Sachsen auf das Thüringerreich, das 531 besiegt wurde und dieses Gebiet an Sachsen abtreten mußte. 568 wanderten die sächsischen Eroberer zusammen mit Langobarden nach Italien aus. Unter fränkischer Königsherrschaft wurden in den verlassenen Gebieten Schwaben, Hessen und Friesen angesiedelt. Solche historischen Ereignisse fanden unter anderem auch ihren Niederschlag in Landschafts- und Ortsnamen, führten zum Aufeinandertreffen von Sprachdialekten, zum Austausch, aber auch zu Mißverständnissen von Wortinhalten. Kulturelle Eigenarten prallten mitunter heftig aufeinander, häufiger kam es jedoch zu einer Beschleunigung und gegenseitigen Bereicherung der kulturellen Entwicklung.

Dieses sich deutlich aus der umgebenden Landschaft heraushebende Harzgebirge gewann in feudalistischer Zeit aus machtpolitischen Gründen zunehmend an Bedeutung. Gleichsam als eine natürlich entstandene Bastion wurde der Harz zum Mittelpunkt des mittelalterlichen Reiches. Neben unzähligen Burgen legen die Pfalzen ein deutliches Zeugnis dafür ab. Erwähnt seien hier nur Goslar, Quedlinburg, Nordhausen, Wallhausen, Allstedt und Tilleda. Die Pfalz in Goslar war der Lieblingsaufenthalt einiger deutscher Könige und Kaiser. Das ist durchaus verständlich, wenn man bedenkt, daß der Harz als ein königlicher Reichsbannforst nahezu ideal für die repräsentative und vergnügliche Jagd war. Außerdem standen im Rammelsberg reiche Erzlager zur Verfügung.

Im Gegensatz zu Ereignissen in der Geschichte von Herrscherhäusern fehlen jedoch in vielen Fällen schriftliche Zeugnisse zur frühen Geschichte der Produktivkräfte dieses Gebietes, besonders urkundliche Belege über den Anfang dieser Bergwerke. Solche Nachricht ist aber jederzeit zum Nachweis angestammter Rechte wichtig. Also wurden Chroniken geschrieben, in denen möglichst glaubwürdig mit Namen und Jahreszahl, aber mit der Einschränkung »man sagt« oder »es heißt«, über bestimmte Vorkommnisse im Nachhinein berichtet wird. Gewollt oder ungewollt werden dabei auch Herrschergestalten, Zeitangaben und Familiennamen ausgetauscht und verändert. Ein instruktives Beispiel dafür ist die Sage »Wie der Harz fündig wurde«. Die neuere Forschung weist aus, daß man am Rammelsberg erst nach dem Tode Heinrichs I. fündig wurde. Der Sage dagegen kann entnommen werden, daß bereits zu dessen Lebzeiten ein gewisser Gundelkarl, angeblich ein Bauer, rechtzeitig Besitzansprüche angemeldet und zugestanden bekommen hat. »Wer aber auf seinen eigentümlichen Gütern mit dem Bergwerks-Regal spezialiter beliehen«, heißt es im Bergrecht, »der ist vom Muten, Bestätigen und Quatember-Geld billig befreit.« Wie aber, soll und muß gefragt werden, konnte sich ein einfacher Bauer in solch kompliziertem Rechtshandel auskennen? Bemerkenswert ist in diesem Zusammenhang, daß Johann Heinrich Michaelis in seiner Dissertation »Historische Nachricht von Ersten Ursprung und Erbauung der Kayserlich Freyen Reichs-Stadt Goslar auch Erfindung des Rammelsbergischen Bergwerks ...« (Jena 1758) diesen Namen ebenfalls vermerkt. Er schreibt: »Günther Cantzler, oder wie er gemeiniglich genennet wird, Gundecarl, war ein kluger und arbeitsamer Minister des Königs Heinrich des Anderen und ein Franke von Geburt.«

In einer solchen oder ähnlichen »sagenhaften« Art werden vielfach nicht nur historische Ereignisse widergespiegelt und klassengebundene Herrschaftsansprüche historisch fundiert, sondern die Sagen reflektieren – wie es Prof. Dr. Eberhard Wächtler einmal ausdrückte – gleichsam »phantastisch« die Entwicklung der Produktivkräfte. Damit wird bereits deutlich, daß die Sageninterpretation sowohl detaillierte historische Kenntnisse als auch ein einfühlsames und ausgeprägtes kulturhistorisches Verständnis erfordert.

Beim Lesen dieser Sagen um den Bergbau und das Hüttenwesen im Harz muß weiterhin auch darauf geachtet werden, daß Themen und Formen höfischer Erzählkunst in die eigentlichen Volkssagen Eingang gefunden haben. Ohne näher darauf einzugehen, sei lediglich auf einen damit verbundenen Aspekt aufmerksam gemacht. Johann Heinrich Michaelis verweist in seiner bereits erwähnten Dissertation darauf, daß die Sachsen mit der lateinischen Bezeichnung »Silvani«, d. h. »Waldleute, Waldwerchten«, charakterisiert wurden, die Franken dagegen mit »Montani«, d. h. »Berchleute, Berchwerchten«. Außer solchen Wortübernahmen und anderen »sagenhaften« Worterklärungen erscheinen gleichfalls Motive aus der antiken Mythologie direkt, manchmal durch frühchristliche Darstellungen vermittelt, in den Sagen des Volkes.

Es ist auffallend, daß im Harz historisierender und dekorativer als beispielsweise im Erzgebirge erzählt wird. Dagegen sind weniger unmittelbar oder vordergründig produktionsbezogene Sagen anzutreffen. Gern werden andererseits Ereignisse dargestellt, die jeden Menschen, also auch einen Bergmann, betreffen können. Und schließlich spielt im ganzen Umfang der bergmännischen Sagen der Bergmönch eine weitaus größere Rolle als anderwärts.

Diese Besonderheiten sind insgesamt aus der Geschichte des Bergbaus und des Hüttenwesens heraus zu begründen. Es gehört doch dreierlei zum Bergbau: Erstens muß die Rechtslage geklärt sein. In der Zeit, in der die Sagen entstanden und zum lebendigen Erzählgut des Volkes gehörten, besaß der deutsche König das Bergregal, d. h. die Verfügungsgewalt über alle Lagerstätten. Das schloß ein, daß er andere Landesherren damit belehnen konnte. Zweitens mußte man natürlich Erz finden. Jedermann durfte anfangs danach suchen. Wurde er »fündig«, mußte er beim Bergmeister schriftlich beantragen, daß er »zu bauen begehre«. Bergmännisch heißt dieser Vorgang »Muten«. Daraufhin konnten ihm eine Fundgrube, Maßen etc. verliehen werden. Drittens schließlich muß die Bergbautechnik beherrscht werden, wenn erfolgreich abgebaut werden soll.

Es ist leicht einzusehen, daß in der Erinnerung von Bergleuten das Suchen und Finden von Erzvorkommen am nachhaltigsten wirkt. Neben genauen Fundberichten gibt es unter den bergmännischen Sagen aus dem Harz eine Anzahl, die von Fundweisungen und Zufallsfunden erzählen. Aber es sind mengenmäßig entschieden weniger als in allen anderen Bergbaugebieten. Zwei Gründe sind dafür exakt faßbar: Wesentlichen Anteil an der ersten bergmännischen Erschließung des Harzes hatten erfahrene Bergleute aus Franken. Bei der Wiederaufwältigung kamen die benötigten Arbeitskräfte vorwiegend aus dem inzwischen technisch weit fortgeschrittenen obersächsischen Erzgebirge. Als Fachleute herbeigerufen, bedurften sie für ihre Arbeit kaum der Sagenverbrämung. Zum anderen gibt es besonders im Mansfelder Land in das Flöz eingelagerte Erze, die nur der Sachkundige ohne Probieren erkennt. Das aber, so heißt es, sollen in früherer Zeit die Venetianer gewesen sein. Sie verwendeten derartige Kupferkarbonate zum Färben von Glasmasse.

So betrachtet, bleiben alle Sagen in eigentümlicher Weise erzählte Geschichte, die unsere Kenntnisse über Vergangenes durchaus bereichern können. Keinesfalls ersetzen sie aber Urkunden, sind fast nie authentische Nachrichten, die wünschenswert historische Daten erbringen können. Das ist selbst dann nicht der Fall, wenn solche Geschichten in alten Historienbüchern nachzulesen sind. Zwei Beispiele sollen das verdeutlichen:

Erstens: Die Sage vom Aufkommen des Bergbaus am Rammelsberg bei Goslar, die in vielen Büchern zu finden ist, nennt entweder einen Jäger mit Namen Ramm als glücklichen Erzfinder oder belegt dessen Pferd mit diesem Namen. In den alten schriftlichen Quellen ist aber dieser Name nicht wiederzufinden. Dafür kommt er jedoch in weit voneinander entfernten Landschaften in der Benennung von Bergen vor. So gibt es eine ganze Anzahl Rammberge, Rammesberge bis hin zum angeführten Rammelsberg im Harz. Sprachforscher meinen, daß sich der Name von einem Verb herleitet, das soviel wie »heftig aufeinandertreffen« bedeutet. Da die Bergleute erfahren hatten, daß reiche Erze zu finden waren, wo Gänge aufeinanderstoßen, wäre dieser Name aus geologischen und sprachlichen Gegebenheiten heraus interpretierbar.

Zweitens: Cyriacus Spangenberg berichtet in seiner Mansfeldischen Chronik unter dem Jahr 1199: »Um diese Zeit hat sich das Bergwerk in der Grafschaft Mansfeld, nicht weit von Heckstedt (Hettstedt – E. N.) angefangen, als zwei Berghäuer, deren einer Necke oder Neuke, der andere Napian mit Zunamen geheißen, die ersten Schiefer gelanget (gefunden – E. N.) und als dieselben in der Probe recht befunden ...« Damit spiegelt sich in dieser Chronik zwar das planmäßige Suchen nach Erz und das Prüfen der Bauwürdigkeit richtig wider, ein beurkundeter Beweis ist das aber nicht.

Auffallend ist, daß in den bergmännischen Sagen aus dem gesamten Harzgebiet der Bergmönch eine große Rolle spielt. Oft ist sein Wesen und sein Verhalten dem des Berggeistes ähnlich, es wird auch nicht immer und überall zwischen beiden klar unterschieden.[1] Bemerkenswert ist, daß in erzählender Form die Frage gestellt und beantwortet wird, wer der Bergmönch früher gewesen sei. In einer ganzen Kette von Sagen wird er als eine Art Aufsichtsperson im Berggebäude und im Hüttenbetrieb dargestellt. Dabei kontrolliert er die Einhaltung der Ordnung im Arbeitsablauf sowohl hinsichtlich der Organisation als auch der Produktion. Er gibt dabei fachlich fundierte Hinweise. Das wird leicht verständlich, wenn man einen Blick auf die historische Entwicklung wirft: Im Gefolge christlicher Mission wurden im und um den Harz Klöster gegründet. Erwähnt seien hier Wandhusen, Ilsenburg, Michaelstein, Goslar, Zellerfeld und Walkenried. Sie erhielten großzügige Schenkungen, den Zehnt aus den landwirtschaftlichen Einkünften, zugesprochen. Dazu wurden sie am Hüttenwesen, einer ziemlich sicheren Einnahmequelle, sowie am Bergbau, aus dem weniger gleichmäßige Einnahmen flossen, beteiligt. Folglich ordnete man lieber einer Hütte eine Anzahl Bergwerke zu, organisierte gewissermaßen eine kontinuierliche Rohstoffversorgung.

Ziemlich frühzeitig gab es nachweisbar im Kloster den »Bruder Hüttenmeister«. Er verfügte über ausreichendes Wissen, war sicher auch über den fortgeschrittensten Erkenntnisstand zur Aufbereitung und Verarbeitung von Erzen informiert. Die Verbindung der Klöster untereinander begünstigte dabei die rasche Weitervermittlung von Erfahrungen. Weiter kommt hinzu, daß sich der Orden der Benediktiner, besonders der aus diesem hervorgegangene Reformorden der Zisterzienser, um die Entwicklung der Handwerkskultur bemühte. Das geschah ganz praktisch in der Ausbildung der Konversen, das heißt von Männern, die zwar zum Kloster gehörten, aber keine Mönche waren. Natürlich betraf dieses Bemühen um die Verbesserung der Ausbildung manueller Fertigkeiten ebenfalls Bergleute: die Häuer, die Kunstknechte, die Maurer und die Zimmerer. Erklärbar wird damit der enge Zusammenhang von Arbeitswelt und Kloster. Im Ergebnis dieser Organisations- und Arbeitsweise wurde das Ausbringen von Erz effektiver. Zwar konnten auch verbesserte Verfahren den Gewinn im Hüttenprozeß vergrößern, schneller kam man jedoch zum Erfolg, wenn mehr Erz zur Verfügung stand, das heißt, wenn mehr Erz liefernde Gruben zur Hütte gehörten.

Die aus diesen kurzen Darlegungen bereits erkennbaren Wechselwirkungen zwischen Bergbau und Hüttenwesen gaben gleichzeitig Veranlassung, in die vorliegende Sammlung Sagen um das Hüttenwesen im Harz mit aufzunehmen.

Auf Grund dieser Entwicklung wurde die weiter vorn genannte erste Bedingung für den Bergbau – die Klärung der Rechtslage – folglich außerordentlich wichtig. Konnte man Ansprüche nicht mit Beurkundungen belegen, wurde versucht, Urkunden zum eigenen Vorteil auszulegen oder gar zu fälschen. Des öfteren wurden z. B. Namen von Wasserläufen, Wegen oder kennzeichnenden Landschaftspunkten verändert oder umgedeutet. Die heute als Pistäler bekannten Flußläufe bei Zellerfeld hießen ursprünglich »Biscupdalr«. Die Änderung erfolgte im 15. Jahrhundert mit einer

Urkundenfälschung zum Nachweis bischöflicher Besitzansprüche. Erleichtert wurden solche Verfahrensweisen durch das Aufeinandertreffen verschiedener Dialekte oder die Sprachentwicklung allgemein. Eine Anzahl überzeugender Beispiele, wie auch das oben genannte, hat Hugo Haase gefunden und in seiner Studie über Kunstbauten alter Wasserwirtschaft [17] belegt.

Kriege, Streitigkeiten zwischen feudalen Landesherren, Unruhen, Bergeinbrüche und Seuchen fügten dem Bergbau und dem Hüttenwesen schweren Schaden zu. Als besonders folgenreich erwiesen sich die Auseinandersetzungen zwischen dem Landesfürsten, den Herzögen von Braunschweig-Lüneburg und der Stadt Goslar. Sie führten zur Zerstörung der Hütten und Bergwerke Goslars und zur massenhaften Abwanderung von Berg- und Hüttenleuten ins Meißnische Obererzgebirge und in andere Gebiete. Belegbar ist, daß der Bergmeister Hermann von der Gosewische die Bergwerke von Zelle und Wildemann beschädigt und verdorben hat, weil die Ehre seiner Frau vom Kaiser beleidigt worden war. Er wanderte ab und legte, wie Johann Gottlieb Voigt schreibt, »eine neue Kolonie in Freiberg an« (nach einer anderen Quelle soll Graf Albrecht von Lauterberg dieser Bergmeister gewesen sein). Auch solche Vorgänge werden in Sagenform erzählt, wobei jedoch politische, ökonomische und moralische Hintergründe kaum erwähnt werden.

Auch das freie Berggeschrei, die öffentliche Bekanntgabe reicher Erzfunde, verbunden mit der Aufforderung an alle, die Lust dazu verspürten, nach Erz zu suchen, ist nur eine Seite, die zu Abwanderungen führte. Hinzu kommen die bewußt und gezielt gewährten Bergbaufreiheiten. Über den letzteren Fakt erfahren wir jedoch in dem überlieferten Erzählgut fast nichts. Dagegen stehen unmittelbar empfundene Armut und Ungerechtigkeit, teilweise auch Unterdrükkung als Ursachen für die Abwanderung im Vordergrund. Vielfach werden die Ursachen aber gänzlich verschwiegen. Bleiben die Bergleute am Ort, wird die Überwindung der Not in der Sage in der Regel an glückliche Zufallsfunde oder an übernatürliche Hilfe gebunden.

An dieser Stelle ein Wort zur Einbeziehung der Sagen aus dem Mansfeldischen in diese Sammlung: Bei allen erkennbaren und in umfangreicher Spezialliteratur abgehandelten topographischen, geologischen, politischen und anderen Unterschieden bestanden doch sehr enge Zusammenhänge und Wechselbeziehungen zwischen den später Harz und Mansfeldisch genannten Landesteilen. Sie machen diese Vorgehensweise wünschenswert und sinnvoll. Ein besonderer Grund ist obendrein, daß auf gleicher kultureller Entwicklungsstufe bei der bereits erwähnten Mobilität des Bergmannsstandes die Arbeitsweise, die Bergordnung und endlich sogar die Lebensweise anderen Voraussetzungen angepaßt werden mußten. In der sagenärmeren, aber erzählfreudigen späteren Zeit wird dies deutlich reflektiert. Im Gespräch blieben beispielsweise die Walen-(Venetianer-)Sagen. Sie wurden im Zusammenhang mit neuen metallurgischen Verfahren, dem Saigerverfahren zum Beispiel, in neuer Weise erklärt. Aufschlußreich ist der Zusatz, den Eusebius Christian Franke 1723 in seiner »Historie der Grafschaft Mansfeld« zur Sage vom Grafen Busso[2] gibt: »Als er (Busso – E. N.) nun nicht wußte, warum man ihn so herrlich beschenkte, ließen sie ihn wissen: Sie täten solches aus schuldiger Dankbarkeit für den herrlichen Nutzen, so sie jährlich vom mansfeldischen Kupfer, so ihnen zugeführt würde, hätten, indem sie durch Kunst noch viel Silber und Gold daraus ziehen könnten.« Über diese Menge kann man sich annähernd eine Vorstellung machen, wenn man erfährt, daß ausgangs des Mittelalters im Mansfeldischen Revier jährlich bis zu 2 000 t Kupfer produziert wurden. Damit konnte der europäische Bedarf an diesem Metall fast vollständig befriedigt werden.

Unabhängig von der Absicht, nicht alles und jedes erklären zu wollen, seien nachstehend doch noch einige Hinweise vermerkt, die dem interessierten Leser bemerkenswerte Zusammenhänge erschließen können.

So gehört neben dem Bergmönch zu den Sagengestalten des Harzes der »Alte Mann«. Mitunter wird er als eine Greisenfigur mit Bart und schneeweißem Haar verbildlicht. Er kann von Gestalt sehr groß, gleichermaßen aber auch klein wie ein Zwerg sein. Ein Bergbau-Unkundiger ist leicht versucht, ihn als eine Variante zum »Wilden Mann« aufzufassen. In der Bergmannssprache bedeutet aber »auf einen Alten Mann bauen«, eine aufgelassene alte Grube erneut weiterzubauen oder weiter aufzuwältigen. Das kam im 14. bis hin zum 16. Jahrhundert bei der Wiederaufnahme des Bergbaus im Harzer Revier sehr oft vor. Unmittelbaren Anstoß dazu gab u. a. Elisabeth, die Witwe Herzog Wilhelms des Jüngeren zu Braunschweig und Lüneburg, eine Tochter des Grafen Botho zu Stolberg. Sie kannte gewissermaßen »von Haus aus« die Bedeutung des Bergbaus und konnte so von zu Hause, nämlich bei ihren Brüdern, den Grafen Caspar, Albrecht und Boden, tüchtige Bergleute anfordern. Und sie bekam sie tatsächlich auch gestellt. Bemerkenswert ist an diesem Vorgang, daß in dieser Zeit eine derart friedfertige Hilfsbereitschaft zwischen adligen Verwandten nur hinsichtlich des Bergwesens bestand. In der Regel betrieb man sogar das gesamte Bergwerk gemeinsam, weil man eine hohe und sichere Ausbeute nur bei Beibehaltung einer bestimmten Betriebsgröße erreichen konnte. Dagegen bekämpfte man sich untereinander bei jeder Landesteilung um »eines fußbreit Landes« willen ohne Rücksicht auf Blutsverwandtschaft unerbittlich.

Ebenso »bergerfahren« wie die Harzgrafen – um ein weiteres Beispiel zu nennen – waren inzwischen auch die sächsischen Kurfürsten und Herzöge geworden. So riet Herzog Georg zu Sachsen dem – wie es in alten fürstlichen Chroniken heißt – mit ihm »in Freundschaft und Verbündnis lebenden« Herzog Heinrich dem Jüngeren sehr dringlich an, den Bergbau wieder aufzunehmen. Begründet wurde das damit, daß die »Alten« doch nicht umsonst so viel Arbeit, Mühe und Unkosten angewendet hätten. Ganz selbstlos war keiner dieser Berater, denn an das Angebot fachkundiger Hilfe im Bergbau und im Hüttenwesen wurden, wie nicht anders zu erwarten, Ansprüche an das Bergregal geknüpft.

Intensiver historischer Forschung ist eine generelle Periodisierung des Harzer Bergbaus zu verdanken. Den von Prof. Dr. Eberhard Wächtler aufgrund der Untersuchungen zur Geschichte der Produktivkräfte nachgewiesenen drei Hauptperioden – nämlich erstens bis zur Reformation (bis zur »Bergbaufreiheit«), zweitens bis zu der Industriellen Revolution und der Aufhebung des Direktionsprinzips und drittens die Periode danach – lassen sich zweifelsohne Sagen zuordnen. Mit diesen Erkenntnissen ausgestattet, kann man sogar klar erkennen, wie beim Übergang von einer Periode in eine andere Sagengestalten als Hauptpersonen verändert, besonders aber Sageninhalte modifiziert werden. Dagegen sind aus dem Sagenschatz allein, d. h. ohne Berücksichtigung der Forschungsergebnisse entsprechender historischer Disziplinen, prinzipielle historische Periodisierungen schwerlich möglich. Doch müssen bei dem spezifischen, auf Bergbau und Hüttenwesen bezogenen Ausschnitt aus der Kulturgeschichte des Harzes und des Mansfelder Landes nicht vordergründig oder gar bis in Einzelheiten die ohnehin komplizierten genealogischen Zusammenhänge oder die durch die Politik des Feudaladels bedingten Veränderungen der Territorien dargestellt werden. Sie konnten logischerweise nicht mehr prägend auf die Kultur im Bergbau und im Hüttenwesen wirken. Das ergibt sich schon aus der Entwicklung notwendiger neuer technologischer Verfahren, deren erfolgreiche Anwendung allerdings an das Fortbestehen feudaler Rechtsverhältnisse gebunden sein konnte. Das traf auf die Bewirtschaftung von Wasser und Wald zu. Dagegen mußten andere »uralte« Feudalrechte aufgegeben werden, um dem »Bergvolk« seine Arbeit überhaupt zu ermöglichen und es zum Bergbau zu ermuntern, um es im Lande zu halten oder es ins Land zu rufen. Alle Bergordnungen und unzählige »Bergurteile« geben darüber Auskunft, wie überhaupt seit dem Ende des 14. Jahrhunderts die schriftlichen Quellen über den Harzer und den Mansfelder Bergbau reicher zu fließen beginnen.

Wenn Thomas Schreiber in seinem 1678 erschienenen Buch »Kurzer historischer Bericht ...« [26] u. a. berichtet, wie »man sich auf der Höhe des Harzes weiter umgesehen und viele alte Pingen, Halden, Schlackenhaufen und andere von den Alten hinterlassene Wahrzeichen in sonderliche Obacht genommen ...« hat, so ist deutlich neben der bewußten Suche nach früher vorhandenen Produktionsstätten auch eine geordnete Verfahrensweise zu erkennen. Das schließt zwar das planlose »Kutten«, das erneute Durchsuchen von Halden und Versatz im »Alten Mann«, nicht aus, verdeutlicht aber gleichzeitig, daß nun für die Herausbildung einer berg- und hüttenmännischen Kultur der Spielraum wichtiger wird, den

Bergordnungen und zahlreiche technische Neuerungen und Erfindungen gewähren.

Bezeichnend ist wiederum für die Welt der Sage und des Erzählgutes aus dem Harz und dem Mansfelder Land, daß diese die technische Kreativität relativ genau und auffallend häufiger als in anderen Bergbaurevieren widerspiegelt. So wird der sorgsame Umgang mit den begrenzt zur Verfügung stehenden Wasservorräten mit zunehmender Teufe im Bergbau immer wichtiger. Wie selbst an kleinen Bächen mehrere Mühlen hintereinander angelegt wurden, so wurden im Bergbau mehrere Radstuben untereinander gebaut. Damit konnte die Energie des fallenden Wassers bis zum wasserlösenden Stolln ausgenutzt werden. 1535 wurde in Wildemann eine moderne Heintzenkunst eingebaut, mit der wirkungsvoller Wasser aus dem Bergwerk herausgehoben werden konnte. Als Besonderheit der Harzer Künste ist der sogenannte »krumme Zapfen« zu nennen, eine Art Kurbel, die eine Drehbewegung in eine hin- und hergehende Bewegung umsetzt. Mit der Einführung des Naßpochens in der Erzaufbereitung war die Gewinnung feinerer Körnung möglich. Auch sei auf neue metallurgische Verfahren hingewiesen, die in der Messingherstellung und der Eisengießerei eingeführt wurden.

Für die Herausbildung und Entwicklung der kulturellen Eigenart des »Bergvolkes« ist sicher wichtig, wie sie sich öffentlich darstellen darf und muß. Mit der planmäßigen Anlage von Bergstädten, die ihrer inneren Struktur und Ikonologie nach erkennbar Herrschaft und Recht repräsentieren, übte der feudale Landesherr starken Einfluß auf die Lebensweise aller Klassen, Schichten und Berufsstände aus. Solche Formen wurden teilweise respektiert, sogar übernommen. Wenn jedoch der Widerspruch zwischen den Interessen der Bergherren und der Lebensweise der Berg- und Hüttenleute übergroß, vor allem aber als unversöhnlich erkannt wurde, ersetzte man die von der herrschenden Klasse übernommenen Formen durch neue eigene, zweckentsprechendere. Für das »Bergvolk« war diese Seite der Lebensäußerung wichtig, denn seine Arbeit vollbrachte es in den Gruben und den Hütten, unsichtbar für alle Berufsfremden. In aller Öffentlichkeit dagegen wurden Bergsachen in repräsentativem Architekturzusammenhang verhandelt. Die Gerichtsbarkeit über die Bergstädte und deren Bürger stand dem Berghauptmann zu. Er wurde vom Landesfürsten eingesetzt. Sein Bergamt mußte er öffentlich halten oder, wie wir in Johann Gottlieb Voigts »Bergwerksstaat« aus dem Jahre 1771 [33] nachlesen können, »ordinair wöchentlich zweimal ... als mittwochs und sonnabends. Es gehört davor eigentlich alle Berg- und Hüttensachen, auch die vorgefallene Justizsachen, und des freitags geschieht vor demselben das Verlesen der Schichtmeister Rechnungen, von jeder Grube wöchentliche Einnahmen und Ausgaben, damit alles davon in frischem Andenken untersucht werden könne ...«

Darüber wird auch genau Buch geführt. Die für Zellerfeld, Clausthal, Andreasberg etc. gültige – 1593 gegebene und 1689 erneut gedruckte – Bergordnung nennt im 9. Artikel die Bücher, »so auf unseren Bergwerk gebraucht werden«:

»Zuerst das Bestätig-Buch. Darinnen findet man verzeichnet die Lehenschaften, wie jedem auf seine Mutung Zechen und Maßen, Hütten-, Poch- und Schmiedestätte durch den Bergmeister verliehen sind.

Zum anderen das Nachlassung-Buch. Darinnen werden die Zechen, eine jegliche Rechnung wie sie ihre gehörende Maßen, welche sie Wassers halben oder sonst nicht belegen können und auf die Stollen, Züge oder Kunst warten müssen, doch wie sie dieselbigen nachgehenden Quartals bauhaftig erhalten mögen, verschrieben, auf das sie ihnen von anderen nicht frei gemacht werden dürfen.

Zum dritten das Vertrags-Buch. Darinnen werden verschrieben die Entschiede der Parteien, so da in Bergsachen irrig gestanden etc., welcher Gestalt und was Meinung sie vertragen und vereinigt seien.

Zum vierten das Rezeß-Buch. Darinnen wird verzeichnet auf jede Bergrechnung der Zechen Bergkost, Hüttenkost. Item, was für Zubuß angelegt gewesen und wieviel Kuckus (Kuxe – E. N.) verlegt worden. Item mehr, was in selben Quartal von jeder Zeche für Silber, Blei, Glödt (Bleioxid – E. N.) und Kupfer gemacht ...

Zum fünften das Gegenbüchel. Darinnen findet man verzeichnet alle Gewerkschaften der Zechen und werden darinnen jedem Gewerken auf sein Ansuchen seine Teile, ob er dieselben verkauft oder vergeben, ab- und zugeschrieben.

Zum sechsten mehr ein Handel-Buch. Darinnen findet man die Ratschläge, was der Berghauptmann, Bergmeister und Geschworene jederzeit des Bergwerks und aller Zechen Angelegenheit, Not und Gebrechen halben handeln und beschließen, davon auch jedesmal ... dem Landesfürsten Kopien sollen zugestellt werden.«

Mit eben solcher Genauigkeit wird in allen Bergordnungen beschrieben und festgelegt, welche Arbeit in welcher Weise von wem zu erledigen ist. Im Zusammenhang damit lassen sich viele Sagen und Erzählungen besser verstehen. Andererseits nötigen uns heute manche Artikel dieser Bergordnungen ein verständnisvolles Schmunzeln ab. So werden beispielsweise alle ermahnt, »besonders aber die Bergmeister, Geschworenen, Schichtmeister, Steiger und alle Arbeiter, vornehmlich an Arbeitstagen sich vieler Hochzeiten- und Kindtaufsgehen, Winkel-Gelagen auf den Zechen und Sauf-Kollationen, Müssig-Stehens ...« zu enthalten. Und ergötzlich ist es sicher für uns, folgendes zu lesen: »Nachdem wir auch in Erfahrung kommen, daß je zu Zeiten unsere verordneten Berggeschworenen mit unnötigem Geschwätz ... die Steiger vom Einfahren abhalten, dadurch dann viel Zeit der Arbeit verspielt und Versäumnis in den Gruben verursacht wird, so soll den Geschworenen hiermit ernstlich verboten sein, die Steiger hinförder dergestalt auf und von ihren Arbeitern aus den Gruben zu halten.« Es waren sicher nicht bloß allgemein erzieherische Absichten, die solchen Ordnungen zugrunde liegen, sondern sie wurden von ganz realen, handfesten, ökonomischen Überlegungen bestimmt. Was ein Steiger zu tun und wie er sich den Bergarbeitern gegenüber zu verhalten hatte, wurde so formuliert: »Ein jeglicher Steiger soll zu jeder Schicht auf der Zeche gegenwärtig sein und aufsehen, daß die Häuer und Arbeiter zu rechter Schicht anfahren, auch rechte Schicht halten und soll die Arbeiter fleißig anhalten und unterweisen, den Gewerken mit Fleiß treulich und nützlich zu arbeiten.« Solche Disziplinierungsmaßnahmen sind jedem verständlich. Dem Bergfremden werden jedoch in Sagen geschilderte Verfehlungen von Steigern – um bei diesem Beispiel zu bleiben – erst erklärlich, wenn er den entsprechenden Artikel aus der Bergordnung kennt. So ist es verboten, »die reichen Erze bei nächtlicher Weile ... ohne Beisein des Bergmeisters, eines Geschworenen oder Steigers« abzuschlagen und auszubringen, und es sollen »die Steiger und Vorsteher einer jeden Zeche ein fleißiges und unnachlässiges Aufsehen haben, daß keine Schaustufe entzogen und verkauft wird, solches sollen sie selbst nicht tun noch anderen gestatten«. Leicht sind viele weitere Beispiele aufzuführen, die in ähnlich überzeugender Weise zeigen, wie bestimmte Verordnungen unter anderem auch mit Hilfe von Sagen gewissermaßen ständig »in aller Munde« waren. Andererseits hat es aber auch bei den Aufsichtspersonen offensichtlich manche Unregelmäßigkeiten gegeben, die sich natürlich ebenfalls in den Sagen widerspiegeln. So schrieb der Zellerfelder Berghauptmann Georg Engelhart von Löhneiß in seinem 1617 erschienenen Buch »Bericht vom Bergwerck«, daß die faulen, versoffenen Bergmeister, Geschworenen, Steiger und Schichtmeister zuviel Spesen und sonstige Ansprüche von den Gewerken forderten. Die gleichen Vorwürfe erhob der Philosoph und Mathematiker Leibniz, der zeitweilig eine Funktion im Harzer Bergbau bekleidete und der den Harzer Bergbeamten Rückständigkeit, Pflichtvergessenheit und Vetternwirtschaft nachsagte.

Doch nochmals zurück zur Bergordnung! Der Frage, woher die Bergleute bei der Wiederaufnahme des Bergwerks- und Hüttenbetriebes im Harzer und Mansfelder Revier gekommen sind, wurde an anderer Stelle schon nachgegangen. Aber auch die Bergordnungen geben darüber Auskunft. So wird beispielsweise nicht nur darauf hingewiesen, daß das Freiberger Bergrecht gelte und man sich an die Joachimsthaler Bergordnung halte, sondern, daß die Preise für Erze und Metalle der Schneeberger Währung gemäß bezahlt werden. Mit diesen und weiteren Namen von erzgebirgischen Bergstädten waren ohne Benennung von Einzelheiten aber doch nur Menschen anzusprechen, die mit diesen Details gut vertraut waren, also auch in ihrer Mehrheit dort gelebt und gearbeitet hatten. Daß sie tatsächlich diesem »neuen Bergkgeschrey« zufolge kamen – viel mehr als gebraucht und manche angelockt, obwohl sie vom Bergbau nichts verstanden oder mit einem anderen Gewerbe am Bergsegen teilhaben wollten –, ist den Berg- und Hüttenordnungen des 16. Jahrhunderts speziell dieser Reviere zu entnehmen. So wird darin u. a. folgendes bestimmt: »Nachdem die Bergleute ... in schweren Diensten sitzen, so ist es von Alters her also gehalten worden, daß man keinen Ausländischen vor einem Einheimischen an die Arbeit gelegt hat, ... damit nicht das Flecken (der Ort – E. N.) oder der Handel mit vielen fremden Burschen beladen und dadurch den Einwohnern und Hausgenossen ihre Nahrung entzogen werden möge.« Das wiederum hatte zur Folge, daß man in der Bergfreiheit von 1554 ausdrücklich die Befugnis zu allen »bürgerlichen Gewerben und Hantierungen« erteilte. Ob man davon aber tatsächlich Gebrauch machte, ist eine ganz andere Frage. Leider gibt es keine ausreichende wissenschaftliche Untersuchung darüber, warum hier und anderwärts offensichtlich eine Abneigung bestand, »fremdartige« Gewerbe zu betreiben, selbst dann nicht, wenn man in Not geraten war. Das aber spiegeln in einmaliger Weise einige Erzählungen und landesherrliche Verordnungen aus dem Harz wider. So wurde noch 1750 den Bergburschen die »Konzession zur Verheiratung« versagt, wenn sie nicht in voller Berg- oder Hüttenarbeit standen, durch die sie eine Familie ernähren könnten, es sei denn, »daß sie sich zu einer anderen Nahrung gebenden Profession begäben«.

Aufschlußreiche Angaben über die zugewanderten Berg- und Hüttenleute, auch über die Orte, aus denen sie kamen und in denen sie blieben, enthalten die Grubennamen. Wenn ein Grubenname ursprünglich nur im Erzgebirge, vielleicht sogar nur in einer ganz bestimmten Stadt vorkam, liegt nahe, daran zu glauben, daß sich aus einer späteren Verwendung eben dieses Grubennamens in einem anderen Bergrevier Verbindungen zu der Herkunft dieser Bergleute ergeben. Es lassen sich sogar genügend Beispiele dafür anführen. Eine sorgfältige Betrachtung ergibt dabei, daß ausschließlich Namen von Gruben und Gängen, die reiche Ausbeute gaben, wiederverwendet wurden. Das ist verständlich! Wer aber verläßt eine sichere und reiche Grube? Offen bleibt auch die Frage, wann man sie verläßt. Andereseits gibt es in diesem Sinne sehr gute Bergwerke, deren Namen überhaupt nicht wiederverwendet werden. Das gilt zum Beispiel für Namen von Bergbauheiligen. Die Meinung, das sei im Zusammenhang mit der Reformation zu erklären, kann als viel zu einschichtig nicht hingenommen werden. Hier ergibt sich somit noch ein breites Feld für entsprechende Forschungen. Eins steht aber fest: Selbst solche Details bergmännischer Volkskultur werden in den Sagen getreulich aufbewahrt und geben uns ein lebendiges und ergründbares Bild aus vergangener Zeit.

Die historische Entwicklung mit ihren kulturhistorischen Auswirkungen ausführlicher darzustellen würde die Absicht dieser einleitenden Hinweise bei weitem überschreiten und muß speziellen Publikationen vorbehalten bleiben. Die Hinweise sollten lediglich dazu beitragen, die im Erzählgut der jeweiligen Bergbaugebiete vorhandenen Unterschiede besser erkennen zu können – Unterschiede, die sowohl die Anzahl der Sagen zu den einzelnen Arbeits- und Lebensbereichen als auch den erzählten Inhalt und die Erzählweise selbst betreffen. Auf alle Fälle wurde aber bereits ersichtlich, daß diese Unterschiede, die man selbst zwischen den so eng benachbarten Bergbaugebieten Harz und Mansfelder Land finden kann, leichter verständlich werden, wenn die Geschichte dieser Bergbaugebiete in die Betrachtung einbezogen wird. Dabei sollen jedoch, und das sei hier nochmals hervorgehoben, derartige Hinweise den Leser nur anregen zu weitergehenden historischen und kulturhistorischen Studien.

Das Bemühen um die Bewahrung des Sagenschatzes ist eingefügt in die Pflege unseres wertvollen kulturellen Erbes des Volkes. Viele Aspekte sind dafür maßgebend. Hervorgehoben sei jedoch an dieser Stelle, daß wir durch die Sagen oftmals nicht nur einen ersten, sondern vielfach auch einen maßgeblichen Zugang zu dem Denken und Fühlen der in vergangenen Zeiten lebenden Menschen finden, daß die Sagen uns einen Einblick in deren Erfahrungen im gesellschaftlichen Zusammenleben ermöglichen. Dabei darf natürlich nicht übersehen werden, daß durch eine ähnliche Beschäftigung mit Volksliedern, Volkstänzen und Volksbräuchen dieses Wissen erweitert und vertieft wird. Über die einfache Lust und Freude am Zuschauen regen gerade diese stark emotional getragenen Lebensäußerungen zum Mitmachen an. Das führt gewissermaßen über das Nacherleben zum Erfassen der darin enthaltenen ästhetischen Wertorientierungen, wirft schließlich Fragen nach Grund und Sinn dieser Volkskunst auf. Vielfältig sind die Beispiele, die dafür angeführt werden können. Darin eingeschlossen ist auch, daß für jeden Betrachter die Volkstracht oder eine bestimmte Berufskleidung interessant und bunt ist, vielleicht sogar seltsam anmutet. Wenn der Betreffende aber weiß, welche Bedeutung Arschleder, Barte und Tzscherpertasche für den Bergmann hatten, wird ihm die Arbeits- und Festtagswelt dieser Menschen – im wahrsten Sinn des Wortes – besser begreifbar. Zu dieser Lebensumwelt und der damit verbundenen Lebensweise gehören natürlich ebenso Wohnung und Freizeit. Und gerade auch in diesen Bereichen ist der Bergmann außergewöhnlich einfallsreich und produktiv. Aus den Sagen können wir »herauslesen«, wie vielfältig er bei seiner Arbeit vor Ort sein mußte. Sein handwerkliches Geschick in der Produktion, das wir – besonders »augenfällig« beim Besuch eines der liebevoll gepflegten Schaubergwerke – immer wieder bestaunen, ist in der Einrichtung seiner Wohnung ebenso zu bewundern. Das Schnitzen und Basteln in der Freizeit ist nicht nur als Zeitvertreib zu erklären, sondern ist vor allem auch Ausdruck der durch den Arbeitsprozeß ausgelösten schöpferischen Fähigkeiten.

Unserer Vergangenheit schulden wir ein solch sorgsames, kenntnisreiches Herangehen. Dazu steht nicht im Widerspruch, sondern ist vielfach der erste Schritt in diese Richtung, daß wir im »Hier und Heute« mit viel Vergnügen Volkskunst und Volksbräuche erleben, daß wir zunächst Sagen lesen und vielleicht auch einmal weitererzählen.

Daher will auch dieser Band berg- und hüttenmännischer Sagen aus dem Harz und aus dem Mansfelder Land als Lesebuch und nicht als volkskundliche Untersuchung des betreffenden Sagenschatzes verstanden werden. Die Sagen sind nach thematischen Komplexen zusammengefaßt. Den einzelnen Kapiteln wurden Erläuterungen vorangestellt, die ebenso wie die Einleitung eine Hilfe zum besseren Verständnis der Sagen sein sollen, keinesfalls aber eine wissenschaftliche Deutung oder gar eine Erklärung des Inhalts der Sagen sein wollen.

Die Sagen wurden in dem für den Harz und das Mansfelder Land zur Verfügung stehenden Quellenmaterial vielfach in einer Form und in einem Stil überliefert, die dem Leser in der heutigen Zeit das Eindringen erschweren. Sie wurden deshalb behutsam und ohne Veränderung des Inhalts dem heutigen Sprachgefühl angepaßt. Um jedoch Interessenten den Zugang zu der maßgeblich benutzten Quelle zu ermöglichen, wurde diese in Form einer Nummer am Ende einer jeden Sage angegeben. Das Quellenverzeichnis befindet sich am Schluß des Buches. Auf weitere wesentliche Aspekte, die bei der Arbeit mit Sagen in heutiger Zeit zu beachten sind, wird ausführlich in der einschlägigen Literatur eingegangen (siehe u. a. [37]), so daß hier nicht nochmals darauf Bezug genommen wird. Es sei lediglich wiederholend darauf verwiesen, daß einige Sagen in früheren Zeiten teilweise auch in einem blumigen, teilweise sogar künstlichen Stil niedergeschrieben wurden. Von der ursprünglichen Volkssage blieb mitunter nicht mehr viel übrig. Ein typisches Beispiel dafür ist in der vorliegenden Anthologie »Die Sage von dem Schacht, genannt Die Hoffnung, bei Goslar«.

An dieser Stelle sei es gestattet, ein Wort des Dankes an all die vielen Bürger zu richten, die durch Bereitstellung von Quellenmaterial und vielfältige Hinweise die Herausgabe des Buches ermöglichten. Besonderer Dank gilt den Gutachtern, den Herren Prof. Dr. Arnold und Prof. Dr. Wächtler, die mit wertvollen Anregungen und Hinweisen die Arbeit sehr wirkungsvoll unterstützten. Herzlich danken wir auch dem Verlag für die gute Zusammenarbeit und die Unterstützung der Bemühungen zur Erhaltung des Sagenschatzes. Schließlich sei auch allen Beteiligten für die sorgfältige technische Herstellung des Buches gedankt.

Verlag und Herausgeber hoffen auf eine positive Aufnahme dieses Buches mit Sagen aus dem bergmännischen Milieu. Hinweise zur Vervollständigung der dem Buche zugrunde liegenden Sammlung von Sagen rund um den Bergbau und das Hüttenwesen im Harz und im Mansfelder Land werden dankbar aufgenommen.

E. Neubert und D. Werner

Über das Auffinden der Bodenschätze

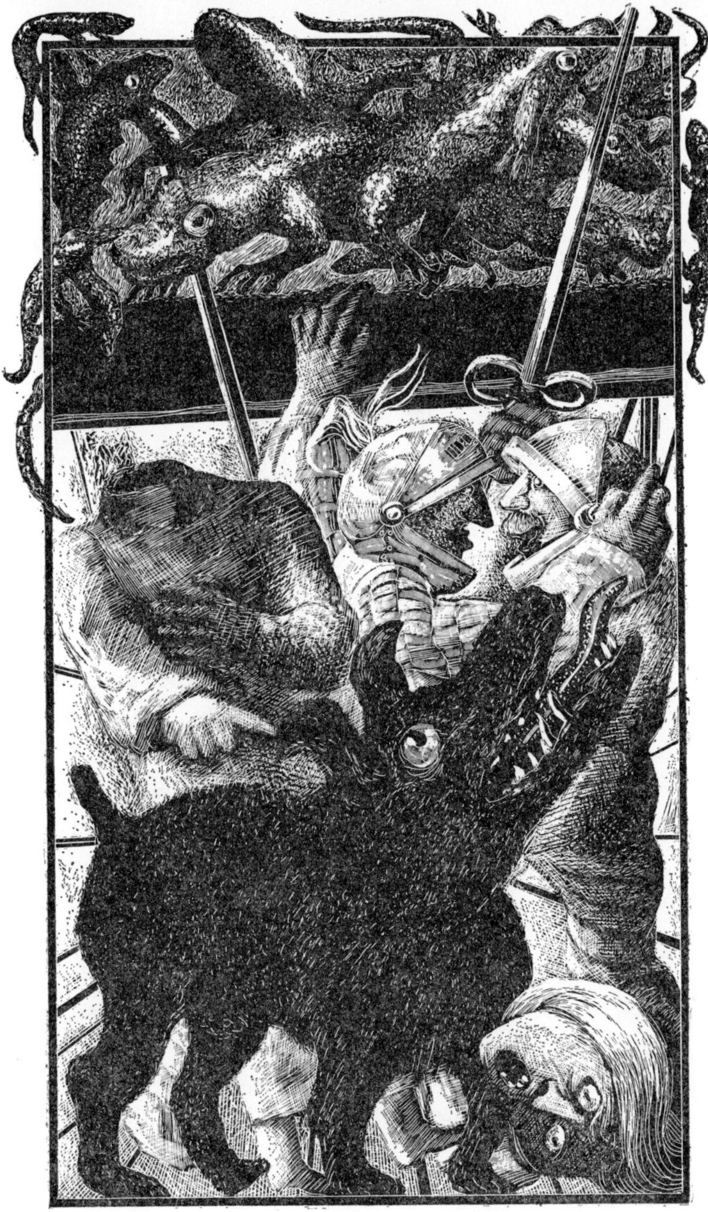

Der großen Bedeutung des Bergbaus im Harz und im Mansfeldischen scheint die relativ geringe Anzahl der Sagen, die sich um das Auffinden der Bodenschätze ranken, nicht zu entsprechen. Dies ist wahrscheinlich dadurch zu erklären, daß diese Gebiete frühzeitig fündig wurden. Sind doch im allgemeinen wenig Sagen aus diesen Zeiten überliefert – ein Fakt, der auch bei der Betrachtung des bergmännischen Sagengutes mit beachtet werden muß. Außerdem können große Verluste im Sagengut dadurch eingetreten sein, daß die Menschen, die das bergmännische Erzählgut lebendig erhielten, in den vergangenen Jahrhunderten durch Kriege, Krankheiten, Seuchen, Unglücksfälle und dergleichen sehr stark dezimiert wurden. Selbst das Abwandern in andere Gebiete aufgrund eines neuen Berggeschreis kann dazu geführt haben, daß Sagen in veränderter Form weitergegeben, mit veränderten Bezugspunkten und Verwechslungen erzählt oder völlig vergessen wurden.

In den erhalten gebliebenen Sagen dieses Themenkreises spiegeln sich oft Besonderheiten der Geschichte, der Abbauverhältnisse und der technischen Entwicklung wider, auf die auch bereits in der Einleitung hingewiesen wurde. Erkennbar wird dies, wenn wir sie mit verwandten Sagen anderer Bergbaugebiete vergleichen. Glückliche Zufallsfunde sind in diesen oft das bestimmende Sagenmotiv. Im Harz und im Mansfelder Land hat dies untergeordnete Bedeutung. Sicherlich ist das neben anderen Einflußfaktoren auch auf die verhältnismäßig planvolle Erkundung der Bodenschätze dieser Reviere zurückzuführen. Gleichzeitig wird dadurch eine mythische Verbrämung der Erzsuche in den Sagen überflüssig. Bestimmte doch beispielsweise die Bergordnung, daß der Bauer auf seinem eigenen Felde einen Bergmann nicht nur am Einschlagen nicht hindern durfte, sondern vielmehr sogar noch dafür Sorge tragen mußte, daß bergmännisches Recht und Eigentum nicht beschädigt wurden. 1594 wurde in diesem Zusammenhang zum Beispiel folgendes verordnet: »Wann der Bergmann sein Bergrecht und Lehen mit Stell und Schauer bekräftigt hat dergestalt, daß Stelle und Schauer stehen, so muß der Hirte davor wehren wie vor Rocken und Weizen oder anderen Früchten, entstände aber seinetwegen Schaden, den soll und muß der Hirt gelten ...«

Freilich gibt es im Harz auch Fundsagen, in denen wie überall in der Welt Bäume, silberne Zapfen und Fundweisungen eine Rolle spielen. Mitunter liegt jedoch hierbei – sicherlich nicht ganz unbegründet – die Vermutung nahe, daß es sich dabei um Sagen handelt, deren Motiv mit den aus anderen Gebieten zugezogenen Bergleuten einwanderte. Ein Beispiel dafür ist die Sage vom Erzberg in ihrer Ähnlichkeit mit dem Motiv der Danielsage aus Annaberg[3].

Im Zusammenhang mit diesem Themenkreis sei noch eine Bemerkung zu dem in den Sagen des Harzes und des Mansfelder Gebiets immer wieder erscheinenden »Alten Mann« oder »Wilden Mann« gestattet. »Der Alte Mann im Berge« – ausführlicher müßte es heißen: »wo der Alte Mann im Berge gebaut hat« – ist in bergmännischer Redensart ein vor langer Zeit bebautes Grubengebäude. Bei der Wiederaufnahme des Bergbaus im Harzer Revier hatte dies eine so große Bedeutung, daß entsprechende bergrechtliche Regelungen gefunden werden mußten. »Da Berge aneinander grenzen und einer in seinem Berge vor einer Festung oder dem Alten Mann in seinem Teil keine Grube (sich) getrauet nieder zu bringen, so mag er dies in des anderen Berge grubenbreit einschlagen, doch aber das er sich nach des anderen Berge auszulenken nicht unterstehe.« Außerdem mußte »ein jeglicher Aufnehmer alter Zechen ... nach dem Aufnehmen von Stund an öffentlich anschlagen, welche Zeche er aufgenommen, das Anschlagen vier Wochen stehen lassen und welche alten verzubußten Gewerke ihre Teile bauen wollen, soll er dazu kommen lassen ...« Ein so konkreter Sagenhintergrund wie in diesem Falle läßt sich für den »Wilden Mann« nicht ermitteln. Wir kennen ihn verbildlicht als wappenhaltende Figur. Auch wird vom Bauen auf »wilder Wurzel« gesprochen, wenn nicht urbar gemachtes Land oder Feld gemeint ist. Noch schwieriger wird es jedoch, die Gestalt der Zauberjette mit ihren elf Jungfrauen in diesem Zusammenhang deuten zu wollen. Manche Sagenforscher gehen hier von zahlensymbolischen Vorstellungen aus, andere von Wortformen. Über die Schlußfolgerung, daß es sich um uralte abergläubische oder volkstümliche Vorstellungen handele, kommt man selten hinaus. Vielleicht regen aber diese kurzen Hinweise den einen oder den anderen interessierten Leser an, sich einmal näher mit dieser Thematik zu befassen.

Dieses Kapitel abschließend, wurden, wenngleich den Rahmen etwas sprengend, Sagen über seltsame Funde im Bergbau aufgenommen.

König Heinrich I. war ein eifriger Jäger. Oft kam er in die Gegend, in der jetzt Goslar liegt, denn hier hausten Bären, Hirsche, wilde Ziegen und anderes Jagdgetier in großer Zahl. In dieser Gegend wohnte auch ein armer Bauer, der hieß Gundelkarl. Bei ihm ruhte der König nach der Jagd oft aus. Dann bereitete ihm der Bauer einen Tisch, so gut er konnte, und dem König schmeckte es vortrefflich.

Da der König häufig bei dem Bauern einkehrte, hatte dieser bald alles ausgegeben, was sein war. Er bat deshalb den König, daß er ihm seine Gastfreiheit vergelten möge, wie es sich für die königliche Würde gezieme. Der König aber antwortete: »Du sollst gewiß den Lohn für deine Dienste empfangen, wenn es einmal paßt.« Doch wen die Not nicht juckt, der kratzt sich nicht. Der König hatte sein Versprechen vergessen, sobald er den Bauern nicht mehr sah.

Als Heinrich längere Zeit danach wieder in jener Gegend jagte, trat er auch wieder bei Gundelkarl ein. Er aß und trank, so gut es ihm der Bauer nur vorsetzen konnte. Dann warf sich der Bauer dem König zu Füßen und bat um ein Gastgeschenk. Heinrich sagte zu und überließ ihm die Wahl. Darauf sprach der Bauer: »Ich wünsche mir nichts mehr, als daß der Berg, an dessen Fuß ich wohne, mir zum Eigentum gegeben werde.« Der König lachte und meinte: »Das ist nicht genug für deine Freundlichkeit, fordere etwas anderes, etwas, das dir mehr Nutzen bringt!« Aber der Bauer blieb bei seinem Wunsch, und der König gab nach.

Da der Bauer von Geburt ein Franke war, zog er bald darauf in seine Heimat zurück und holte eine Anzahl Gefährten. Mit diesen erbaute er die Stadt Goslar und grub

in das Innere des Berges einen Stolln. Da fanden sie Adern von Silber, Kupfer und Blei. Gundelkarl wurde daraufhin mit seinen Gefährten über die Maßen reich. Nach und nach siedelten sich viele Menschen hier an, und Gundelkarl eröffnete einen Markt. Hier verkaufte er den Neuankommenden die Lebensmittel.

Mit seinem Reichtum wuchs aber auch sein und der Seinigen Stolz und Übermut. Oft wurden die Umwohnenden herrisch und hochfahrend von ihnen behandelt. Als diese sich daraufhin bei dem Fürsten des Sachsenlandes beklagten, sich die Männer zu Goslar aber nicht um die Befehle und Drohungen der sächsischen Herren kümmerten, ergrimmten die Fürsten, fielen über sie her, töteten ihrer viele und jagten die anderen fort.

So kam durch Hochmut und durch Unvernunft dieser Menschen der Ort, in dem früher Franken wohnten, ganz an die Sachsen. [42]

Auf dem Brocken regierte in alter Zeit die Zauberjette, die noch elf junge Mädchen in ihrer Gewalt hatte. Nun hatten sich einst zwei Ritter am Brocken verirrt. Der eine von ihnen hieß Otto, der andere Ramm. Sie hatten schon mehrere Tage am Brocken zugebracht und konnten sich aus der Wildnis nicht herausfinden. Plötzlich sahen die beiden, daß mehrere Männer auf sie zukamen. Das war eine Räuberbande, die aus der Schweiz vertrieben worden war und sich nach dem Brocken durchgeschlagen hatte. Dieser Bande mußten sich die Ritter anschließen, um ihr Leben zu retten. Dann suchten sie sich die beste Stelle am Brocken aus, um aus Steinen eine Höhle zu bauen. Was sie aber am ersten Tage erbaut hatten, war am nächsten Tag wieder zerstört. Sie wunderten sich, wie das geschehen konnte, faßten aber Mut und arbeiteten den zweiten Tag wieder an der Höhle. In dieser zweiten Nacht mußten zwei Räuber vor der Höhle wachen, und trotzdem war am nächsten Morgen der Bau wieder auseinander. In der dritten Nacht wachten die beiden Ritter und der Räuberhauptmann.

Als die Mitternachtsstunde gekommen war, sah zuerst der ältere der beiden Ritter – Ramm – elf Mädchen kommen, von denen eines einen kleinen Hammer hatte, mit dem es an den Pfeiler klopfte, den die Räuber hingebaut hatten. Da floß dieser auseinander wie Wasser. Ritter Ramm zog daraufhin sein Schwert, ergriff das Mädchen, das geklopft hatte, und fragte, warum es ihre Arbeit vernichte. Es antwortete ihm aber niemand, doch am Brocken entstand ein ungeheures Krachen. Die anderen Räuber kamen zu Hilfe. Da fragte der Ritter zum zweiten und dann zum dritten Male, warum es ihre Arbeit vernichte. Schließlich antwortete das Mädchen, daß es ihm den Grund nicht sagen könne. Doch solle er und der andere Ritter mit zu ihrer Herrin gehen. Von dieser würden sie schon erfahren, warum die Mädchen ihre Arbeit zerstören sollten.

Die beiden Ritter gingen mit und kamen in eine große steinerne Höhle, die nordwestlich am Brocken lag. Diese war innen so schön wie ein Schloß. Als die Ritter eingetreten waren, erschien die Zauberjette. Die Ritter fragten sie, warum sie ihre mühevolle Arbeit vernichten lassen würde. Die Zauberjette antwortete, daß sie allein hier am Brocken herrschen wolle und deshalb nicht dulde, daß sich jemand hier anbaue. Doch wenn es den Rittern gefiele, könnten sie bei ihr bleiben und mit ihr leben. Sie wolle dann auch die Räuberbande am Brocken dulden. Wenn aber die Ritter nicht bei ihr bleiben wollten, sollten sie nur ihren Bau einstellen, denn es würde doch alles wieder zerstört werden. Daraufhin entschlossen sich die Ritter, bei der Zauberjette zu bleiben.

Als sie aber einige Zeit bei ihr waren, wurde der Zauber der Jette sehr schwach, hatte sie doch in dieser Zeit um der

Gesellschaft der Ritter willen nicht nach ihrer sonstigen Gewohnheit gelebt. Vordem war sie nämlich jede Nacht zu dem unten am Brocken gelegenen Wolfsbrunnen gegangen und hatte aus diesem in jeder Mitternachtsstunde drei Hände voll Wasser genommen und getrunken. Davon rührte ihr Zauber her.

Schließlich wurde die Zauberjette so elend, daß sie an zwei Stöcken gehen mußte. Als sie fühlte, daß es mit ihr zu Ende gehe, bekannte sie den Rittern all ihre Missetaten und zeigte ihnen ihre Schätze. Nachdem sie noch fünf ihrer Dienerinnen freigegeben hatte, ging sie mit den beiden Rittern in eine Höhle abseits vom Brocken, deren Schätze sie ihnen ebenfalls zeigte. Unter diesen Schätzen befand sich auch das Marktbecken, das später auf dem Markt zu Goslar aufgestellt wurde.

Vor der Höhle aber lag ein großer schwarzer Hund. Als sie den Rittern alles gezeigt hatte, griff sie in die Wand, zog eine Flasche und einen goldenen Becher hervor, schenkte ein und wollte noch einmal mit den beiden Rittern auf deren Gesundheit trinken. In dem Augenblick, als sie eingegossen hatte, kam jedoch der Vater des Ritters Ramm aus der hinteren Höhle und sagte: »O, du alte Zauberjette, jetzt sind die zwölf Jahre um, für die du mich in den Schlaf gezaubert hast!« Da staunten die Ritter, und der Sohn, der den Kelch in der Hand hatte, ließ ihn vor Schrecken zu Boden fallen. Alsbald erkannte er auch seinen Vater, der vor ihm stand. Der Alte sagte, daß er ihr Retter sei, denn es sei das ärgste Gift, das sie hätten trinken sollen. Da zog der Sohn des alten Ritters sein Schwert und schlug der Zauberjette den Kopf ab. Auf einmal entstand wieder ein furchtbares Krachen, und das Gewinsel des Hundes, der noch in der Höhle war, ließ sich vernehmen.

Die Räuber, welche die Ritter oft bei der Zauberjette besucht hatten, waren ihnen zu ihrem Schutz auch jetzt auf dem Gang mit der Zauberjette aus der Ferne gefolgt. Als sie das Krachen hörten, drangen sie in die Höhle ein. Da sahen sie noch, wie sich der schwarze Hund in einen alten Mann verwandelte. Dieser sagte, daß alles, was sie sähen, ihnen gehöre, sie hätten's erlöst. Er sei froh, daß er nun nichts mehr zu verwahren brauche.

Alles dies geschah am Rammelsberg, und fortan waren Bergleute in dieser Gegend damit beschäftigt, die Schätze der Zauberjette zu heben. [56]

Die Molchsgrube

Hinter Buntenbock bebaute einer eine Eisensteingrube. Er hatte aber in dieser Grube immer so viele Molche von gelbem und schwarzem Aussehen, daß er sie in der Karre herausfahren mußte. Krochen sie ihm doch sogar auf sein Essen und verdarben es. An einem Feuer schüttete er dann immer seine Karre um und verbrannte die Molche. Am Morgen nach dem Tage, an dem er viele Karren voll verbrannt hatte, fand er noch einige in der Grube. Diese glänzten so eigen. Als er diese auch noch ins Feuer tragen wollte, da winkte ihm der Bergmönch. Aber er achtete nicht darauf und verbrannte auch diese.

Von nun an arbeitete er aber im Tauben. Hätte er jedoch den Wink des Bergmönchs befolgt, hätte ihm dieser gewiß etwas offeriert, und er hätte sein Glück machen können. Denn gewiß sind die Molche eitel Gold gewesen.

Die Grube ist von dieser Zeit an ganz in Verfall geraten. Viele Arbeiter waren schon darinnen, aber Eisenstein hat keiner mehr gefunden. Zur Erinnerung an jenes Ereignis wurde die Grube Molchsgrube genannt. [46]

Der Erzberg

In der Nähe von Goslar wohnte ein armer Bauer. Auf dem winzigen Hof stand nur eine windschiefe Hütte, die er mit seinem Pferde teilte. Der Bauer stand mit der Sonne auf und ging erst schlafen, wenn die Sterne vom Himmel strahlten. Aber er kam aus den Sorgen nicht heraus. Wovon sollte er auch leben, wenn der harte Boden kein Korn gedeihen ließ, der Wind das Heu davontrug und die wilden Tiere den Acker zerwühlten?

Am schlimmsten aber war, daß der Tag immer näher rückte, an dem der Bauer dem Grafen die Steuern zahlen mußte, und er nicht wußte, woher er das Geld nehmen sollte. Zahlte er aber nicht, würden die Knechte des Grafen kommen und ihm das Häuschen über dem Kopf in Brand stecken, das Pferd töten und ihn selbst in das Teufelstal werfen. So war es Sitte, denn der Graf war ein strenger Herr und achtete sehr auf das Geld.

Als der Bauer gar keine Lösung sah, zäumte er eines Morgens sein Pferd, steckte ein Stück hartes Brot ein, verschloß die Hütte und ritt in den Wald. Vielleicht, dachte er, finde ich irgendwo Hilfe in der Not. Und wenn ich umsonst hoffe, brauche ich wenigstens nicht mit anzusehen, wie sie mir die Hütte anzünden, und kann mein Leben retten. Immer tiefer ritt er in den Wald hinein. Schließlich vergaß dabei auch der Bauer seine Sorgen. »Ei«, rief er, »hier kann es mir wohl sein. Das ist ein besseres Leben als auf den steinigen Feldern. Wenn nun noch alle Tannenzapfen aus

Silber wären, so wollt' ich mich den glücklichsten Menschen unter der Sonne nennen!«

Aber die Tannenzapfen waren gewöhnliche Zapfen, und von Silber war nichts zu sehen. Doch der Bauer war nicht traurig, sondern lachte in den Tag. Seit langer Zeit war er wieder einmal so recht von Herzen zufrieden und glücklich. Nachts schlief er mit dem Pferd in einer schmalen Höhle, und am anderen Tage ritt er weiter. Aber bald sehnte sich der Bauer auf sein Feld zurück, und es gefiel ihm gar nicht mehr so gut im Wald. Doch das Pferd trabte immer tiefer in den Wald hinein.

Als sie bereits einige Tage unterwegs waren, band der Bauer eines Mittags sein Pferd an einen Baum und legte sich in das Moos. Bald darauf war er auch schon eingeschlafen. Da träumte er von einem Baum, der so hoch war wie der höchste Berg. An den Zweigen dieses Baums hingen

seinem Fund. Aber am ersten freien Tag machte er sich auf, die Wunderkraft der Springwurzel zu erproben. In den Stolln hinein mochte er der Bergleute wegen nicht gehen. Also fing er an, außen am Berge herumzuklettern und den Ort ausfindig zu machen, wo der Schatz lag. Er suchte den ganzen Berg ab, aber die Wurzel rührte sich nicht in seiner Hand. Schon hatte er alle Hoffnung aufgegeben und wollte den Heimweg antreten, als er einen alten, halbverschütteten Stolln fand, den er noch nie gesehen hatte. Da fühlte er plötzlich, wie sich die Springwurzel in seiner Hand regte. Schnell fing er an, an dieser Stelle zu graben. Es dauerte auch nicht lange, da sah er den Eingang zu einer Höhle. Er steckte sein Grubenlicht an und kroch mit der Wurzel hinein. Tropfsteingebilde schimmerten ihm entgegen. Die Höhle war nicht groß, schien auch weiter keinen Ausgang zu haben. Wieder regte sich die Wurzel in seiner Hand, sprang gegen die Tropfsteinwand und fiel dort zu Boden. Georg fing an, diese Wand zu bearbeiten. Er arbeitete, daß ihm die Schweißtropfen herunterliefen. Endlich sah er es goldig schimmern. Gold im Gestein! Dicke Adern! Er hämmerte heraus, soviel er tragen konnte. Dann verschloß er den Eingang zur Höhle, trat auch noch Steine und Erde in dem alten Stolln fest und machte sich auf den Heimweg.

Walburgas und des Vaters Freude wollte kein Ende nehmen, als er ihnen sein Erlebnis erzählte und seinen Schatz hervorholte. Doch bemerkte Georg zu seinem Erschrecken, daß er die Springwurzel in der Höhle vergessen hatte. Er machte sich gleich am nächsten Tage auf, um sie zu suchen. Doch der alte Stolln war nirgends zu finden, es konnte sich auch keiner entsinnen, daß es je einen solchen gegeben habe. Aber er war ja nun reich genug, und so gab er sich zufrieden.

Nach einem Jahr waren alle baufälligen Häuschen neu aufgebaut und mit Georgs Hilfe noch andere dazu gekommen. Walburga, Vater Anton und Georg konnten sich bis an ihr Ende ihres Glückes freuen. [32]

Steiger Calvör

In einer Grube zu Andreasberg wurde das Rotgülden gegraben. Das war so kostbar, daß alle Bergleute, wenn sie aus dem Schacht kamen, am ganzen Leib untersucht wurden. Im Schacht sollte es aber nicht geheuer sein; viele Bergleute fanden in der Nachtschicht den Tod, während am Tage nie etwas passierte.

Zwei beherzte Kumpel wollten daraufhin feststellen, wie das zuging. Sie fuhren heimlich zur Nachtschicht ein, obwohl sie nicht an der Reihe waren. Sie versteckten sich in einem Seitenstolln und warteten, was geschehen werde. Um Mitternacht hörten sie ein furchtbares Getöse. Aus einem finsteren Seitenstolln näherte sich ein Tier, das wie ein Ochse aussah und furchtbar brüllte. Die Kameraden, die vor Ort arbeiteten, warfen ihr Gezähe fort und liefen davon. Die beiden aber stürzten sich auf das Ungetüm und schlugen mit den Fäusteln und mit dem Zweimannbohrer zu, bis das Tier mit menschlicher Stimme um sein Leben flehte. Als die Bergleute die Ochsenhaut herunterrissen, kam der baumlange Steiger Calvör zum Vorschein, der böse zugerichtet war. Er bot ihnen viel Geld, wenn sie schweigen würden. Er mußte zugeben, die im Schacht verborgene Ochsenhaut benutzt zu haben, um die Bergleute zu schrecken und dann zu töten, damit er unbemerkt das edle Erz für sich hinausschaffen konnte. Dadurch war er ein reicher Mann geworden. Die

Bergleute wiesen jedoch sein Angebot zurück und deckten seine Schandtaten vor der Bürgerschaft auf. Als die Büttel kamen, um ihn ins Gefängnis zu führen, stürzte er sich in den Schacht und brach das Genick.

Die Bergleute behaupten, er ginge seitdem im Schacht um und stünde ihnen überall im Wege. Stießen sie auf hartes Gestein oder andere Schwierigkeiten, hieß es: »Da steht der lange Calvör schon wieder mit seiner Ochsenhaut!« [51]

Der Galgenhumor des Bergmanns am Bielstein

Der Bergmann muß stark in der Hoffnung sein und sich durch Mißerfolg nicht beirren lassen.

Ein Bergmann, der am Bielstein bei Lautenthal einen Stolln anlegte, hatte seine gute Laune auch nicht gleich verloren. Obwohl früh immer eingeschurrt war, was er am Tage vorher gewältigt hatte, fluchte und wetterte er zwar, doch fing er immer wieder von vorn an zu bauen. Zuletzt rutschte er auf seinem Hinterleder vom Bielstein herunter und sagte zu den Leuten, die dort standen: »Das hätt' ich doch nicht gedacht, daß der Berg wäre an mir heruntergerutscht!« [46]

Drei Mädchen aus Andreasberg, die alle verlobt waren, gingen eines Sonntags in den Nachmittagsstunden nach dem Ort, der die Drei Jungfern heißt. Unter halbaufgewachsenen Tannen ließen sie sich nieder, plauderten von der Hochzeit und waren guter Dinge. Als jedoch eine von ihnen in die Höhe schaute, brachte sie vor Schreck kein Wort mehr hervor. Den anderen ging es nicht besser. Denn über eine Tanne hinweg blickte sie ein greuliches Weibsgesicht halb gutmütig, halb zornig an. Lange zottige Locken fielen dem Weib über die nackten Schultern und den breiten gelben Nacken. Der Körper war hinter der Tanne verborgen. Das war die Frau Holle. Ihre Stimme klang hohl wie aus dem Grabe. Sie sagte zu den Mädchen: »Wer von euch dreien diese Nacht zu dem Hahnenklee kommt und ihn scheuert, soll bald Hochzeit machen.« Dann war sie verschwunden.

Weil nun die Mädchen gern alle drei bald heiraten wollten, gingen sie in der Nacht zusammen nach dem Hahnenklee. Es war eine trübe Nacht ohne Mond und ohne Sterne. In der Ferne hörten es die Mädchen donnern, aber es blitzte nicht. Als sie an den Ort kamen, den die Leute Gesehr nennen, sagte das eine Mädchen: »Nein, ich gehe nicht weiter mit. Wer weiß, was die mit uns vorhat«, und kehrte um. Das zweite machte es auch bald so. Da ging das dritte Mädchen alleine weiter und machte sich, am Ziel angekommen, gleich an die Arbeit. Auf einmal stand Frau Holle vor ihr und sagte freundlich: »Du hast Wort gehalten, da will ich's auch tun. Du wirst bald hochzeiten, aber deinen Freundinnen wird das nicht glücken.«

Nun hört, wie es weitergeht! Das Mädchen, das zuerst umgekehrt war, hatte einen Bergmann zum Bräutigam. Sie hatten schon alles zur Hochzeit gerüstet. Da brachten ihr die Bergleute den Liebsten tot nach Hause. Er war im Schacht abgestürzt. Darüber grämte sich das Mädchen zu Tode und kam mit ihm in ein Grab. Das zweite war mit einem Soldaten versprochen. Der ward im Kriege erschossen. Da wurde die Braut eine alte Jungfer. Das dritte Mädchen aber machte bald fröhliche Hochzeit. Als die Hochzeitsgäste nach Tisch den üblichen Lobgesang und das »Danket dem Herrn« gebetet hatten, guckte die Frau Holle über den großen Ofen und reichte eine silberne Wiege hervor, die ganz mit blanken Andreasberger Sechsgroschenstücken gefüllt war.

Nach einer anderen Variante ging Maria, die Braut des Bergmanns, allein zum Hahnenklee, weil die anderen beiden Mädchen durch ihre Liebsten in Vorfreude auf die baldige Hochzeit abgehalten worden waren. Maria konnte jedoch noch nicht an einen eigenen Hausstand denken. Ihr Liebster war arm, und es mußte schon ein großes Glück kommen, um sie zueinander zu bringen.

Nachdem Maria eine halbe Stunde am Hahnenklee fleißig gescheuert hatte, ließ Frau Holle sie aufhören. »Du warst fleißig und wirst deinen Lohn bekommen!« Mit einem freundlichen Lächeln schickte sie das Mädchen nach Hause.

Als Maria ihr Haus erblickte, war sie verwundert über den Lichtschein, der aus ihrer Kammer drang. Doch da trat ihr auch schon ihr Liebster entgegen, küßte sie herzlich und erzählte ihr, daß er im Walde einen Erzgang entdeckt habe und nun alle Not zu Ende wäre. Wenn sie wolle, könnten sie am nächsten Sonntag heiraten. »Und ob ich will!« rief Maria. Später dann, als sie allein war, dachte sie an Frau Holle und versprach ihr heimlich, weiter so fleißig zu sein wie bisher und keine Arbeit zu scheuen.

Die anderen beiden aber, die sich schon als Braut sahen, wurden alte Jungfern. [24, 46]

Der Schatz im Brunnen

Im Brunnen unter den sich im Selketal befindenden Ruinen der Burg Anhalt liegt ein unermeßlicher Schatz, den aber unsichtbare Geister unablässig vor der Habsucht der Menschen hüten. Einst zogen zwei Brüder um die Stunde der Mitternacht dahin, um ihn zu heben. Der eine ließ sich an einem Seil hinab. Kurz darauf ertönte ein jämmerliches Geschrei: »Zieh auf, zieh auf, mich fassen Geister, sie drehen mir den Hals um!« Der Bruder zog erschrocken das Seil an, doch es war so schwer, als ob viele Zentner daran hingen. Erst als das Rufen des Bruders unten verstummte, ward es nach und nach leichter, und er konnte es an sich ziehen. Doch mit dem Ende desselben kam die Leiche des Bruders zum Vorschein. Der Übriggebliebene entsetzte sich. »Die verdammten Geister«, rief er und entfloh. Hinter ihm her kamen hastige Fußtritte, es warf sich ihm etwas auf die Schultern, und ein Paar kalte Arme schlangen sich um seinen Nacken. Umsonst versuchte er, seine Bürde abzuwerfen, sie war wie angeschmiedet. Als er heimkam, entsetzte er sich noch mehr, da er in seiner Bürde die Leiche seines Bruders erkannte. Er wollte sie von sich nehmen, aber es ging nicht. Selbst als er die Arme abschnitt, die ihn umklammerten, kam er von dem Körper nicht los. Er setzte sich mit ihm an den Tisch, legte sich mit ihm auf das Lager, das den Ermatteten aufnahm. Am anderen Morgen erst löste ein frommer Priester den Bann, den wahrscheinlich die Geister auf den Schatzgräber gelegt hatten, und die Leiche konnte der Erde übergeben werden. Lange Zeit wagte sich dann keiner mehr an den Brunnen.

»Freunde«, sprach später einmal ein Bergmann zu seinen Gefährten, »mühsamer und gefahrvoller als das Losarbeiten der Erze für den Landesherrn hier unten bei spärlichem Brote kann's nicht sein, wenn wir uns die Schätze aus dem Anhaltbrunnen heraufholten zu eigenem Gewinn. Mit den Geistern, die das Gold dort bewachen sollen, denk' ich schon fertig zu werden. Und was hätten wir sonst noch zu befürchten? Haben nicht auch schon hier im Schachte manche den Tod gefunden, der eine durch matte, der andere durch schlagende böse Wetter; ist nicht mancher verschlungen worden von einbrechenden Wassern, mancher verschüttet worden vom stürzenden Gestein. Gar mancher ist verhungert oder erstickt, wenn ein Bau zusammenbrach, wovon die Pinge noch Zeugnis gibt, die oben zutage liegt jenseits des Waldes. Hören wir nicht oft genug das Bergmännlein klopfen, mahnend und warnend vor Gefahr? Warum sollten wir nicht einmal einfahren in den offenen Brunnen?« Alle stimmten zu, und als sie Schicht gemacht hatten, gingen sie nicht heim, sondern über Berg und Tal nach dem Hausberg, wo die Mauern der alten Burg standen. Der sie dazu aufgefordert hatte, ließ sich an den mitgebrachten Tauen hineinwinden. »Gott, wie tief!« rief er, als das längste Tau zu Ende war. Andere Taue wurden angeknüpft, und immer tiefer ging es. Nach hundert Lachtern war immer noch kein Grund erreicht. Endlich sah der hinabgelassene Bergmann den Schatz, eine große Braupfanne voll des reinsten Goldes. Er faßte gierig zu, aber die Braupfanne sank tiefer. Je eiliger er folgte, desto schneller fuhr der glänzende Schatz vor ihm nieder in das Innere der Erde, als sei es ein bodenloser Abgrund. Zuletzt erlosch sein Grubenlicht, und seine Besinnung schwand. Kaum konnte er noch das Zeichen zum Aufwinden geben und – oben angekommen – seinen Gefährten das Ereignis berichten. Keiner wollte wieder hinab, sie schauderten alle, eilten davon und förderten fortan zufriedener als je vorher das Erz für den Landesherrn, ohne Lust zu verspüren, den Schatz von Anhalt zu heben.

Der Brunnen verfiel im Laufe der Zeit. Selbst der Ort, wo er sich einst befand, war nicht mehr zu erkennen, bis im Jahre 1822, als eine alte Frau sich noch an die Stelle des Brunnens erinnerte, die Regierung Bergleute schickte, die aufräumen mußten. Aber auch diese fanden keine Schätze, wohl aber ein zerfallenes Menschengerippe. [52]

Der neue Blankenburger Wasserstolln

Einst lagen oberhalb der Stadt Blankenburg zwei Wassermühlen, deren Besitzer Brüder waren. Brüderlich war aber ihr Verhältnis nicht, denn sie neideten sich gegenseitig den Broterwerb. Die Mühle des jüngeren lag der Stadt näher und wurde darum, wie der ältere Bruder meinte, von mehr Mahlkunden aufgesucht. Um das künftig zu verhindern, staute der obere Müller das Wasser auf, grub der Untermühle gleichsam das Wasser ab.

Der junge Müller suchte nach der Ursache, warum sich das Mühlrad kaum noch drehen wollte. Er nahm seine Hacke und ging bachaufwärts mit der Absicht, ein eventuelles Hindernis zu beseitigen. Am Stau erwartete ihn aber schon sein Bruder, der ihn in seinem Tun hindern wollte. Es kam zu einem Streit, in dessen Verlauf der Untermüller seinen Blutsverwandten erschlug.

Zur Strafe kam der Übeltäter ins Gefängnis und wurde

zum Tode verurteilt. Im städtischen Kerker saß er in einer Zelle mit einem Bergmann, den die gleiche Strafe erwartete. Beide sannen darüber nach, wie sie ihr Leben retten könnten. Da Blankenburg zu dieser Zeit eine ungenügende Trinkwasserzuführung hatte, kam ihnen die Idee, dem Rat anzubieten, einen neuen Wasserstolln zu graben, wenn man ihnen den Lebensfaden nicht abschneide.

Die Stadtväter gingen auf diesen Vorschlag ein, und die beiden Todeskandidaten machten sich ans Werk. Auf Wasser und auf das Graben verstanden sich sowohl der Bergmann als auch der Wassermüller. So trieben sie im Tiergarten einen neuen Stolln, der der Stadt ausreichend Wasser zuführte und ein vorzeitiges Ende der Erdentage der beiden Männer verhinderte. [43]

Das Erlebnis am Kapellenfleck

Einst kam ein Bergmann auf dem Heimweg aus der Grube nachts am Kapellenfleck bei Braunlage vorüber. Er wohnte noch nicht lange in der Gegend und wußte deshalb nicht, daß hier eine Kapelle samt dem Jahrmarkt, der sie umgab, und allen Menschen, die das Bethaus zu einer Mördergrube gemacht hatten, durch den Fluch der heiligen Jungfrau versunken war. Nur an bestimmten Tagen im Jahr war sie an der Oberfläche sichtbar.

Da hörte der Bergmann auf seinem Weg aus dem Wald ein Glöckchen schallen. Weil er ein frommer Mann war, beschloß er, dort zu beten. Er ging also dem Schall nach und kam zu einer Kapelle, die von lustigen Zelten und einer lauten Volksmenge umgeben war. Da gab es vielerlei zu kaufen und zu schmausen. Aber der Bergmann hielt sich nicht dabei auf, sondern legte Axt, Schlägel und Eisen auf die Schwelle des Kirchleins, setzte sein Grubenlicht daneben und trat andächtig hinein. Als er sein Gebet gesprochen hatte und sein Handwerkszeug suchte, war es weg. Es fand sich auch nicht wieder. Da begann der Mann laut zu klagen und zu jammern, denn er war arm und sein Wochenlohn schmal. Die Leute sammelten sich um ihn und lachten und spotteten. Doch was sollte er tun? Wohl oder übel mußte er sich neues Handwerkszeug kaufen. So trat er vor eins der Zelte, um zu erhandeln, was ihm fehlte. Von seinem Wochenlohn bekam er eine Handvoll blanker Pfennige zurück. Schweren Herzens ging er heim. Als er zu Hause alles erzählt hatte und die neuen Werkzeuge hervorholte, fuhren vor Schreck alle zurück: Alles funkelte und blitzte, denn Axt, Schlägel, Eisen und sogar das Grubenlicht waren aus gediegenem Gold. [46]

¶ Begegnung in der Walpurgisnacht

Ein Bergmann hat immer darüber gespottet, wenn die Leute sagten, daß in der Walpurgisnacht die Hexen nach dem Brocken reiten würden. Oft sagte er dann: »Wenn mir nur einmal solch ein altes Tier in die Quere käme, ich wollte sie schon schmeißen, sie sollten ihre Beine aufkehren! Was will denn solch ein Gerippe von altem Weibe, das nur aus Haut und Knochen zusammengesetzt ist, gegen unsereinen?« Die alte Nachbarin erwiderte darauf jedoch oft: »Napper, Napper, su wos lächtes iss es doch net, sune Reiterin obzeschmeisen, nammt eich an Wulperschehand in acht.« »Possen, nichts als Possen«, sagte er dann. »Ich will ihr's schon geben, daß ihr das Reiten vergehen soll.«

Nun kam der Walpurgisabend. An dem Abend wurde knollig geschossen. Es war, als wäre der Feind angekommen. Mit Katzenköpfen, Flinten, Büchsen und Pistolen wurde nur so gefeuert. Jeder hat sein Knalleisen tüchtig gebraucht, und je stärker es knallte, desto mehr freute man sich darüber.

So gegen neun Uhr mußte der Bergmann an diesem Abend anfahren. Er hatte Order bekommen, denn im Schacht hatte es gebrochen, und er sollte dem Ausrichter helfen. Wie er nun auf die Bremerhöhe kam, sauste ein Schwarm alter Weiber durch die Luft. Das war ein Geschrei und Gejohle, als ob alle Teufel los wären. Eine Alte kam herunter und stülpte den Bergmann um, mochte er wollen oder nicht. Dann setzte sie sich auf ihn – und fort ging's durch die Luft, den anderen hinterher, nach dem Brocken. Der Bergmann konnte kaum atmen. Auch war das alte Weib so schwer, daß es ihm fast die Knochen eindrückte. Um elf kamen sie auf dem Brocken an. Da wurde er erlöst, das Weib stieg ab. Der Bergmann fiel halb tot auf die Erde. Da umzingelten ihn nun die anderen Hexen und tanzten um ihn, und der Teufel war auch dazwischen. Dann richteten sie ihn auf und fragten ihn, ob er nun schweigen oder in Öl gebraten werden wolle. Da meinte der Bergmann, daß er lieber nichts mehr von den Hexen sagen würde. Daraufhin erwiderte der Teufel, daß er ein Kind des Todes sei, wenn er je ein Wort darüber verlauten ließe. Oben auf dem Brocken haben dann aber die Hexen eine Schande getrieben, daß man es gar nicht sagen darf.

Wie's nun so gegen zwölf Uhr wurde, da machte sich der ganze Schwarm wieder auf, und die eine Hexe kriegte unseren Bergmann wieder her. Sie setzte sich auf ihn, und dann ging's wie unsinnig durch die Luft zurück bis zu der

Bremerhöhe bei Clausthal. Auf der Stelle, wo ihn das Hexenweib gefaßt hatte, ging's wieder nieder, und er war frei. Ein paar Stunden hat er erst liegen und sich erholen müssen, bevor er langsam nach Hause kriechen konnte. Seine Frau war schon aufgestanden und wollte in den Wald, um eine Tracht Holz zu holen, als er nach Hause kam. »Ach Frau«, sagte er, »bleib da. Ich hab' eine schlechte Nacht gehabt. Geh hinaus in die Küche und leg etwas Holz in den Ofen. Ich habe geschwitzt und muß mich umziehen!« Sie ging hinaus und legte Holz in den Ofen. Da erzählte der Bergmann dem Ofen sein Erlebnis. Seine Frau, die beim Einheizen am Ofen stand, hörte alles, sagte aber nichts dazu, als sie wieder in die Stube kam. Eine halbe Stunde danach kam auch das alte Weib, die Nachbarin, und sagte, daß es sein Glück sei, daß er's dem Ofen und keinem Menschen erzählt hätte. Sonst wär's ihm schlecht ergangen.

Da wußten sie, daß die Nachbarin eine Hexe war. Die Frau ging hin, zeigte sie an, und die Hexe wurde verbrannt. [18]

Die Claustaler Erznase

In einer Grube bei Clausthal arbeiteten einst zwei Bergleute miteinander, von denen der eine, ein heimtückischer Mensch, seinem ehrlichen und biederen Kameraden seiner Rechtschaffenheit wegen äußerst gram war und ihm gar manchen Schabernack antat. Beklagte sich der wackere Diedrich darüber und verwarnte man den boshaften Matz, leugnete er jedesmal mit großer Frechheit, daß er der Täter sei. Dennoch war jedermann von seiner Schuld überzeugt.

Eines Tages, als die Glocke das Ende der Schicht ange-

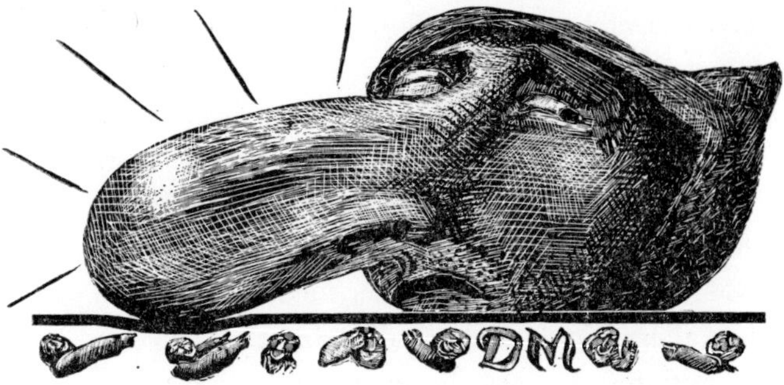

kündigt hatte, sah Diedrich, daß sein unredlicher Kamerad ein Stück Silberstufe einsteckte. Mit ernsten Worten hielt er ihm seine unwürdige Tat vor und drohte, ihn im Wiederholungsfall beim Schichtmeister anzeigen zu wollen. Der Ertappte warf einen grimmigen Blick auf den Warnenden. Dieser sagte Diedrich deutlich, daß er wohl Ursache habe, vor dem Rachsüchtigen auf der Hut zu sein.

Kurze Zeit darauf, als beide eben zu Tage kamen, wandte sich der heimtückische Matz an den Schichtmeister und sagte, auf Diedrich deutend: »Herr! Jener schändet die Knappschaft, weil er oftmals ein Stück Silberstufe mit nach Hause nimmt und auch vorhin wieder eins eingesteckt hat.« Der ehrliche Diedrich fiel wie aus allen Wolken, als er die Anschuldigung vernahm. In ruhigem Ton erwiderte er: »Trage ich wirklich eine Stufe bei mir, so hast du selbst sie mir heimlich zugesteckt.«

Der Schichtmeister, dem sowohl die Rechtschaffenheit des einen als auch die Bosheit des anderen zur Genüge bekannt waren, schenkte den Worten Diedrichs in bezug auf die Stufe Glauben. Den Matz forderte er auf, die Wahrheit zu sagen. Doch dieser antwortete hohnlachend: »Sowenig meine Nase aus Erz ist, so wenig wahr ist es auch, was jener Dieb über mich ausgesagt hat.«

Kaum aber hatte Matz diese Worte gesprochen, da flog aus dem Schacht heraus ein Stück Erz ihm mit solcher Kraft mitten ins Gesicht, daß er taumelnd und laut aufschreiend rücklings zu Boden stürzte. Als er sich wieder emporrichtete, schauten ihn alle mit Verwunderung und Gelächter an, denn er hatte plötzlich eine sechs Zoll lange Nase aus Erz.

Somit war seine Lüge offenbar, und die Unschuld Diedrichs war erwiesen. An allen Gliedern bebend, gestand Matz dann auch sofort seinen Betrug ein. Er mußte zur Strafe ins Gefängnis. So lange er lebte, behielt er seine Erznase. [56]

Der mitleidige Bergmann

Einmal kommt ein Bergmann aus Clausthal des Morgens sehr früh von seiner Arbeit nach Hause. Da hört er eine weinerliche Stimme, die aus einer Haustürschwelle herauszukommen scheint. Er tritt näher und sieht ein altes Mütterchen in einer Haustür sitzen. Dieses tut ganz erbärmlich, so daß es dem Bergmann so recht zu Herzen geht. Denn es war Winter und sehr kalt. Da fragt er: »Was fehlt euch denn, Mütterchen?« »Ach mich friert, mich friert«, sagt sie klagend. »Mich will keiner ins Haus aufnehmen.« »Du lieber Gott«, sagt der Bergmann, »was es doch für unbarmherzige Menschen gibt! Kommt, Alte, geht mit mir und wärmt euch in meinem Haus.« So geht er, die Alte ihm nach, und beide kommen ins Haus. »Da, setzt euch hinter den Ofen und ruht eure alten Glieder aus.« Der Bergmann aber setzt sich an seinen Tisch, um noch ein wenig zu essen. Dabei hat er dem Ofen den Rücken zugekehrt. Als er aber den ersten Bissen an den Mund führt, kommt auf einmal eine lange dürre Hand über seinen Kopf her und nimmt ihm den Bissen weg. Der Bergmann sieht sich um: Da ragt das alte Weib über den Ofen weg, hat sich durch die ganze Stube hergestreckt und greift mit der Hand nach seinem Essen. Dabei ruft es: »Ich will auch was haben, ich will auch was haben, ich will dich haben!« Da erkennt der Bergmann, daß es die Haulemutter ist, die er ins Haus aufgenommen hat. Er greift fluchend nach seiner Axt und haut damit auf die Haulemutter ein. Die macht sich geschwind wieder ganz klein und flieht vor den Schlägen des Bergmanns aus dem geöffneten Haus hinaus. [18]

Der geängstigte Bergschmied

Ein Bergschmied aus Clausthal fuhr Anfang des vergangenen Jahrhunderts eines Morgens früh um ein Uhr an. Wie er am Zellbach durch das sogenannte Prachtgäßchen kam, hörte er eine feine und dünne Stimme, die zu ihm sprach: »Bleiste schtiehn! Bleiste schtiehn!« Weil er aber wußte, daß die Frau, welche in dem kleinen Hause an der Straße wohnte, eine Hexe war, so dachte er gleich: Das ist die Hexe, die dir einen Schabernack antun will. Er lief deshalb, was er laufen konnte, damit er fortkam. Aber gleich hörte er hinter sich ein Trappeln und Rappeln, Jauchzen und Schreien, daß ihm Hören und Sehen verging. Dabei konnte er nichts sehen. Auf einmal tat's einen Satz, und er fühlte auf seinen Schultern eine schwere Last. Es war, als ob sich ein Mensch darauf setzte und mit den Beinen vorn herunterhing. Er fühlte auch, wie die Finger gleich Krallen in die Haut eingeschlagen wurden. Das Ding verließ ihn nicht eher, bis er die Gaipeltür aufgemacht hatte, an welcher er matt und erschöpft auf dem unteren Burgstädter Zug ankam. Dann aber gab's einen derben Schlag in den Rücken, daß er ohnmächtig im Gaipel hinstürzte und sich erst nach einigen Stunden von seiner Not erholen konnte. Die schwarzen Flecke auf Schultern und Rücken hatte er noch abends, als er nach Hause kam. [18]

Man soll den Teufel nicht foppen

Ein Bergmann hatte die Angewohnheit, jedesmal beim Schneuzen während der Arbeit vor Ort zu sagen: »Teufel, das sollst du haben!« Das hat er lange Zeit so getrieben. Doch eines Tages, als er sich gerade wieder geschneuzt und sein Sprüchlein gesagt hatte, stand der Teufel vor ihm und fuhr ihn an: »Was hast du gesagt, Kerl? Das probier nur noch einmal; dann sollst du sehen, wie dir's ergeht!« Aber der Bergmann lachte nur: »Was willst du mir schon tun? Du hast keinen Teil an mir!« »Na, ich warne dich!« sprach der Teufel. »Ich will nicht heißen, wie ich heiße, wenn es dir dann nicht eine Viertelstunde schlecht geht!« Damit verschwand der Teufel.

In der nächsten Nacht, als der Bergmann wieder vor Ort war und sich schneuzte, sagte er sein Sprüchlein erneut auf. Im gleichen Augenblick stand der Teufel wieder da. »Ich sag dir's, mach mich nicht wütend! Ich kann so was nicht leiden und warne dich zum letztenmal!« »Haha, du alberner Teufel, ich bin hier in meinem Beruf, da kannst du mir nichts sagen! Scher dich deiner Wege!« Der Teufel erwiderte: »Ich hab dir's zum letztenmal im Guten gesagt. Nimm dich in acht!« Weg war er.

Der Bergmann dachte aber nicht daran, die Warnung des Teufels ernstzunehmen. Als er wieder vor Ort arbeitete, begleitete sein Spruch das Schneuzen. Der Teufel platzte fast vor Wut. »Wart', Jörg, nun will ich dir's einträanken! Du sollst mich zum letztenmal gefoppt haben!« Damit verschwand er. Der Bergmann lachte sich bald schief und steckte dem Teufel die Zunge heraus.

In derselben Nacht machte sich Herr Urian nach Clausthal auf, nahm ein paar Scheiben aus dem Kirchenfenster heraus, fuhr in die Kirche, langte sich die silbernen Leuchter vom Altar und versteckte sie im Hause des Bergmanns unter dessen Bett. Der Bergmann kam gegen Morgen heim und legte sich ohne Arg schlafen. In der Frühe entdeckten die Clausthaler den Kircheneinbruch und zeigten es der Obrigkeit an. Die Herren gingen zur Kirche und sahen die Fußspuren im Schnee, die von der Kirche bis zum Hause des Bergmanns in der Schulgasse führten. Da gingen sie hinein und visitierten die ganze Wohnung. Der Bergmann sprang aus dem Bett und warf den Herren ein Schock Donnerwetter an die Köpfe. Er wolle wissen, was sie hier im Hause zu suchen hätten. Sie antworteten ihm, daß er fürs erste sein Maul halten solle. Was sollte er da machen? Er mußte es sich gefallen lassen. Insgeheim dachte er, ihr werdet euch schon ins eigene Fleisch schneiden, und sagte: »Wenn ihr nichts findet, Kerls, kennt ihr das Ding?« Damit zeigte er ihnen einen Axtstiel aus Eschenholz. Aber es kam anders! Unter dem Bett wurden die Leuchter gefunden, und so hieß es dann: Marsch zur Tür hinaus und dahin, wo ein Kirchendieb hingehört. Während des Verhörs erzählte der Bergmann den Herren seine Begegnung mit dem Teufel. Sie lachten ihm aber ins Gesicht und meinten, daß er wohl wisse, wie die zehn Gebote heißen. Bei ihnen sei er an die Unrechten gekommen. Der Spaß sollte ihm bald vergehen, denn die Herren brachten ihn zur Folter. Als er die Tortur nicht mehr aushalten konnte, gab er zu, die Leuchter gestohlen zu haben. Das Urteil lautete auch dementsprechend: Er sollte gehängt werden.

In der Nacht vor der Hinrichtung kam der Teufel zum Bergmann und fragte ihn, wie es ihm gehe. Der Bergmann sagte, daß er nun einsehe, daß jeder, der den Teufel reize, mit Kopf und Kragen bezahlen müsse. Da schlug der Teufel dem Bergmann vor, daß er ihn retten wolle. »Verschreib mir deine Seele, dann sollst du dein Leben behalten!« Doch das war dem Bergmann zu viel. Schließlich lenkte der Teufel ein. »Ich merke schon, daß du einen verdammt harten Kopf hast. Versprich mir, daß du mir nicht wieder so respektlos begegnen willst, dann sollst du deine Seele und auch dein Leben behalten. Gehst du das ein?« »Na, das ist was anderes, das will ich eingehen!« »Gut, das ist dein Glück! Wenn du nun morgen unter dem Galgen stehst, und der Schinderknecht dir die Schlinge über den Kopf werfen will, dann gehe nur schlankweg am Galgen vorbei und steige die Fahrt hinunter. Es wird dich keiner daran hindern!«

Am anderen Tag, als er seine Armesündermahlzeit gerade

im Leibe hatte, wurde er aus dem Gefängnis herausgeführt. Auf dem Marktplatz wimmelte es von Menschen. Ganz Clausthal war auf den Beinen. Die Menschen guckten ihn an, als wäre er ein wildes Tier. Mitten auf dem Markt war ein Gerüst aufgebaut, darauf saßen die Herren im vollen Staat. Schließlich wurde das Urteil noch einmal verlesen und der Bergmann gefragt, ob er etwas dagegen einzuwenden hätte. Jörg sagte kein Wort. Da wurde der Stab gebrochen, und er wurde hinunter in den Kreis geführt, den die Bewaffneten gebildet hatten. Die Henkersknechte schmissen ihn auf den Karren, auf eine Kuhhaut. Der Pfaffe mit der Bibel setzte sich zu ihm und las ihm etwas vor. Die großen Schüler vor dem Karren und die Kurrende hinter demselben stimmten den Lieningtanser Marsch an, und vorwärts ging's, zur Stadt hinaus und dem Galgen entgegen.

Als der Bergmann die Leiter zum Galgen hinaufstieg, pochte ihm doch das Herz. Aber wie ihm der Teufel gesagt hatte, stieg er auf der anderen Seite wieder hinunter, als ihm der Schinderknecht die Schlinge über den Kopf werfen wollte. Als er unten stand, drehte er sich doch einmal um und warf einen Blick zum Galgen. Da sah er, daß der Teufel bei dem Schinderknecht stand, einen Strohwisch in die Schlinge hielt und den Leuten zeigte, was kein Gesicht war.

Der Bergmann sah sich das eine Weile mit an, lachte sich satt und ging dann nach Hause. Dort stopfte er sich eine Pfeife und schaute aus dem Fenster hinaus. Als nun die Leute von der Exekution in die Stadt zurückkehrten und die ersten an sein Haus kamen, sahen sie, daß der arme Sünder zum Fenster herausguckte. »Herr Jeses«, schrieen sie auf, »der geht ja schon spuken!« Das gab einen Tumult vor dem Haus, als sollte die Welt untergehen. Als dem Bergmann der Spaß lange genug gedauert hatte, redete er die

Leute an: »Was habt ihr denn bloß? Seid doch gescheit und kommt herein! Ich bin doch kein Gespenst! Ein Gespenst kann doch nicht rauchen und am hellen Tage spuken.« Aber keiner hat dem Handel getraut und sich hineingewagt. Endlich kam sein Kamerad, mit dem er im Schacht zusammengearbeitet hatte. Der faßte sich ein Herz und redete ihn an: »Bist du's wirklich, oder ist es dein Geist?« »Sei doch gescheit, wenn es mein Geist wäre, könnte ich doch nicht rauchen.« Nach langem Hin und Her ging er schließlich in das Haus hinein. Als die Leute sahen, daß ihm nichts geschah, strömten auch sie in das Haus. Als die Stube gestopft voll war, erzählte der Bergmann die ganze Geschichte von Anfang an. Schließlich gingen auch alle noch einmal zu dem Galgen hinaus – und da sahen auch sie tatsächlich einen Strohwisch am Galgen hängen. [51]

Der unglückliche Schatzsucher

Ein Mann aus Einbeck kroch in das sogenannte Weingartenloch, um einen Schatz zu heben. Doch da zwängten sich plötzlich die Gänge zusammen und hielten ihn fest. Da mußte eine Bergmannschaft kommen, um ihn zu befreien. Doch als sie so arbeitete, zog und zerrte, riß sie dem Einbecker den Kopf ab. [46]

Der verhängnisvolle Schwur

Auf dem Eislebener Berg ist einstmals ein Berggeselle mit seinem Steiger uneins geworden. Daraufhin sagte der Geselle im Zorn: »Steiger, fahr ich für dich nochmals ein, so sollen alle Teufel kommen und mich von der Fahrt werfen!« Nach drei Wochen fährt er jedoch ungeachtet seines Schwurs wieder ein. Dabei fällt er von der untersten Fahrt und schlägt sich eine Kniescheibe entzwei. Dies war eine noch gnädige Züchtigung durch Gott! [18]

Das Marktbecken zu Goslar

Das auf dem Markte zu Goslar befindliche große metallene Becken soll der Sage nach zur Zeit des Faustrechts aufgestellt worden sein, damit mit einem festen Schlag die Bergknappen aus den weiten Räumen des Rammelsberges bei Überfällen zu Hilfe gerufen werden konnten.

Nach anderen Erzählern soll jedoch das Becken vom Teufel aufgestellt worden sein, damit ihn jeder, der ihn brauche oder sich ihm verschreiben wolle, mit drei Schlägen herbeirufen könne. [5]

Herzog Heinrich der Löwe und die Bergleute von Goslar

Im Jahre 1166 wütete durch das ganze Sachsenland ein großer Aufruhr, indem sich alle Fürsten gegen Herzog Heinrich von Braunschweig auflehnten und auf diese Weise seine große Macht zu mindern suchten. Erst im Jahre 1168 wurde Herzog Heinrich durch Vermittlung des Kaisers Friedrich I. mit seinen Feinden wieder vereinigt. Nur Witekind von Dasseburg allein blieb sein Feind. Als nun alle anderen beruhigt waren, belagerte der Herzog seinen Widersacher in dessen Burg auf dem Dasseberg. Weil aber der hohe

Burgberg alle Bemühungen und Kriegswerke zunichte machte, berief der Herzog Bergleute vom Rammelsberg. Diese fingen ein schweres und bisher unerhörtes Werk an, indem sie den Dasseberg durchgruben. Dabei kamen sie auch an einen Brunnen, aus dem die Burgleute ihr Wasser schöpften. Als sie diesen verstopften, fehlte es der Besatzung an Wasser, und Witekind wurde gezwungen, sich und die Burg in die Gewalt des Herzogs zu begeben. Der übrigen Besatzung wurde freigestellt, fortzuziehen. [25]

¶ Der lange Tanz zu Goslar

Nach dem bergmännischen Sprichwort: »Neue Bergwerke, neues Geschrei« fanden sich in Goslar immer mehr Bergleute aus dem Frankenlande ein. Dadurch vergrößerte sich die Stadt stark. Die Sachsen aber, die in Goslar wohnten, gerieten bald mit ihren neuen Nachbarn in Streit. Insbesondere soll dabei das Wasser, das oben von den Franken verunreinigt wurde, eine große Bedeutung gehabt haben. Oft waren Mord und Totschlag unter den Franken und Sachsen, so daß Schlagbäume und starke Zäune zwischen ihnen gebaut werden mußten.

Schließlich haben sich aber die beiden Völker doch durch Heirat befreundet, und zur Befestigung dieser Eintracht wurde der lange Tanz eingeführt. Da tanzten die jungen Manns- und Frauenspersonen von den Sachsen bis zu den Franken und wiederum von den Franken bis zu den Sachsen. Bergleute mit Zittern, Geigen und anderer Musik zogen dem Zuge voran. Nach dem Tanze war alles eitel Lust und Freude.

Im Jahre 1536 wurde der lange Tanz jedoch wieder abgeschafft, da es zu verschiedenen Ausartungen gekommen war. [46]

Der beste Schuß

Im Harz lebte einstmals ein Bergmann, der gut schießen konnte. Nun war Freischießen in Goslar. Da wollte er versuchen, ob er dabei den reichen Goslarern einige Taler abnehmen könne. Vor allem lag ihm aber daran, den besten Schuß zu tun und die Ehre davon zu haben; denn als Fremder konnte er den besten Gewinn nicht erhalten.

Er nahm also sein Gewehr vom Nagel – es war hübsch geputzt und rein. Als er damit auf die Hohle Kehle kam, saß dort ein alter, schwacher Mann; er schwitzte und ruhte sich aus. Auch war er ganz zerlumpt, und die nackte Haut guckte da und dort durch sein dünnes Zeug. Die greisen

Haare hingen unter seinem alten Hut hervor, und die Hand und das Gesicht waren ganz abgezehrt. »Ach«, sagte dieser Alte, »lieber Mann, gebt mir doch ein Almosen.« Der Bergmann besaß ein gutes Herz. Er griff in die Tasche und gab ihm die Hälfte von seinem ganzen Geld, für das er zwei Sätze schießen wollte. Der alte Mann schien vor Freude stumm zu werden und dankte mit bewegten Gebärden für das Geschenk. Endlich sagte er: »Ihr seid ein Schütze und wollt hinunter nach Goslar zum Schützenhof. Ich weiß es! Hier, nehmt dieses Gläschen, und wenn ihr schießen wollt, so gießt drei Tropfen auf das Visier!« Dann ging er fort, und der Bergmann wanderte weiter nach Goslar.

Als er in die Stadt kam und eben schießen wollte, fiel ihm das Geschenk des Alten ein. Er holte sein Gläschen hervor und goß drei Tropfen auf das Visier. Dann legte er an, und – o Wunder – er hatte nun die Scheibe ganz dicht vor sich, so daß er nur auf den Nagel zu halten brauchte. Als es knallte, tanzte der Scheibenweise und wollte gar nicht fertig werden. Der Bergmann hatte mitten auf den Nagel getroffen und den besten Schuß getan. So ging es mit jedem Schuß, und er hatte mehr auf dem einen Satz, als er sonst auf zwei gehabt hätte. Obendrein hatte er die Ehre, den besten Schuß getan zu haben. Danach nahm er sein Gewehr auf die Schulter und ging mit vollen Taschen wieder nach Hause.

Als er an die Stelle kam, wo er den Alten getroffen hatte, saß der wieder am Wege und fragte: »Na, wie ist's gegangen?« »Recht gut«, sagte der Bergmann. »Jetzt müßt ihr mir aber mein Gläschen wiedergeben.« »Jawohl«, sagte der Bergmann, holte es aus der Tasche und reichte es dem Alten hin. Auch bedankte er sich dabei und sagte, daß er so etwas in seinem ganzen Leben noch nicht gesehen und erlebt hätte.

Das wäre ein köstliches Wasser. Wenn er das immer hätte, so sollte es nicht lange dauern, und er wollte sich bald soviel zusammenschießen, daß er der reichste Mann würde. Darauf sagte der Alte: »Weil du das Glas gleich so gutwillig mir wiedergeben willst, obwohl du weißt, was es für einen großen Wert für dich hat, so sollst du es ganz behalten. Damit du aber weißt, wozu es noch gut ist – ich habe dir nämlich noch nicht alles gezeigt und gesagt, was man damit erzielen kann – sieh her!« Er nahm einen Schieferstein auf, goß drei Tropfen aus dem Gläschen darauf, und sogleich war der Stein in ein gleich großes Stück Silber verwandelt, das er dem Bergmann hinreichte. »So kann man es auch gebrauchen. Das nimm zur Belohnung für deine Mildtätigkeit und gebrauche es ordentlich! Aber mißbrauche es nicht, sonst ist es dir unter den Händen weg!«

Der Bergmann drückte dem Alten die Hand, und im gleichen Augenblick war dieser verschwunden. Glücklich ging der Bergmann nach Hause, gebrauchte das Glas, so wie es der alte Mann gesagt hatte, und ist so nach und nach zum reichen Mann und zum berühmtesten Schützen auf dem ganzen Harz geworden. [42]

Der silberne Tannzapfen

Vor vielen Jahren wohnte in Grund ein Bergmann, der hatte in seiner Stube einen Tannzapfen aus lauter Silber stehen, so natürlich wie ein gewachsener. Wenn er gefragt wurde, wie er zu solch einem Schatz gekommen ist, hat er folgendes erzählt:

Sein Urgroßvater ist auch Bergmann gewesen. Der war einmal viele Wochen krank in einer teuren Zeit. Damals bekamen die Bergleute noch keinen Gnadenlohn, wenn sie krank wurden. Der Urgroßvater hat aber sieben lebendige Kinder gehabt. Da ist's nun kärglich zugegangen, und er und seine Frau haben fast den Mut verloren.

Einmal steht die Frau vor der Haustür und grübelt, wo sie wohl heute Brot herbekommen soll für die Kinder. Da denkt sie, sollst nur hingehen und eine Kiepe voll Tannäpfel im Walde sammeln und verkaufen, 's gibt doch etwas. Und so macht sie sich auf den Weg. Wie sie auf dem Wege zum Holz ist und über ihr Schicksal nachdenkt, kommen ihr die Tränen in die Augen. Sie setzt sich am Wegrand nieder, weint und hält die Hände vors Gesicht. Nach einer Weile denkt sie, es kann doch nicht helfen, du mußt aufstehen, sonst müßt ihr bitten gehen. Als sie in die Höhe sieht, steht vor ihr ein altes Männchen mit eisgrauem Bart. Es ist ganz wunderlich angezogen und betrachtet die Frau lange. Dann fragt das Männchen, was ihr fehle. Sie antwortet, daß er ihr doch nicht helfen könne. Er ist aber ganz freundlich und sagt, daß man manchem nicht zutraue, was er könne. Sie möge ihm nur getrost sagen, was ihr fehle. Da bekommt sie Mut und sagt ihm alles; daß ihr Mann schon so lange krank sei und daß sie sieben lebendige Kinder habe und keinen Bissen Brot im Hause, daß sie schon alles verkauft und versetzt habe und die Leute sie nicht länger im Hause leiden wollen. Deshalb wolle sie nun eine Tracht Tannäpfel suchen und dafür Brot kaufen. Das Männlein mit dem grauen Bart tröstet sie. Sie solle nicht verzagen, es würde schon alles recht gut gehen, und wenn sie gute Tannäpfel haben wolle, so solle sie nur nach dem Hübichenstein gehen und sich nicht fürchten. Er bietet ihr einen guten Morgen und geht ins Gebüsch am Weg.

Die Frau geht nach dem Hübichenstein. Da setzt sie ihre

Kiepe auf den Boden und sucht Tannäpfel. Wie sie anfängt zu suchen, fallen ihr die Tannäpfel von allen Seiten zu, rechts und links, von oben und aus allen Büschen heraus. Da denkt sie nun schon, es hätten sich Buben am Hübichenstein versteckt, wollten sie foppen, und das kleine Männlein hätte Schuld daran. Sie hebt also ihre Kiepe wieder auf und flüchtet, denn sie will sich doch nicht die Augen auswerfen lassen. Das hätte sie nun freilich nicht nötig gehabt, denn die Tannäpfel fallen alle in die Kiepe. Aber wer so betrübt ist, der hat auch nicht auf alles acht.

Und so geht sie weg vom Hübichenstein und kommt an eine andere Stelle. Sie füllt ihre Kiepe, aber viel geht nicht mehr hinein. Dann geht sie heim. Aber die Kiepe wird immer schwerer und schwerer, und sie muß gar oft ausruhen, bevor sie heimkommt. Das kommt ihr wunderlich vor, aber sie denkt sich nichts dabei. Als sie heimkommt, geht sie in den Holzstall und will die Kiepe ausleeren, dann soll's wieder ins Holz gehen. Aber da fallen lauter silberne Tannäpfel heraus, so daß sie ganz starr wird vor Verwunderung.

Aber die Tannäpfel will sie nicht behalten, denn sie meint, das gehe nicht mit rechten Dingen zu. Wer weiß, denkt sie, ob der kleine Kerl nicht der Satan gewesen ist.

Also geht sie zu ihrem Mann in die Stube und erzählt ihm, wie's ihr ergangen ist, und beschreibt ihm das Männlein. Sie fragt ihn, ob das wohl mit rechten Dingen zugehen kann und ob sie die Tannäpfel behalten dürfe. Der Mann sagt ihr, daß alles ihr gehöre und daß der kleine Kerl der Gübich gewesen sei. Der hätte auch schon anderen armen Leuten geholfen.

Am anderen Morgen läßt es ihr doch keine Ruhe. Sie muß erst nach dem Holz gehen, vielleicht, daß sie den Gübich wieder trifft. Sie will sich bei ihm bedanken. Richtig! Wie sie wieder an die Stelle kommt, ist auch das Männlein da und fragt, ob sie gestern nicht schöne Tannäpfel gefunden hätte. Wie sie aber anfängt, ihm zu danken, weil sie nun aus aller Not gerettet wäre, lacht der Gübich und gibt ihr ein Büschel Kräuter. Davon soll sie ihrem Mann einen Trank kochen, so würde er schon gesund werden. Und darauf geht er wieder ins Gebüsch am Weg.

Die Frau aber geht heim und bereitet den Trank. Kaum hat jedoch der Mann von dieser wundersamen Medizin einige Schlucke zu sich genommen, als er auch schon vollkommen gesund wird. Beide lebten durch die Gabe des Gübich noch lange glücklich und zufrieden miteinander.

Das Silber haben sie in die Münze gebracht und großen Reichtum davon gehabt. Doch behielten sie ihn nicht allein für sich, sondern haben vielen armen Leuten Gutes davon getan. Aber einen von den Tannäpfeln haben sie zum ewigen Andenken aufgehoben. Das ist der Tannapfel, den der Bergmann in der Stube stehen hatte. [42]

Der Mädchenrathausplatz

In Hahnenklee, wie überhaupt auf den Bergwerken des Harzes, fehlte es in früheren Zeiten gar sehr an Männern. Da mußten die Frauen einen großen Teil der Arbeit mit versehen. Sie waren aber auch gewaltig hinter den jungen Männern her. So kam es einmal, daß zwölf Mädchen zugleich einen jungen Burschen haben wollten. Sie gerieten darüber auf einem Berg oberhalb Hahnenklees in Streit und wurden dabei so heftig, daß sie einander in jähem Zorn erschlugen. Darum hat man die Stelle zum ewigen Andenken den Mädchenrathausplatz genannt. [46]

Die Jungfer von der Ilburg

Es ist einmal ein Bergmann gewesen, der ist bei Ilfeld auf den Burgberg hinaufgegangen. Da hörte er im Busch ein Niesen und sprach: »Gott helfe dir!« Es nieste zum zweiten Mal, und wieder sagte er: »Gott helfe dir!« Als es zum dritten Mal nieste, sprach er abermals: »Gott helfe dir ins Himmelreich!« Da stand plötzlich eine weiße Jungfer mit Schlüsseln im Busch. Sie winkte ihm, und der Bergmann hat sich an der Stelle einen Schatz gehoben. [25]

Der Kampf mit dem Schatzhüter

Beim Schatzheben darf kein Mucks gesagt werden. Und wenn auch der Schatzheber schweigen will wie ein Stein, so sorgt doch allerlei Spuk dafür, daß ihm zur unrechten Zeit der Mund aufgeht. Hat der Schatzgräber glücklich auch allen Spuk hinter sich, hat er noch einen harten Strauß mit dem Schatzhüter zu bestehen. Das ist gewöhnlich ein schwarzer, zottiger Hund mit feurigen Augen.

Ein solches Untier hat einem Bergmann, der den Schatz beim alten Kloster Kaltenborn (bei Emseloh) heben wollte, alle Finger der rechten Hand abgebissen. [46]

Der Zwergenkrieg

Einst ging ein Bergmann nach Lautenthal. Als er an die Berge kam, an die Stelle, wo die Lautenthaler Teiche liegen, hörte er einen Tumult, ein Schreien und Wehklagen, ein Rufen und ein Toben. Es klang, als ob kleine Jungen miteinander stritten.

Als er näher ging, sah er, daß der Teich verschwunden war und sich an seiner Stelle eine große Wiese befand, auf der zwei Zwergenheere Krieg führten. Große Scharen kämpften miteinander mit Säbeln und Dolchen, andere Scharen rückten im Sturmschritt aufeinander los und hieben mit ihren kleinen Schwertern wütend aufeinander ein, so daß Tote und Verwundete haufenweise umherlagen. Es war ein Ringen und Fechten, das nirgends größer sein konnte. Dabei schmetterte eine Trompete und wirbelten die Trommeln. Es ging alles wild durcheinander. Da sie nicht schießen konnten, denn das Schießpulver war noch nicht erfunden, hieben und stachen sie sich ohne alle Gnade nieder. Keiner gab nach und gab Pardon.

Als der Bergmann so zusah, kamen zwei Zwerge auf einem freien Platz zusammen. Sie hatten schöne Röcke an und starrten vor Gold und Silber, auch hatten sie kleine Kronen auf dem Kopf und kleine funkelnde Sterne auf der Brust. Der eine war größer und stärker als der andere, deswegen warf er bald den kleinen zu Boden. Der aber sprang wieder hoch – und da griff der Bergmann zu. Mit seinem zackigen Stock gab er dem größeren einen Schlag über den Kopf, daß auch der zu Boden stürzte und bald seinen letzten Schnaufer tat. Nun kamen aber die zu diesem König gehörenden Zwerge und wollten dem Bergmann zu Leibe, weil er ihren König totgeschlagen hatte. Doch dieser wehrte sich tapfer, so daß sie bald in den Wald gejagt waren. Nur das eine Heer stand noch, dessen König der Bergmann errettet hatte.

Nun kamen sie alle heran und küßten ihm Hände und Füße, ja, sie wußten gar nicht, wie sie ihm dankbar sein sollten. Der kleine König aber trat vor und befahl, daß die anderen zurücktreten sollen, er wolle seinem Retter danken und etwas sagen.

Ehrfurchtsvoll trat alles zurück, und der kleine König kam und dankte mit hübsch gesetzten Worten. Ja, sagte er, hier könne er nicht genug danken, der Bergmann möchte doch so gut sein und in seinen Palast mitgehen, dort wolle er ihn königlich belohnen.

Der Bergmann ging mit, und sie kamen miteinander vor eine Höhle. In diese ging es hinein, dann in einem langen Gang fort, und zuletzt traten sie in einen schönen Saal. In dem Saal standen Teller und Leuchter und Schüsseln aus purem Silber. Die Wände glänzten von Spiegeln und Edelsteinen. Es war eine Helligkeit und eine Pracht, wie's nur in einem Königssaal sein kann.

Da kamen dann auch all die vornehmen Herren, die zu dem Zwergenkönig gehörten, alle mit Gold- und Silbertressen an den Röcken. Der Bergmann hatte seine Sonntagshose und den Kittel an und seinen Schachthut auf, wie man's damals trug. Aber trotzdem mußte er sich obenan setzen neben den König. Einer nach dem anderen rühmte nun den Bergmann, der König aber am meisten. Es wurde gegessen und getrunken. Der Bergmann sprach dem Braten und dem Wein tüchtig zu, so daß zehn königliche Diener für ihn allein immer auftragen mußten. Es fehlte aber auch an nichts. Schließlich wurde man fröhlich und guter Laune. Das gefiel dem Bergmann erst recht, und er sagte, das wäre wie auf einer Hochzeit. Schließlich stand man vom Tisch auf, und er wollte nun nach Hause.

»Noch nicht«, sagte der König, »erst muß ich dir etwas zeigen und dich belohnen. Komm mal her!« Und er ging mit dem Bergmann in seine Silberkammer. Den Reichtum hätte einer sehen müssen! »Nun«, sagte der König, »nimm was und wieviel du willst – und wenn du alles mitnimmst! Je mehr du nimmst, um so mehr freue ich mich!«

Der Bergmann ließ sich nicht zweimal nötigen. Er steckte sich seine Taschen voll, daß sie bald abrissen. Da gaben ihm die Zwerge auch noch die Krone und das Zepter von dem König, der besiegt worden war.

Als nun der Bergmann Abschied nahm, weinte das kleine Volk, und mit Tränen baten sie ihn, er möchte doch bald einmal wiederkommen. Es wurde ihm ordentlich wehmütig zumute, als er die kleinen Leute verlassen sollte. Noch saurer wurde es ihm aber, mit der Last den Lautenthaler Berg hinaufzusteigen.

Froh und vergnügt kam er nach Hause, machte das Silber zu Geld und verkaufte die Krone und das Zepter an den Herzog von Braunschweig. Wenn ihm aber dennoch einmal etwas fehlte, so suchte er seine kleinen Freunde auf. Diese halfen ihm jedesmal. Er hat aber keinem Menschen die Höhle verraten, worinnen der Zwergenkönig wohnte. Das mochten die Zwerge ihm wohl verboten haben. Seine Familie ist aber noch recht wohlhabend gewesen, nachdem er schon lange tot war. [42]

Die vertauschten Schuhe

Einst ging ein armer Pochknabe mit seinen zusammengebundenen Schuhen und Strümpfen über der Schulter aus Lautenthal hinaus, um zu fischen. Draußen an der Innerste legte er bei einem Strudel Schuhe und Strümpfe hinter sich und warf die Schnur ins Wasser. Da hatte auch schon eine dicke Forelle angebissen. Schon wieder eine und immer wieder! Das ging wohl eine Viertelstunde so fort. Da hatte der Junge Fische genug, ein paar Pfund zum Verkauf und so viel, daß er sich mit seiner Mutter dick und voll essen konnte. »Einen letzten will ich noch fangen«, dachte er und warf die Angel aus. Doch mit seinem Glück war's aus, kein

Fischlein wollte mehr anbeißen. Aber was war das? Hatte es nicht hinter ihm gelacht? Der Pochknabe fuhr herum und traute seinen Augen nicht. Die kleinen Dinger da, das waren doch nicht seine Schuhe! Die waren ja aus Glas und innen gar mit dickem Gold ausgelegt. Mit denen sollte mal einer spazierengehen! Ein Paar Strümpfe lagen auch da, mit Gold durchwirkt und mit dicken, goldenen Troddeln daran. So etwas hatte er noch nicht gesehen. Auf einmal kicherte wieder etwas ganz in seiner Nähe. Da sah der Pochknabe im Buschwerk einen Zwerg herumtanzen, angetan mit seinen alten Schuhen und Strümpfen. Der sprang vor lauter Freude, was das Zeug nur halten wollte. Da mußte auch der Pochknabe lachen, der Kleine sah zu putzig aus mit den großen Schuhen und Strümpfen. Die gingen ihm bis an den Leib und standen gar sonderbar zu seinem roten Rock und dem Kremphut mit der güldenen Feder darauf. »Du, Kleiner«, rief der Junge, »was machst du mit meinem Fußwerk?« »Hab' dir neue Schuhe für deine alten gegeben! Der Tausch wird dich nicht reuen.« So antwortete der Zwerg. Der Junge ließ sich den Handel auch gefallen. Die Zwergenschuhe und -strümpfe kaufte ihm eine Herzogin ab. Da hatte der arme Pochknabe für sein Lebtag Geld genug. [46]

Die Kappen der Zwerge

Unweit Lerbachs trafen einst Bergleute eine Anzahl Zwerge. Sie kamen unter einer Stucke hervor und riefen denen zu, die noch unter der Erde waren: »Smiet mek mal miene Kappe rut! Smiet mek mal miene Kappe rut!« Da fragten die Bergleute, warum sie so lustig seien. Die Zwerge erzählten, daß sie nach Osterode zu einer Hochzeit wollten.

»Da wollen wir mit!« sagten die Bergleute. In Osterode stellten sich die Zwerge vor dem Hochzeitshaus ein. Und einer nach dem anderen ging mit seiner Kappe hinein und aß sich satt. Als alle durch waren, nahmen ihnen die Bergleute die Kappen weg und machten's auch so. Da sie nun für die Hochzeitsgäste nicht sichtbar waren, sahen diese nur mit Erstaunen, wie schnell alle Schüsseln leer waren, kriegten's aber nicht weg, wie es zuging. [46]

Der bestrafte Flucher

Bergleute sollen keine Flucher sein. Nun war aber im Mansfelder Gebiet ein Geselle, der immerfort fluchte und nicht viel danach fragte, was ihm deswegen vorgehalten und gesagt wurde. Vielmehr hat er noch seinen Spott damit getrieben.

Als er einstmals einfahren wollte, sagte er: »Wohlan, komme ich in dem Schacht unten an, will ich fluchen, daß die Schaufel vor dem Orte tanzen soll.« Es ist aber anders gekommen, denn am selbigen Tage hat ihn das Dach erschlagen und erdrückt. [18]

Strafe für frevelhafte Worte

Als ein anderer böser und ruhloser Berggeselle aus dem Mansfeldischen sein Morgenbrot aß, wünschte ihm ein anderer Gottes Segen und guten Appetit. Daraufhin gab er jedoch boshaft zur Antwort: »Was ich zu essen habe, das will ich wohl auffressen, bevor der Teufel kommt.«

Als er jedoch danach aus Fürwitz an die Schleusen ging um überzufahren, ertrank er schmählich. [18]

Die Sage von der Entdeckung der Baumannshöhle

Zu Beginn des 16. Jahrhunderts lebte in der Nähe von Rübeland der Bergmann Baumann. Derselbe war ein kräftiger, strebsamer Mann. Aber seine mühsame und beschwerliche Arbeit im Schoß der Erde brachte wenig Gewinn, und oft herrschte bitterer Mangel in dem kleinen Hausstand des jungen Bergmanns. Seine alte Mutter – der Vater war vor einigen Jahren bei dem Einsturz eines Bergwerks ums Leben gekommen – vertröstete ihn auf bessere Zeiten und wußte Beispiele anzuführen, wie Bergleute durch glückliches Auffinden ergiebiger Silberadern schnell aus Dürftigkeit und Armut zu Reichtum und Ansehen gekommen seien.

Oft schlich Baumann einsam in den Felsen umher und träumte von verborgenen Schätzen, die er zu finden hoffte. Einst fand er dabei im dichtesten Gebüsch eine enge Felsenspalte, die später erweitert wurde und auch jetzt noch den Eingang zur Höhle bildet. Die Neugierde und noch mehr das Verlangen nach edlen Erzen trieben ihn, die Öffnung etwas zu vergrößern und hineinzudringen. Er gelangte auch glücklich bis zur ersten und größten Abteilung der Höhle. Bei dem Umhersuchen nach Erzen, die er jedoch nicht fand, erlosch ihm plötzlich sein Grubenlicht. In der ihn nun umgebenden Finsternis konnte Baumann den Ausgang nicht mehr finden. In furchtbarer Angst tappte der Unglückliche drei Tage und drei Nächte in den Schlünden umher. Schon meinte der vor Hunger und Durst entkräftete Bergmann verloren zu sein, als er plötzlich den rettenden Lichtstrahl erblickte, der ihn wieder zur Oberwelt zurückführte. Seine Freunde, welche ihn bis dahin vergeblich gesucht hatten, fanden endlich den Unglücklichen ohnmächtig vor dem Eingang der Höhle und trugen ihn zu seiner alten Mutter.

Baumann starb nach drei Tagen, doch hatte er noch so viel Besinnung, seine Freunde auf die Geheimnisse der Höhle aufmerksam zu machen.

Zum dankbaren Andenken an ihren Entdecker hat man der Höhle, die jährlich viele Besucher anzieht, seinen Namen beigelegt. [11]

Hüttenkobolde in Rübeland

Die Hüttenkobolde arbeiteten in den Freistunden der Hüttenleute. Sie hatten dicke Köpfe und sollen ursprünglich Feuerklumpen gewesen sein. Man war der Meinung, daß Bestellungen zu erwarten seien, wenn die Kobolde nachts in der Hütte arbeiteten. Auch ließ sich zuweilen ein weißes Kaninchen sehen, wenn Bestellungen kamen.

Einst ließ man einem Hüttenkobold aus Dankbarkeit einen grauen Rock machen und gab ihm ein Paar Schuhe. Da sagte er, daß er jetzt fort müsse, die Schuhe wären sein Laufpaß. [25]

¶ Die lange Schlericke auf der Schalk

Einstmals ging ein junger, unverheirateter Bergmann an einem Sonntagnachmittag nach der Schalk, um Heidelbeeren für die Kinder seines Bruders zu pflücken. Oben im Schalker Tale fand er so herrliche Beeren, daß er in kurzer Zeit seinen Korb bis oben hin voll hatte. Gerade als er aufbrechen wollte, erschien ihm die lange Schlericke, die in dieser Gegend umgehende Schlüsseljungfrau des verwünschten und untergegangenen Schlosses. Doch erschien sie dem Bergmann nicht wild und unordentlich, wie sie sich meistens zeigen soll, sondern war ein hübsches, sauberes Mädchen. Auf ihren Wink folgte er ihr. Da führte sie ihn im Tale entlang und auf einer seidenweichen Moostreppe einen Moosberg hinan, auf dessen Gipfel ein Schloß ebenfalls aus lauter Moos stand. Darinnen kam es ihm gar schön und heimlich vor. Alle Räume waren mit einem wunderbar erquickenden Wohlgeruch erfüllt. Sie führte ihn hindurch bis in ein großes, ganz mit grünem Samt ausgeschlagenes Zimmer. Darin waren Spiegel, die von der Decke bis auf die Erde reichten. Die Rahmen derselben sowie Tische, Stühle und Sofas waren alle von glänzendem, grünem Holze.

Da sah sie ihn freundlich an und wollte ihn küssen. Aber er fuhr erschrocken zurück, denn zwischen ihren Lippen sahen, nur einen kurzen Augenblick, ein paar Krötenfüße hervor. »Du hast dich wohl geirrt«, dachte er und trat wieder näher. Da öffnete sie ihren Mund etwas weiter, und zwei Krötenköpfe starrten ihn mit ihren funkelnden Augen unheimlich an.

Nun war seines Bleibens nicht länger. Voller Schrecken stürzte er aus dem grünen Palast hinaus und hörte dabei noch, wie die lange Schlericke kläglich ächzte und schmerzlich stöhnte. Erst unten am Berge wagte er sich umzusehen. Da waren Moosberg, Moosschloß und die Schlericke verschwunden. Hätte er sich vor den Kröten nicht gefürchtet und der Jungfrau den erlösenden Kuß gegeben, wäre er reich und glücklich geworden. [15]

Der Wundervogel

Ein Nachtschichter, der im Spiegeltaler Pochwerk arbeitete und eben untergeschürt hatte, setzte sich an einem schönen Sommerabend vor das Pochwerk auf die Bank und verzehrte sein Abendbrot. Als sich der Nachtschichter so recht von Herzen über die schönen Tannen und die herrlichen Vögel freute, kam ein Vogel geflogen und setzte sich dem Nachtschichter gegenüber auf einen Tannenzweig. Dann hüpfte er näher und näher zu dem Mann hin. Es war, als wollte er sich richtig sehen lassen. Als aber der Nachtschichter aufstand, flog das Tierchen fort und war in den Tannen verschwunden.

Am anderen Abend nahm der Nachtschichter etliche Leimruten mit auf Arbeit, band eine starke an eine lange Stange und hoffte, damit den Vogel fangen zu können. Anfänglich ließ aber der Vogel lange auf sich warten, erschien aber dann doch noch. Als aber der Nachtschichter ihm mit der Leimrute zu nahe kam, zog er sich zurück und war wieder im Tannenwald verschwunden. So ging es schließlich drei Tage.

Am dritten Abend lockte der Vogel den Nachtschichter den Berg hinauf und ließ sich da fangen. Kaum hatte ihn aber der Nachtschichter in der Hand, da verwandelte sich der Vogel in eine wunderschöne Jungfrau. Diese sah ihn freundlich an und sprach: »Ich sehe aus der Mühe, die du dir meinetwegen gegeben hast, daß du mich gern haben willst. Küsse mich, dann bin ich erlöst, und du wirst glücklich.«

Der Nachtschichter aber war dumm und schüchtern. Er wagte nicht, die schöne und vornehme Frau, die vor ihm stand, anzurühren, und noch viel weniger, sie zu küssen. Vielmehr zog er sich scheu und langsam zurück. Sie seufzte, bat und sah ihn flehentlich an, aber er erfüllte ihr diesen Wunsch nicht.

Da ging sie weinend fort und verschwand mit einem tiefen und lauten Seufzer im Wald. Kaum war sie aber fort, da reute den Nachtschichter sein Verhalten. Er ging ihr nach, suchte sie, konnte sie aber nirgends finden. Aus Gram darüber, daß er das hübsche Mädchen nicht erlöst hat, wurde der Nachtschichter krank und war nach neun Tagen tot. Während seiner Krankheit hat er sein Erlebnis aber noch erzählt.

Bei der Beerdigung folgten viele junge Mädchen der Leiche. Als der Sarg hinabgelassen wurde, kam ein wunderschöner Vogel aus der Luft herab und fiel mit einem herzzerreißenden Pfiff in das Grab hinein. Alle hatten's gehört und gesehen. Wahrscheinlich war es das unglückliche Mädchen, das dadurch auch erlöst wurde. [47]

Der Teufelsschacht bei Strasberg

Eine Viertelstunde von Strasberg entfernt lag der Teufelsschacht, in dem Eisen gegraben wurde. Dort arbeitete ein Strasberger Bergmann, dem niemand gleich arbeiten konnte. So beschwerte er sich, daß alle seine Kameraden faul wären. Jeden Lohntag (alle vier Wochen) bekam er einen anderen Kameraden. Endlich aber wollte keiner mehr mit ihm arbeiten.

Da meldete sich ein fremder Bergmann und sprach um Arbeit an. Er bekam sie; doch wurde ihm gleich gesagt, daß er mit einem Mann arbeiten müsse, mit dem noch niemand habe arbeiten können. Er antwortete: Wenn der ihm gleich arbeiten könne, er könne jedermann gleich arbeiten. Am Morgen sagte er, daß er für drei Mann arbeiten werde.

Der Fremde fing an zu fahren und hing den Karren an. Kaum hatte er eine Stunde gefahren, da war der ganze Vorrat, der schon seit einigen Monaten gelegen hatte, fort. »Geh weg und lasse mich losbrechen, du kannst nicht genug losbrechen!« sagte er zu dem anderen Bergmann. Da mußte der Strasberger den Karren anhängen, war aber nicht imstande, so viel fortzuschaffen, wie der andere losbrach. So ging's einen ganzen Monat hindurch. Am Lohntag erhielten sie zusammen vierhundert Taler und einen Pfennig. Sie schoben den Pfennig hin und her, zuletzt warf ihn der Strasberger in den Schacht. Da fuhr der Teufel, denn niemand anders war der Fremde, dem Pfennig nach.

Von da ab wollte kein Bergmann mehr diesen Schacht befahren, obgleich der Schacht sehr reichhaltig war. [25]

¶ Der boshafte Bergmann

Vor vielen, vielen Jahren stand bei Wildemann eine kleine Mooshütte, in der mehrere Moosweiblein wohnten. Diese kleideten sich über und über in Moos, das sie wie ein Fell oder eine Decke umgab. Sie waren besonders liebreiche und ungemein freundliche Wesen und hatten Gänsefüße. Die

größte Teilnahme zeigten sie für Fremde und Reisende, die sich verlaufen hatten oder nichts zu essen bei sich trugen. Mitleidig leiteten sie dieselben auf die rechte Straße und gaben ihnen Wurzeln und Kräuter zur Nahrung und Gesundung mit. Dann baten sie aber flehentlich den Wanderer, er möge doch da oder dort drei Kreuze in einen der Bäume, die um ihre Hütte standen, einschneiden oder einhauen. Sie fänden darunter Schutz vor dem Wilden Jäger, der sie beständig jage, aber von ihnen ablassen müsse, wenn sie sich unters Kreuz geflüchtet hätten. Jeder erfüllte gern ihren Wunsch, und so lebten diese Wesen glücklich in ihrer Behausung.

Einst kam aber ein tückischer und böser Bergmann des Wegs und ging auf die Mooshütte zu. Er zerstörte frevelhaft nicht allein die kleine ruhige Wohnung der Moosweiblein, sondern schlug auch all die Bäume nieder, in welche die Schutzkreuze gehauen oder geschnitten waren. Von der Zeit an hat man kein Moosweiblein mehr gesehen. Der verruchte Bösewicht aber, der dieses Unheil angerichtet hatte, wurde taubstumm und lahm. [5]

Der Zwerg in der Hüneburg

Dicht bei dem Dorf Wimmelburg – unweit von Eisleben – erhebt sich nach Südosten zu ein Berg, Hüneburg geheißen. Wann und wie die Burg, welche auf diesem Berg stand, ihren Untergang gefunden hat, weiß man nicht. Doch erzählt man von ihr folgende Sage:

Die Hüneburg war einst eine Raubburg. Jeder, der an ihr vorüberzog, wurde angehalten und, wenn er nicht gutwillig seine Habe lassen wollte, totgeschlagen und ausgeplündert. Damit nun niemand ungesehen vorüber kommen konnte, setzten die Ritter, die dort hausten, auf den Turm der Burg einen Wächter. Dieser mußte die Umgegend durchspähen und von allem, was ihm auffiel, Kunde geben.

Einstmals kam nun ein pilgernder Bettelmönch an die Burg und bat um Einlaß und um ein Nachtlager. Die Burgleute wiesen ihn aber mit harten Worten ab. Da erging sich der Mönch in Schmähreden über sie und tadelte laut ihr Treiben. Natürlich tat er dies nicht ungestraft: Er wurde erschlagen. Ehe er aber sein Leben aushauchte, verfluchte er die Burg, die alsdann in den Berg versank. Dem Wächter aber sagte er, daß er nicht wert sei, auch mit zur Ruhe einzugehen. Er habe mehr Schuld an dem Unglück als all die anderen. Er solle darum auf Erden herumirren, bis er erlöst würde. Erst dann solle er von dem Fluch befreit sein und zur ewigen Ruhe eingehen, wenn ein unschuldiges, tugendhaftes Mädchen ihn unaufgefordert geküßt habe.

Seit dieser Zeit wurde der verwünschte Burgwart in der Umgebung der versunkenen Burg oft als Zwerg gesehen. Doch soll er sich mit Hilfe einer Nebelkappe auch unsichtbar gemacht haben. Seine Wohnung hatte er in der in den Berg versunkenen Burg. In der Hoffnung, den ersehnten

Erlösungskuß zu erhalten, mischte er sich unter alle heiteren Gesellschaften. Besonders gern erschien er auf Hochzeiten, wo er scherzte und die Gesellschaft belustigte. So war er einst auch bei der Hochzeit eines Bergmanns zugegen, wo es sehr lustig zuging. Als nun einige Zeit darauf dieser Bergmann nicht von seiner alltäglichen Arbeit im Schacht zurückkehrte, geriet seine Frau in die äußerste Angst und hielt ihren Mann schon für verloren. In dieser Not kam die Schwester ihres Mannes auf den Gedanken, den Zwerg um Hilfe zu bitten. Sie ging deshalb zum Berg, rief den Zwerg heraus und bat ihn um Hilfe. Derselbe hatte sich immer freundlich gegen sie gezeigt und verweigerte auch jetzt seine Hilfe nicht. Mit Speise versehen, stieg er in den Schacht hinab, um den Unglücklichen aufzusuchen. Er fand ihn auch, aber halb verschüttet und fast erdrückt von der auf ihm ruhenden Last. Doch gelang es schließlich dem Zwerg, den Verschütteten zu befreien. Als nun beide wieder an das Tageslicht kamen, wurden sie von der Schwester des Bergmanns, die oben voller Spannung gewartet hatte, freudig begrüßt. Aus Dankbarkeit fiel sie dem Zwerg um den Hals und küßte ihn. Durch diesen Kuß war der Verwünschte von dem auf ihm lastenden Fluch befreit. Hocherfreut dankte er seiner Befreierin. Hierauf soll er sie in den Berg geführt und ihr die Burg samt ihren versteinerten Insassen gezeigt haben. Dazu sagte er, daß es allen so ergehen werde, die das unehrliche Räuberhandwerk trieben. Nachdem er sie noch mit Kostbarkeiten beschenkt und an die Oberwelt zurückgeführt hatte, verschwand er und wurde nie wieder gesehen. [14]

Steiger Türkmien

Eines Sonntags stieg der Steiger Türkmien aus Wildemann mit drei seiner Leute auf den Schildberg, um den Schatz unter der Schloßruine zu heben. An einer hohlen Stelle im Mauerwerk schlugen sie ein und fanden eine eichene Treppe. Auf dieser stiegen sie hinunter in einen Keller. Aber der war leer. Da hackten sie ein Loch in den Boden. Der Steiger kletterte hindurch und kam in ein großes Gewölbe. Beim Schein seines Grubenlichtes sah er auf einem runden, eichenen Tisch eine große Trinkkanne aus Silber stehen. Daneben lag auf einer Bank ein baumlanger Kerl in Hirschlederhosen und grünem Jägerrock. Mir nichts, dir nichts raffte der Steiger die Kanne vom Tisch und machte sich aus dem Staube. Da war mit einem Satz der Lange hinter ihm her. Nun hieß es: Steiger, wehre dich! Der Türkmien hat schließlich den Kerl unter die Knie gebracht und kam gerade zum Ende der Nachmittagsschicht nach Wildemann.

Die Kanne jedoch war ihm verleidet. Er verkaufte sie

für einen Batzen Geld an einen Goldschmied in Goslar. Dafür ließ er zu Hause seine Küche neu ausmauern. Als er aber zum ersten Mal darinnen Feuer machte, stürzte alles wieder ein. Das ging mehrere Male so. Da ging der Türkmien zum Pfarrer und erzählte ihm die Geschichte. »Laß nur eine neue Bibel mit einmauern«, sagte der Pfarrer, »dann wird der Böse schon die Finger davon lassen!« Das tat der Steiger, und das Mauerwerk blieb wirklich stehen. [46]

Erzähl' keinen Traum

Einst träumte der Frau eines Bergmanns in Windhausen, ihr Mann stürze in die Grube und komme dabei um. Beim Aufstehen erzählte sie ihrem Mann den Traum und bat ihn, doch zu Hause zu bleiben. Aber er fuhr dennoch an. Einige Stunden später brachten ihn seine Kameraden ganz zerschmettert nach Hause. In der nächsten Nacht erschien der Verunglückte seiner Frau in leibhaftiger Gestalt, er stand vor ihrem Bett und sagte:

»Erzähle keinen Traum
und schäle keinen Baum
und röste kein Brot,
so wird Gott helfen in aller Not.
Hättest du deinen Traum verschwiegen,
so wäre dir dein Mann geblieben.«

Die Bergmannsfrau hat nicht gewußt, daß sie mit dem Aussprechen eines noch nicht Wirklichen dessen Verwirklichung herbeigeführt. Nach dem Glauben der damaligen Zeit zwingt ein Wort, einmal gesprochen, das Ereignis herbei. [46]

Der unsichtbare Bergmann

Ein Bergmann ging einst auf die Schulenberger Höhe, um sich ein Schulterstück (eine Stange Holz) zu holen. Da oben wußte er nämlich zwei trockene Stämme. Von den grünen Stämmen durfte er nichts nehmen, da bekam er's mit dem Förster zu tun. Als er an die Stelle kam, stand dort nur noch ein trockener Baum. Daneben stand aber ein Apfelbaum mit ein paar Äpfeln drauf. »Willst dir doch einen mitnehmen«, dachte der Bergmann, »denn ein Apfelbaum im Tannenwald, das ist doch etwas Seltenes hier auf dem Harz.« Er schlug sich einen Apfel herunter, huckte sein Schulterstück auf und ging nach Hause. Als er aber den Apfel essen wollte, hätte er sich bald einen Zahn ausgebissen, denn darinnen steckte etwas Hartes. Das war ein goldener Ring. Der Bergmann dachte: »Hätt' ich nur alle Äpfel heruntergeholt, so hätte ich heute genug verdient.« Doch noch war's dazu nicht zu spät. Er lief wieder auf die Schulenberger Höhe, aber kein Apfelbaum war mehr da. So nahm er sich wenigstens noch ein Schulterstück mit, damit sich der Weg gelohnt hat. Dabei mußte er den Ring anstecken, denn den hatte er bisher immer in der Hand getragen.

Als er aber mit seinem Holz nach Zellerfeld kam, liefen alle Leute vor ihm weg; doch der Bergmann wußte nicht warum. Als er auf seinen Hof kam, rissen sogar seine Kinder aus. Schließlich ging er in die Stube und verriegelte die Tür. Dann fragte er seine Familie, warum denn alle vor ihm weglaufen würden. »Ach«, sagte da seine Frau, »wo steckst du denn nur? Wir hören dich ja, aber sehen können wir dich nicht.« Der Bergmann dachte an den Ring und zog ihn ab. Da sahen ihn auf einmal alle in der Stube stehen. Seine Kinder erzählten ihm, wie es gewesen ist: Zwei Holzstücke

sind zum Torweg hereingekommen, haben in der Luft geschwebt und sind in den Holzstall hinein. Niemand war zu sehen, der sie getragen hat. Das war schauerlich! Nun wußte der Bergmann, daß ihn der Ring unsichtbar gemacht hatte. Er hat ihn behalten, so lange er lebte. Dadurch hat er vieles gesehen, was anderen verborgen blieb. Als der Bergmann aber gestorben war, war auch der Ring weg. [46]

Der Teufel will einen Pochjungen verführen

Jeder Pochjunge bekam von seinem Lohn sieben Pfennige. Damit konnte er machen, was er wollte. Das war so Mode, das andere Geld mußte er zu Hause abliefern. Am Freitag, am Lohntage, würfelten die Pochjungen um ihre Pfennige. Einst hatte nun ein Pochjunge seine sieben Pfennige verspielt. Da er sie aber wiedergewinnen wollte, griff er seinen Lohn an. Als er auch den verspielt hatte, mußte er aufhören. Nun sah er erst, was er gemacht hatte, denn sein Vater und seine Mutter waren schlimm und haben immer gleich erbärmlich auf ihn mit dem Heftstrick losgeprügelt, wenn er etwas angestellt hatte.

Da ging der Junge ganz langsam heim und weinte leise vor sich hin. Da kam ihm ein fremder Herr entgegen. Der hatte einen schönen, feurigen Rock an, eine hohe Mütze auf und einen etwas dicken Fuß. Er fragte den Jungen, was ihm fehle. Der Junge erzählte es. »Dem können wir abhelfen«, sagte der Herr. »Wenn du morgen nach dem Beten aus dem Pochwerk kommen wirst und mein sein willst, sollst du dein ganzes Geld wiederhaben und noch viel mehr dazu.« Der Junge war froh und sagte ja. Er bekam das Geld und steckte es in den Brotbeutel. Zu Hause schüttete er seinen Brotbeutel auf den Tisch. Die Alten fragten gleich: »Junge, wo hast du das viele Geld her?« Der sagte es auch ohne Arg. »Das behalten wir nicht«, sagte der Vater, »das ist Teufelsgeld. Der Teufel hat dir's gegeben und will dich morgen holen. Gleich packst du alles zusammen, wir müssen zum Superintendenten, der weiß gewiß Rat!« Der Junge packte den Kram zusammen, wusch sich und mußte gleich in seinem Anfahrzeug mit zum Superintendenten. Und der Prediger wußte Rat. »Junge«, sagte er, »ehe du morgen anfährst, nimmst du eine Nadel, stichst dir in die Hand, daß drei Blutstropfen kommen, und die läßt du auf den Brotbeutel tropfen. Das andere überlasse mir. Ich komme mit und werde dem Teufel den Brei versalzen. Das Geld braucht ihr nicht wiederzugeben, behaltet es!« Aber damit kam der Prediger schön an. »Der verfluchte Kram bleibt mir keine Stunde im Haus«, sagte der Vater. »Behaltet's und gebt's den Armen, die wissen nicht, woher es ist, und es tut ihnen gut.« Na schön! Der Superintendent behielt das Geld.

Als es am anderen Morgen vier Uhr läutete, da sappte der Prediger mit dem Pochjungen zum Zellerfeld hinaus, hinunter ins Tal zu dem Nonnenkloster-Pochwerk. Alle wunderten sich, daß der Mann mit zum Werk kam. Doch sie dachten, daß er sich einmal das Beten anhören wolle, und damit war es gut. Das Beten ging an. Der Superintendent hatte den Brotbeutel mit den drei Blutstropfen in der Rocktasche. Das Vaterunser wurde gebetet, der letzte Vers wurde gesungen. Da klopfte einer draußen ans Fenster. Der Superintendent machte das Fenster auf und reichte den Brotbeutel mit den drei Blutstropfen hinaus. Da gab's einen Krach, und ein Schwefelgeruch kam zum Fenster herein. Alle erschraken und wußten nicht, was das war. Der Superintendent wußte es aber und der Pochknabe auch. Als es Tag wurde, sah man den Brotbeutel in Fetzen zerrissen vor dem Pochwerk liegen. Von der Zeit an war aber dem Pochjungen so etwas nicht wieder passiert.

Das Geld haben am selben Tag noch viele Arme bekommen. Diese haben sich recht darüber gefreut. Der Pochknabe ist aber um seinen Lohn gekommen. [46]

Der Teufel in der Kirche zu Zellerfeld

Auf dem Zellerfeld lebte einmal ein Bergmann, der an einem Sonntag des Nachts zwischen elf und zwölf Uhr geboren worden war. Dieser konnte auch Geister sehen, und wenn er in der Nacht einem Geist begegnete, dann sprach er mit ihm. Aber er hat es nur mit guten Geistern zu tun gehabt, denn er war ein frommer Mann. Mit bösen Geistern hat er sich nicht abgegeben.

Nun war wieder einmal Fastnacht. Da war er in der Kirche. Während der Pastor auf der Kanzel stand, Gottes Wort auslegte und dabei auch sagte, wie ein Bergmann sich verhalten müsse, wenn er Gott lieb und angenehm sein will, saßen auf der anderen Empore zwei Bergleute, die gar nicht darauf hörten, was der Pastor sagte, sondern miteinander schwatzten und lachten. Der Bergmann, der Geister sehen konnte, hat nun mit seinen leiblichen Augen gesehen, daß hinter den beiden der Herr Urian stand. Der hatte eine Kuhhaut und eine große Feder in der Hand. Mit der Feder schrieb dieser alles auf die Kuhhaut, was die beiden schwatzten. Da er dies mit großen Buchstaben tat, hat's der andere lesen können. Die beiden Bergleute hörten auch nicht auf zu schwatzen und zu lachen, als der Pastor das Vaterunser betete und den Segen sprach. Der Böse konnte gar nicht mehr alles auf die Kuhhaut bringen. Da trat er mit dem einen Fuß auf die Kuhhaut und mit den Händen zog er sie an sich. Wie er so mit aller Gewalt zog, rutschte ihm die Kuhhaut unter dem Fuße weg. Daraufhin fiel der Böse rücklings nieder und streckte die Beine gen Himmel. Da mußte der Bergmann so lachen, daß er sich nicht halten konnte, und er lachte so laut, daß die ganze Kirche davon schallte. Der Pastor hatte aber den Lacher erkannt und ihn

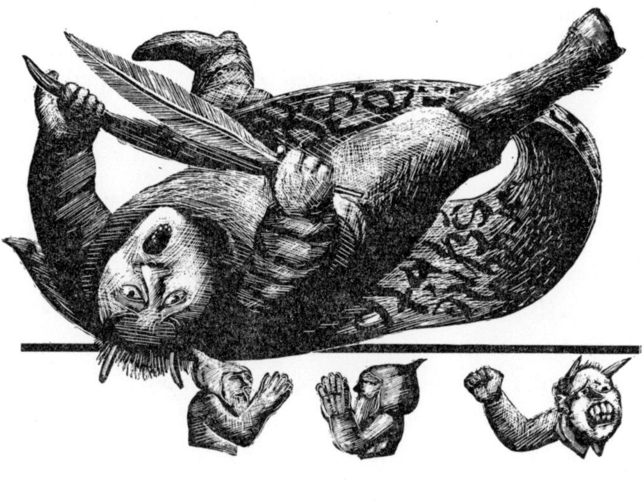

sich gemerkt. Wie nun die Leute aus der Kirche gingen, stellte er sich ins Kirchenhaus und wartete, bis der Bergmann herauskam. Er sagte zu ihm, daß er doch ein paar Augenblicke mit ihm gehen möchte, er hätte mit ihm zu reden.

Als sie beim Pastor ins Haus getreten waren, ging er mit dem Bergmann gleich in seine Studierstube und hielt ihm da Gottes Wort vor. Der Bergmann mußte sich eine Strafpredigt anhören, die sich gewaschen hatte. Insbesondere fragte er den Bergmann, ob er sich denn nicht der Sünden schäme, daß er sogar an so einem Feiertage im Gotteshaus vor allen Menschen den Segen verspotte. Dafür könne es ihm nun und nimmermehr wohlgehen. Doch da fragte der Bergmann den Pastor, ob er nun fertig wäre. Als dies der Pastor bejahte, erzählte der Bergmann, was er gesehen hatte, und sagte ihm alles wieder, was der Böse auf die Kuhhaut geschrieben hatte. Schließlich gab er ihm noch die Hand darauf. Daraufhin bat der Pastor den Bergmann, doch noch einen Moment zu verweilen, und ließ die beiden anderen Bergleute rufen. Als die beiden kamen, bat er den Bergmann, ins Nebenzimmer zu treten und fragte die Angekommenen, was sie heute während der Predigt miteinander gesprochen hätten. Sie sagten aber beide, sie hätten nicht gesprochen. Da fragte sie der Pastor noch einmal, ob sie leugnen könnten, daß sie gesprochen hätten. Er sagte ihnen sogar alles wieder, was sie gesprochen hätten. Aber sie blieben bei ihrer Aussage. Da machte der Pastor die Tür auf, und der Bergmann, der Geister hat sehen können, trat in die Stube und sagte so und so, das und das. Auch erzählte er, wie's der Böse gemacht habe. Da erschraken die beiden mächtig und bekannten ihr Vergehen. Auch sagten sie, daß sie's im Leben nie wieder tun wollten. Da war's gut, und der Pastor gab ihnen noch manch gute Lehre mit auf den Weg.

Am anderen Sonntag saß der Bergmann, der ein Sonntagskind war, wieder den beiden anderen Bergleuten in der Kirche gegenüber. Als der Pastor auf der Kanzel stand und Gottes Wort auslegte, stand richtig auch wieder der Teufel hinter den beiden und hielt seine Kuhhaut und die große Feder. Aber die Bergleute sprachen kein Wort, sondern hörten aufmerksam zu. Und als der Pastor das Vaterunser betete und den Segen gab, beteten sie andächtig mit. Da nahm der Herr Urian seine Kuhhaut zwischen die Zähne und zerriß sie, die Feder zertrat er mit den Füßen. Dann stürzte er wütend durch den Gang, die Treppe hinunter und zur Kirche hinaus. Alle Menschen haben den Lärm gehört, doch keiner hat gewußt, wodurch er entstanden war. Aber der Bergmann, der Geister hat sehen können, hat alles gewußt und nachher oft erzählt. [25]

Der zauberkundige Kunstknecht

In dem vorigen Betrieb der Silbernaaler Gruben war ein Kunstknecht, der sonnabends, wenn die Bergleute Schicht machten, dem Kunstjungen alles übergeben hat und nach Zellerfeld gegangen ist. Dort blieb er bis montags nachts um zwei. Dem Jungen sagte er, daß er nicht hineinfahren solle; es möge geschehen, was da wolle. Als der Kunstknecht nun zurückkam, stand das ganze Gesenk voll Wasser. Gemeinsam fuhren sie ein. Zu dem Jungen sagte er, daß er nichts sagen solle, was auch immer geschehe. Vielmehr solle er nur immer acht geben, auf daß er's auch so machen könne, wenn er einmal Kunstknecht wäre. Der Junge sah nun, wie das Wasser ohne weiteres an den Wänden hinaufging. Als sie ausfuhren, war das ganze Gesenk schon leer, und die Frühschichter konnten einfahren und mit ihrer Arbeit beginnen.

Der Kunstjunge hat auch nie etwas verraten, obwohl die Leute in Zellerfeld wußten, daß der Kunstknecht am Sonntag zu Hause war und sich in dieser Zeit nicht um die Kunst kümmerte. Endlich drohte aber der Geschworene dem Kunstjungen mit Ablegen (Dienstentlassung), wenn er nicht bekenne, was er gesehen habe. Sobald er's aber ausgesprochen hatte, stürzte er tot zu Boden. Der Kunstknecht aber war veschwunden. Auch soll der alte Markscheider mit ihm fortgegangen sein, der den Dammgraben angelegt und, wie das Volk sagt, verpfuscht hat. Dieser soll auch alle alten Kunstrisse vom Harz mit sich fortgenommen haben. [25]

¶ Der Bergmann und die Haulemutter

Auf dem Zellerfeld war ein Bergmann, der ging abends spät nach Hause. Da traf er auf die Haulemutter. Sie saß da und haulte. Das eine Bein hatte sie auf einem Zaun an der einen Seite des Fahrwegs und das andere Bein auf einem Zaun an der anderen Seite. Weil der Bergmann nun sehr beherzt war, so ging er gerade unter der Haulemutter durch. In dem Augenblick aber schlug sie ihm den Hut vom Kopfe. Der Bergmann ließ den Hut liegen. Als er aber nach Hause kam, sagte er zu einer Frau, die in seinem Hause wohnte, daß er seinen Hut verloren habe, sie möge ihm den doch holen. Er müsse dort zwischen den Zäunen liegen. Die Frau ging auch hin und hob den Hut auf. Aber kaum war sie damit in dem Haus angelangt, war auch schon die Haule-

mutter draußen, haulte ganz furchtbar und bedrohte das ganze Haus. Da haben sie ihr den Hut aus dem Fenster geworfen, und damit hat sie sich beruhigt. Der Hut lag aber am anderen Morgen in lauter Fetzen zerrissen auf der Straße. [25]

¶ Die geheimnisvolle Kirche

Früher hat auf dem Zellerfelder Gottesacker auch eine Kirche gestanden. Sollte ein Bergmann umkommen, so war die Nacht vorher die Kirche hell erleuchtet. Wenn dann einer den Mut hatte hineinzutreten, hat er den Bergmann, der umkommen sollte, vor dem Altar im Sarg gesehen.

Einmal kommt eine Frau des Nachts von Goslar mit einer Tracht grüner Ware. Die Frau sieht Licht in der

Kirche, und weil sie ein mutiges Frauenzimmer ist, geht sie in die Kirche hinein. Da ist's ganz hell, wie von tausend Lichtern, obgleich nirgends eins zu sehen ist. Aber vor dem Altar steht ein Sarg, und in dem Sarg liegt ihr eigener Mann und ist tot. Daraufhin geht sie nach Hause und bittet ihren Mann, doch morgen nicht anzufahren. Aber der Bergmann hat doch umkommen müssen, obgleich er nicht angefahren ist. Denn als er sich anderen Tags zum Schlafen auf die Ofenbank legt, ist vom Gesims ein Plätteisen herabgefallen, ihm gerade auf den Kopf, und hat ihn auf der Stelle getötet. [46]

Anzeichen bevorstehenden Unheils

Bergleuten begegnet es zuweilen, daß sie nachts auf ihrem Anfahrwege plötzlich eine schwarze und unabsehbare Mauer vor sich sehen. Sie kehren dann am besten gleich um. Denn wenn sie einen weiten Umweg machen, kommen sie wohl zu ihrer Grube, aber sie müssen dann auch an diesem Tage ihr Leben lassen. [18]

Der neugierige Bergmann

Einst suchte ein Harzer Bergmann Arbeit. Es wurde ihm auch welche angewiesen, freilich an einer Stelle, wo es sehr schwer war, das Erz loszuhauen.

Als er an die Arbeit gehen sollte, sagte er zu seinem Kameraden, der schon längere Zeit an dieser Stelle anfuhr: »Laß mich nur schaffen! Jetzt wollen wir erst noch eine Zeitlang draußen verweilen. Dann aber fahre ich ein und besorge die Arbeit allein.« Damit erklärte sich der Bergmann auch einverstanden, und so besorgte der Fremde lange Zeit die Arbeit allein.

Schließlich plagte aber den Bergmann die Neugierde so stark, daß er in den Gang schlich, wo sein Kamerad vermutlich arbeitete. Da sah er, wie dieser ruhig am Gestein lehnte, während der Bergmönch aus Leibeskräften für ihn schaffte. Schnell schlich er sich wieder fort. Sein Kamerad kam ihm aber sofort nach und gab ihm eine tüchtige Ohrfeige. Und von der Zeit an mußte er wieder selbst arbeiten. [35]

¶ Vom Fastnachtsumzug

In den Bergstädten des Oberharzes zogen die Bergleute am Fastnachtstage mit Musik vom Gaipel zur Kirche, um die Bergpredigt zu hören. Sie duldeten aber nicht, daß auch nur eine einzige Frau daran teilnahm. Denn nach ihrem Glauben verunglücken so viele Bergleute im folgenden Jahr, soviel Frauen bei diesem Umzug dabei sind. [46]

¶ Bestrafte Neugier

Viele Jahre haben im Harz zwei Kameraden auf einem Gedinge gearbeitet und sich dabei fast zu Tode gequält. Besonders hart war es für den einen, der immer später angefahren ist als der andere, der's nicht hat besser haben wollen. Ist der andere jedoch vor Ort gekommen, hat der zuerst Eingefahrene jedesmal schon so viel herausgehabt, daß große Felsmassen dalagen. Mit dem Entzweischlagen und

dem Aufräumen der Erze wurde dann die Schicht zu Ende gebracht. Bisweilen hat er seinen Kameraden wohl gefragt, wie er das nur so leicht herausbringen könne. Aber dann hat er jedesmal zur Antwort bekommen, daß ihn dies nichts anginge. Er solle nur den Vorteil genießen und ihn deshalb nicht fragen. Auch dürfe er ihm nicht neugierig nachgehen oder ihn belauschen. Würde es dies tun, dann müsse er selbst wieder den Bohrer gerben – und was dann außerdem noch geschähe, würde sich finden.

So verging viel Zeit, ohne daß der später anfahrende Gedingarbeiter neugierig über des anderen Tun wieder nachgedacht, vielweniger denselben beobachtet oder belauscht hätte. Aber eines Morgens fühlt er einen unwiderstehlichen Drang, aufzustehen und anzufahren, bevor die eigentliche Zeit da ist. Er denkt gar nicht an das Verbot seines Kameraden, sondern zieht sich an und geht zur Grube. Das Licht wird angesteckt, und mit einer Hast, als würde er an den Haaren fortgezogen, fährt er in den Schacht hinab und auf der Strecke fort, die zu seinem Gedinge führt. Dreißig Schritte von diesem entfernt, bleibt ihm aber vor Schreck der Atem stehen, denn er sieht einen wütenden großen Ochsen vor seinem Gedinge mit den gewaltigen Hörnern immer ins Gestein hinein rennen und große Felsstücke herauswühlen. Endlich steht das Tier still. Doch da gibt's eine neue Verwunderung: Der Ochse verwandelt sich in einen Menschen und ist wieder der andere Kamerad. Jetzt kann sich der Beobachter nicht mehr halten, er geht hin und spricht zu seinem Kameraden: »Jetzt hab' ich gesehen, wie du das harte Gestein herauskriegst. Das ist kein Wunder, wer solche Kräfte und Zaubergewalt besitzt, der kann sich schon helfen.« Doch der Zauberer antwortet: »Wärst du nicht durch eine geheime Macht hierhergekommen, so würde ich dich schlimm behandeln müssen. Doch da du unschuldig daran bist, so wird dein Vergehen nur dadurch gestraft, daß du von jetzt an deine Arbeit wieder allein machen mußt. Es gehe dir wohl!« Damit war er verschwunden, und niemand kann sagen, wo er geblieben ist.

Von der Zeit an hat aber der Gedingarbeiter selbst seine Löcher bohren und sich sauer quälen müssen. Da hat er denn oft gesagt, hätt' ich doch meinen Kameraden noch, ich würde ihm nie nachgehen, ihn nie belauschen, mein Lebtag nicht; es sollten mich keine zehn Pferde dahin bringen. [5]

Die geretteten Bergleute

In einem Dörfchen des Harzgebirges lebten einmal drei Bergleute vergnügt und zufrieden mit ihren Frauen und Kindern in Gottesfurcht beisammen. So wie der Morgen graute, fuhren die fleißigen Männer in den tiefen Schacht hinab, arbeiteten den ganzen Tag und kehrten erst spät abends nach Hause zurück.

Einst, an einem heiteren Frühlingsmorgen, standen die drei Bergleute auch vor dem finsteren Stolln und fühlten sich von seltsamen und ängstlichen Gefühlen bewegt. Der Gesang der Vögel, das helle Licht der Sonne und die Pracht der blühenden Natur erschienen ihnen so reizend, daß es ihnen schwer ward hinabzufahren. Sie mußten aber ihrem schweren Geschäft nachgehen und versahen sich deshalb mit einem Gebetbuch, mit dem Grubenlicht und mit einem großen Stück schwarzen Brotes.

Bald kehrte ihnen drunten bei der Arbeit die alte Fröhlichkeit zurück, und sie sangen schöne Bergmannslieder, die in der Stille des Schachtes wunderbar erklangen. Rasch förderten sie das blinkende Erz und freuten sich auf den Sonntag, um in der Schenke bei Tanz und Spiel, bei einer Kanne Bier und einer Pfeife Tabak fröhlich zu sein. »Es lebe das Bergmannsleben!« riefen sie munter, als plötzlich ein dumpfer Donner erdröhnte. Eine mächtige Felswand stürzte ein und begrub den Schacht.

Die drei erschrockenen Bergleute waren aber wunderbarerweise nicht verletzt worden. Ein gewaltiger Felsenvorsprung hatte sie gleich einem Pfeiler vor dem Tode geschützt. Sie dankten dem Herrn für ihre Rettung, obwohl sie in dem engen Raum von aller Welt abgesperrt und ohne jede menschliche Hilfe dem Verhungern preisgegeben waren. Da warfen sie sich erneut auf ihre Knie und beteten inbrünstig: »Herr, verlasse uns nicht in unserer Not, rette uns, so wollen wir dich preisen in Ewigkeit!«

Nun erschien ihnen zwar kein Engel, aber sie wurden – obwohl sie wochenlang in dem verschütteten Schachte saßen – erhalten, und ihre Lampe verlöschte nicht. Sie aßen und tranken, denn auch Brot und Wasser gingen ihnen nicht aus, plauderten und sangen, indem sie dem Herrn vertrauten.

So waren der Sommer und der Herbst vergangen, und das Christfest war herangekommen. In tiefer Trauer saßen die Familien der Bergleute beisammen. Da pochte es plötzlich ans Fenster, und als man es erschrocken öffnete, standen die drei Verschollenen gesund und munter davor. Alle stießen einen Freudenschrei aus.

Ein Engel war in den Schacht gekommen und hatte den drei Männern eine Stelle gezeigt, von der aus sie sich einen Ausgang zu ihrer Befreiung bahnen konnten. [18]

Der Stieglitz

Ein armer Bergmann verdiente sich mit Vogelfangen manchen der so bitter benötigten Groschen. Sein kleiner Gottfried, ein Junge von elf Jahren, fand auch viel Gefallen daran. Er machte sich schon öfters mit dem Stellbusch allein fort und fing sogar bereits manchen Vogel.

Einmal aber, als er den ganzen Morgen vergeblich aufgestellt hatte, kam ein Stieglitz, setzte sich ganz ruhig auf die Leimrute und ließ sich fangen. Er zuckte nicht einmal, als der Knabe hinkam und ihn abnahm. Danach ging der Junge auch gleich nach Hause und steckte den Vogel in ein Häuschen, in das er Mohn und frisches Wasser gegeben hatte.

Am anderen Morgen, als der Knabe all die gefangenen Vögel im Hause fütterte und zu dem Stieglitz kam, lag auf dem Boden des Häuschens ein goldenes Ei, so groß wie ein gewöhnliches Stieglitzei. Er nahm es heraus und zeigte es am Abend dem Vater. Da herrschte große Freude im Haus.

Noch am gleichen Abend ging der Bergmann mit dem Ei zum Goldschmied, der ihm dafür viel Geld gab.

So ging das nun Tag für Tag, wohl ein Vierteljahr lang. Da fing der Stieglitz plötzlich an zu reden und sagte: »Nun habe ich euch ein Vierteljahr lang Tag für Tag Eier gelegt, und ihr seid dadurch reich geworden. Jetzt muß ich aber wieder fort. Laßt mich deshalb heraus! Auch sollt ihr keine Vögel mehr stellen, denn sonst verschwindet euer Reichtum wie der Tag!«

Die Bergmannsfamilie ließ daraufhin den Stieglitz sofort ins Freie. Ebenso beherzigte sie die Warnung des Stieglitzes und stellte keine Vögel mehr. So blieb ihr der Reichtum bis ans Lebensende. [47]

Ein hundertjähriger Schlaf

Vormals fand allgemein die Beichte schon am Sonnabend statt und nicht, wie vielfach jetzt, erst am Sonntag unmittelbar vor dem heiligen Abendmahl. Gleichzeitig war es üblich, daß kein Bergmann zwischen Beichte und Kommunion noch einmal anfuhr, damit er seine Gedanken allein auf eine würdige und gesegnete Abendmahlsfeier richten konnte.

Nun war einmal ein Bergmann, den jammerte es um die paar Groschen, die er dadurch eingebüßt hätte, und er fuhr deshalb nach beendigter Beichte sogleich wieder ein. Aber kaum war er vor Ort angekommen, als der Schacht zusammenstürzte. Da lag er nun in dunkler Tiefe begraben. Denn nur um seine Leiche heraufzuholen, konnte man nicht zwei bis drei Jahre arbeiten. So lange hätte es nämlich mindestens zur Aufmachung des Schachtes bedurft.

Später teufte man in der Nähe einen neuen Schacht ab,

und gerade hundert Jahre nach diesem Schachtbruch gelangten die Bergleute auf die durch diesen von der Oberwelt abgesperrte Strecke. Da fanden sie auf dem Gang einen Bergmann mit einem wunderbar langen Bart. Während sie um ihn herumstanden und darüber stritten, ob er schlafe oder tot sei, schlug er seine Augen auf und fragte: »Sind meine Bohrlöcher schon losgegangen? Dann muß ich nun zum Nachtmahl gehen!« Die Bergleute antworteten: »Heute ist kein Sonntag und kein Gottesdienst.« Er aber blieb dabei: »Ei freilich, gestern habe ich gebeichtet, und heute gehe ich zum Abendmahl!«

Da führten sie ihn aus der Grube hinaus in die Kirche und holten den Pastor. Der kannte des Bergmanns Namen und seine Geschichte schon aus den Kirchenbüchern, denn diese waren damals zugleich auch eine Chronik der Stadt und des Bergbaus.

Der Pastor reichte dem aus seinem hundertjährigen Schlaf erwachten Bergmann willig das heilige Mahl. Für den Bergmann war es die letzte Wegzehrung, denn kaum hatte er es empfangen, so brach er zusammen und ward ein Häuflein Asche. [15]

Die Harzer im Kreuzzug

Die Harzer Bergburschen waren verwegene Buben, die jeder Gefahr trotzten. Das haben sie schon im Kreuzzug unter dem Sohn von Herzog Heinrich des Löwen bewiesen. Da wurden sie bei allen Nationen und fremden Völkern über die Maßen berühmt. Denn sie untergruben ein sehr festes Bergschloß der Sarazenen, Chorut genannt, und brachten dessen Mauern durch das Setzen von Feuer zum Einsturz. Über diese unbekannte Art, Städte zu bestürmen, war das gesamte Morgenland erschrocken. [46]

Das Klopfen beim Schnapstrinken

Im Dreißigjährigen Krieg haben sich auch viele Harzer Berg- und Hüttenleute recht energisch gegen die Übergriffe der Kaiserlichen zur Wehr gesetzt. Bergbau und Ackerbau lagen darnieder, und die fortwährenden Einquartierungen und Plünderungen brachten so manchen an den Bettelstab. Da schlossen sich viele Harzer zusammen, nannten sich Harzschützen, und begannen ihren eigenen Krieg gegen die Kaiserlichen zu führen. Die Landsknechte wagten sich bald nur noch in großen Haufen in die Orte, da sie sich vor den Harzschützen und begannen ihren eigenen Krieg gegen die mit Recht fürchteten.

Die braunschweigischen Amtsleute setzten Kopfprämien auf das Ergreifen jedes Harzschützen aus, hatten aber damit keinen Erfolg. Die Einwohner beherbergten und versteckten sie. Wenn die Tillyschen Landsknechte einen Harzschützen fingen, behandelten sie ihn wie einen Räuber und ließen ihn über die Klinge springen. Da wurden sie heimlicher und verbargen sich in den Wäldern. Viele mußten ihre Heimatorte verlassen und in andere Gegenden des Harzes hinüberwechseln, wo man sie nicht kannte. Um nun in der Fremde ein Erkennungszeichen zu haben, verabredeten sie, wo sie sich an einen Tisch niederließen, erst mit dem Finger auf den Tisch zu klopfen, bevor sie das Schnapsglas in die Hand nahmen. Daran erkannten sich die Gleichgesinnten, ohne daß den Spähern und Verrätern ihr Zeichen auffiel. [51]

Aus dem Leben der Bergherren

In den Sagen des Harzes und des Mansfelder Reviers widerspiegelt sich relativ wenig das Leben und Treiben der Bergherren. Das ist um so bemerkenswerter, weil dieser Komplex in anderen Bergbaugebieten eine große Breite besitzt. Ein entsprechender Vergleich offenbart aber auch, daß besonders im Harz anders über die Bergherren erzählt wird. So fehlt hier beispielsweise die in anderen Revieren typische Auseinandersetzung mit dem Reichtum und der Verschwendungssucht der Bergherren. Selbst die im Mansfelder Revier angesiedelte Sage über bestraften Hochmut ist eine Ausnahme.

Diese Erscheinung hat viele Ursachen, wobei die sozialökonomische Entwicklung dabei sicher die entscheidendste ist. Hinzu kommen Umfang und Ergiebigkeit des Bergbaus und viele andere mehr. Eine eingehende Beschäftigung mit der Funktion der Klöster und ihrer nachhaltigen Wirkung auf das Hüttenwesen und den Bergbau bringt weitere Einsichten. Auch sei in diesem Zusammenhang auf die Rolle der »ins Land« geholten fremden Bergleute hingewiesen, die mit vielen außergewöhnlichen Privilegien ausgestattet waren und die dadurch oft ein anderes Verhältnis zu der »Obrigkeit« hatten als die einheimischen Bergleute. Diese Entwicklung blieb natürlich nicht ohne Einfluß auf die Entstehung und Tradierung des bergmännischen Sagengutes.

Häufig treten in diesem Themenkreis Hüttenherren negativ in Erscheinung. Das hängt damit zusammen, daß sich mit fortschreitendem sozialem Differenzierungsprozeß die Hütten in den Händen von Faktoren befanden, die mit Anweisungsrecht ausgestattet die Aufsicht ausübten. Mitunter waren sie auch die Pächter der Hütten. Entgegen jeder Berggerechtigkeit sollen sich die Faktoren im Mansfeldischen durch besondere Willkür hervorgetan haben.

Proteste gegen die Übergriffe und vor allem gegen die Ungerechtigkeiten der Bergherren führten, auch der historischen Überlieferung nach, zum Fortzug der Bergleute. Allerdings ist dies als Ausnahme zu werten. In der Regel führt der Protest der Sage gemäß zur Korrektur der Mißstände durch übernatürliche Kräfte bzw. Mächte bis hin zu sogenannten Nachtodstrafen. Dies war unter den gegebenen gesellschaftlichen Verhältnissen für den Bergmann, für das einfache Volk in der Regel die einzige Möglichkeit, dem eigenen Rechtsempfinden Ausdruck zu verleihen.

Trotz des zahlenmäßig relativ geringen Umfangs der Sagen dieses Komplexes offenbaren sie jedoch, daß sich auch im Harz und im Mansfeldischen Land relativ frühzeitig soziale Spannungen herausbildeten. Dies wird noch deutlicher, wenn die den anderen Kapiteln dieses Buches zugeordneten Sagen mit analogen Aussagen in die Betrachtung einbezogen werden. Dabei haben diese Spannungen ihre Ursachen nicht nur in der Klassengesellschaft, sondern gleichfalls in der sozialen Differenzierung der im Bergbau Tätigen. Allerdings muß – und das sei an dieser Stelle nochmals hervorgehoben – bei der Bewertung all dieser Aussagen berücksichtigt werden, daß in der Sage immer nur über ein konkretes »Erlebnis« erzählt wird und keine Verallgemeinerung erfolgt.

Im Rahmen dieser Vorbemerkungen ist noch ein Wort zu Rübezahl erforderlich, der im Harz ebenfalls als Bergherr erscheint. Den meisten Lesern wird diese Sagengestalt vom Riesengebirge (Krkonoše, ČSSR; VRP) her bekannt sein. Dennoch schreiben einige Volkskundeforscher die Entstehung der Rübezahl-Sagen den Harzer Bergleuten zu. Sie gehen davon aus, daß diese, als sie dem neuen Berggeschrei folgend ins Riesengebirge zogen, nicht nur Weib und Kinder sowie ihre gesamte Habe, sondern auch ihre Sagen und Geschichten mitgenommen haben. Viele der Sagen, zu denen auch die vom Rübezahl gehören, sollen sodann in der neuen Heimat schnell heimisch geworden sein.

Über das Eindringen Rübezahls in die Sagenwelt des Harzes gibt es verschiedene Ansichten. Moepert erklärt es über den Teufelsnamen Ronzevall und führt an, daß Theobaldus in seinem 1627 in Nürnberg erschienenen Buch »Arcana Naturae. Das ist sonderliche Geheimnisse der Natur, sowohl aus glaubwürdigen Autoribus, als auch aus eigener Erfahrung zusammengetragen...« schreibt: »Auffm Rammelsgebürg (soll den Namen vom Pferd haben, das Bley Erztz außgescharret) soll eines mals ein Bildtnuß, wie man den Teuffel mahlet, seyn gefunden worden, sie sagen der Ronzevall (so nennen sie das Berggespänst) habs gemacht, der daselbst viel Arbeiter auff eunen Tag verschüttet Vnd die Kinder von Hammeln... in ein Berg geführt hat.«[4]

Wie dem auch sei, diese Sagen liefern uns wunderbare Beispiele vom Reichtum und von der Vielfalt des Erlebens und der Gestaltungskraft des Bergvolkes aller Herren Länder. Einem neuen Berggeschrei folgend auszuwandern bedeutete schließlich, auch andere Bergleute zu treffen, sich zusammenzufinden, sich zu verstehen – unter- und übertage. Da mußte man ganz einfach miteinander reden. Wie oft mag da eine erzählte Sage der Anfang zum besseren Verstehen, der Beginn einer echten Freundschaft gewesen sein.

Zwei Männer aus Schwaben hatten von dem Reichtum des Harzes gehört. Sie zogen daraufhin in dieses Gebiet, um durch die Anlage und den Betrieb eines Hüttenwerkes ein vorteilhaftes Geschäft zu machen. Sie waren fleißige und verständige Leute und dem Unternehmen wohl gewachsen.

Nach langen Wanderungen durch unwegsame Flußtäler entschieden sie sich für eine Stelle an der Bode, unweit von Treseburg. Ohne lange zu zögern, fingen sie auch alsbald mit dem Bau an.

Als wenig später das Gebäude gerichtet war und der Richtkranz auf dem Giebel prangte, kam ein Graumännchen des Wegs daher. Es nickte den Männern gutmütig zu und fragte, was sie da bauten. Die Männer gaben ihm Bescheid. Da schüttelte das Graumännchen bedenklich den Kopf, sah sie mitleidigen Blickes an und schritt still und schweigend weiter. Bevor es jedoch verschwunden war, kam ein anderes Graumännchen, grüßte, schaute den Bau an und fragte gleichfalls, was sie bauten. Die Männer gaben ihm die gleiche Antwort. Da schüttelte das Graumännchen ebenso entmutigend den Kopf und ging schweigend davon.

Als sich jedoch ein drittes Graumännchen wiederum schweigend entfernen wollte, riefen die Erbauer des Hüttenwerkes: »Hört, guter Freund! Ihr seid nun schon der dritte, der kommt und zu unserem Werk den Kopf schüttelt. Sagt uns lieber eure Meinung und was ihr daran auszusetzen habt. Mit Kopfschütteln ist niemandem gedient, vielleicht aber mit gutem Rat.« Da antwortete das Graumännchen: »Was hilft guter Rat, wenn er nicht befolgt wird?« »Aber so gib ihn uns doch«, baten die Männer. »Vielleicht befolgen wir ihn.«

Das Graumännchen schüttelte zweifelnd den Kopf. Nach langer Pause antwortete es: »So sucht euch eine andere Stelle zum Bauen. Wenn ihr bauen wollt für Kind und Kindeskind, so baut nicht hierher, wo tückische Gewässer die Gebäude vondannen tragen, bevor ein Jahr vergeht.« Da lachten die Männer und sagten: »Wenn das alles ist, was ihr befürchtet, so könnt ihr ohne Sorge sein. Haben wir doch das Gebäude so hoch gesetzt und so weit ab vom Ufer auf sicheren Felsengrund, daß uns kein Wässerlein erreichen kann.« »Ich hab' es doch gesagt«, erwiderte das Graumännlein, »was hilft guter Rat, wenn er nicht befolgt wird« – und ging seines Weges.

Die Schwaben aber bauten weiter, und bald klapperten die Werke Tag und Nacht.

Der Winter verging, der Frühling kam und mit ihm die Schneeschmelze. Das Eis der Bode barst, und gewaltige Schollen drängten in das Tal hernieder, wo sie sich an den Felsen unterhalb des Hüttenwerkes stauten. Bald schwoll das nachströmende Wasser bis an die Hüttengebäude und zerstörte sie bis auf den Grund. Die Bewohner konnten kaum ihr Leben und einige Gerätschaften retten. Von der Bergwand, die sie erklommen hatten, sahen sie auf die Verwüstungen im Tale.

Nach einiger Zeit, als sich die Wogen verlaufen hatten, standen die beiden Männer eines Tages trostlos an der Stätte des Unglücks. Sie jammerten und klagten: »Ach hätten wir doch nur den Rat angenommen, den uns die Graumännchen gegeben haben.« Kaum hatten sie dies gesagt, stand auch schon eins da und sagte: »Verliert nur nicht den Mut, sonst ist alles verloren! Wählt eine bessere Stelle zum Wiederaufbau, und ich will sie euch zeigen!«

Die Männer fingen auch an dieser Stelle wieder an zu

bauen und versuchten, durch doppelten Fleiß den Verlust zu ersetzen. Es gelang ihnen auch alles wunderbar. Es war, als ob sie durch geheime Kräfte wirksam unterstützt würden.

Auch als sie den Bau vollendet hatten und die Werke wieder klapperten, lief alles wunderbar. Wenn sie Feierabend machten oder sonntags die Arbeit ruhen ließen, hörten sie gleichwohl in der Hütte ein Klingen, Hämmern und Klopfen. Wenn sie dann tags darauf wieder in die Hütte traten, war die Arbeit, die sie unvollendet gelassen hatten, stets aufs beste vollbracht. Da sie aber nie jemand in die Werkstatt gehen oder aus derselben kommen sahen, schauten sie einmal durch einen Spalt in der Türe. Da sahen sie die drei Graumännchen, die wie die erfahrensten Hüttenleute wirkten.

Diese Hilfe dauerte noch eine lange Zeit fort und mehrte von Tag zu Tag den Reichtum der beiden Schwaben. Ihre Herzen wurden von Dank erfüllt, und sie rieten hin und her, wie sie wohl ihre Dankbarkeit den Helfern bezeugen könnten. Schließlich sagte einer: »Unsere kleinen Freunde sind gar so dürftig gekleidet. Wir wollen sie neu einkleiden.« Das geschah dann auch. Die neuen Anzüge hingen die beiden Schwaben an den jeweiligen Amboß, an dem die Männchen arbeiteten. Daneben stellten sie für jeden ein Paar Schuhe. Beide stellten sich daraufhin wieder an die Tür und freuten sich schon im voraus auf die Überraschung.

Aber es kam anders: Als die Graumännchen die Geschenke und besonders die Schuhe sahen, senkten sie mit dem Ausdruck tiefster Trauer das Haupt. Dann reichten sie sich kummervoll die Hände und waren im selben Augenblick verschwunden. Nie wieder hat man sie seitdem in der Hütte gesehen. [52]

Bergmeister Hinten

Um das Jahr 1700 lebte in Clausthal-Zellerfeld ein Bergmeister mit Namen Hinten. Dieser befahl seiner Haushälterin, ihn nicht vor der bestimmten Zeit zu wecken, wenn er am Nachmittag eingeschlafen sei. Sie sollte ihn aber auch keine Minute länger liegen lassen. Als er nun eingeschlafen war, setzte sich die Haushälterin aus Vorsicht neben ihn hin und sah genau nach der Uhr und nach ihrem Herrn. Da kam auf einmal eine Maus aus dem Munde des Bergmeisters gekrochen, lief an ihm hinunter und verschwand in der Erde. Als jedoch die Weckzeit näher kam, eine Minute vor der Zeit, kam auch die Maus zurück und kroch dem Bergmeister wieder in den Mund. Der Bergmeister wachte mit einem Schnarcher auf, zog rasch sein Fahrzeug an und fuhr nach. Sicherlich hat er jedesmal durch die Maus Nachricht bekommen, wenn die Leute falsch gearbeitet haben oder ausgerissen sind, denn er ist nie vergeblich angefahren.

Einmal war ein Bergmann mit Namen Schramm vor Ort. Dieser hat mit seinen Kameraden auf dem Durchschlag gearbeitet. Es war Freitag, und sie machten sich auf die Fahrt, um auszureißen. Als sie jedoch an das Fahrloch kamen, saß der Bergmeister auf demselben. So ist's ihnen dreimal ergangen. Das kam den Bergleuten wunderlich vor. Sie erkundigten sich bei dem Gaipelaufseher, wie das wohl zugehen kann. Aber der hatte nichts gesehen. Also forschten sie bei der Haushälterin des Bergmeisters nach. Diese sagte, daß der Bergmeister gar nicht aus dem Haus gegangen sei. Und doch hatten ihn die Gedinghauer gesehen. Nach dem dritten Mal kam der Bergmeister, nahm ab und sagte: Wenn sie wieder ausreißen würden, kämen sie nie wieder aufs Geding. [25]

ℭ Bestrafter Hochmut

Vor langer Zeit lebte in der Stadt Eisleben eine reiche Handelsfamilie mit Namen Bucher. Eine ganze Straße, die nach ihr benannte Buchergasse in Eisleben, war ihr Eigentum. Aus vielen der ergiebigsten Silber- und sonstigen Erzgruben der Grafschaft Mansfeld flossen ihr immer neue Reichtümer zu. Wie es aber immer zu geschehen pflegt, allzugroßer Reichtum und allzugroßes Glück machen die Menschen übermütig, und so war es auch mit dieser Familie. Weil alle ihre Unternehmungen glückten, glaubten die Bucher zuletzt, ihr Glück könne gar nicht vergehen. Die hochmütigste von allen aber war die Gemahlin des Handelsherrn.

Da geschah es, daß Herr Bucher an den Ufern des Süßen Sees ein großes Gastmahl gab, zu welchem Grafen und andere hohe Herren geladen waren. Er entfaltete dabei solchen Glanz und solche Pracht, daß selbst die hohen, an dergleichen gewöhnten Gäste erstaunt waren und laut den

Reichtum des Herrn Bucher priesen. Nur einer von den Gästen, ein alter, grauer, ehrwürdiger Priester, wollte nicht mit einstimmen in diese Lobreden. Er schüttelte bedenklich das Haupt und sprach: »Nicht also, meine Herren! Rühmet nicht den Reichtum unseres Gastgebers, rühmet vielmehr die Gnade Gottes, der ihm so viel irdische Güter zuteil werden ließ, und bedenkt, daß nicht Geld und Gut glücklich machen; denn auch großer Reichtum kann in kurzer Zeit vergehen.« Kaum hatte der Alte dies gesprochen, brach die Gemahlin des Handelsherrn in ein höhnisches Gelächter aus und redete die Gäste folgendermaßen an: »Meine lieben Gäste, wie töricht hat doch dieser Priester gesprochen! Wie kann wohl unser Reichtum vergehen, der so unermeßlich ist, wie der Sand am Meer! So gewiß, wie dieser Ring, den ich ins Wasser werfe, niemals wieder in meine Hände gelangt, so gewiß wird auch unser Glück und unser Gut bestehen!« Mit diesen Worten zog sie ihren Ring vom Finger und warf ihn lachend in die Fluten.

Lange Zeit nach diesem Vorfall, als derselbe schon fast in Vergessenheit geraten war, brachte eines Tages ein Fischer einen großen prächtigen Fisch in den Palast der Familie Bucher zum Verkauf. Als die Köchin den Fisch zerteilte, sah sie etwas Glänzendes hervorleuchten. Sie untersuchte den Fisch weiter und fand einen Ring in demselben, welchen sie als den ihrer Herrin erkannte. Erstaunt hierüber, ging sie sofort zu ihr, zeigte ihr den Ring und erzählte, wo sie diesen gefunden hatte. Sobald Frau Bucher den Ring erblickte, den sie nie wieder zu sehen geglaubt hatte, erfaßte sie jäher Schreck. Zitternd an allen Gliedern, sank sie zu Boden, ahnend, daß der Priester wohl wahr gesprochen habe.

Seit dieser Zeit begann der Reichtum der Familie Bucher

zu sinken. Ein Unglück nach dem anderen traf sie, eine Feuersbrunst vernichtete fast ihre ganze Habe. In kurzer Zeit war von all ihrem Reichtum auch nicht ein Heller mehr übrig. Vollkommen verarmt, hatten die Buchers bald nicht einmal mehr einen Ort, wo sie schlafen konnten. Sie mußten sich ihr Brot vor den Türen der Leute erbetteln und gingen schließlich schmählich unter. [14]

Der umgehende Münzmeister

Die Clausthaler Münze hat in alten Zeiten einmal lange still gestanden. Es wurde kein Geld darinnen geschlagen, weil's nicht mit rechten Dingen in ihr zuging. Jede Nacht kam einer in der Münze ums Leben. Da wollte am Ende keiner mehr dort wohnen bleiben. Was ist aber eine Münze ohne Wachen?

Da kam einmal ein vornehmer Herr auf Besuch zum Berghauptmann. Wie sie so beisammen saßen, kam auch die Rede auf die eingestellte Münze und wie es darinnen zuging. Der Herr sagte daraufhin: »Laß mich's einmal drin versuchen!« Am anderen Morgen fand man den Herrn tot in der Münze. Auf dem Hof lagen seine Beine, die ihm ausgerissen worden waren. Wenig später kam ein Soldat nach Clausthal. Der hörte die Geschichte auch und wollte die Münze erlösen. Es erging ihm aber nicht besser als dem anderen. Am Morgen trug man ihn ohne Kopf heraus.

Endlich kam ein fremder Bergmann zugereist. Der war klein und bucklig, dabei aber höllisch dreist und pfiffig. Der ließ sich abends in der Münze einschließen. Zwei Lichter, zwei Degen, zwei geladene Pistolen und die Bibel nahm er mit hinein. Er setzte sich oben in die Justierstube und las in der Bibel. So nach elf kam eine Gestalt zur Tür herein, länger, als die Stube hoch war. Da sich aber der Bergmann nicht stören ließ, setzte sich die Gestalt neben ihn auf die Bank und sah ihm zu. Den Bergmann überlief's eiskalt ob solcher Gesellschaft. Es ist aber nichts geschehen. Wie es zwölf schlug, ging die Gestalt ruhig wieder hinaus. In der zweiten Nacht geschah es ebenso. In der dritten Nacht dachte der Bergmann: »Heut' geht dir's ans Leben.« Drum las er ganz laut in der Bibel. Richtig, um elf kam die Gestalt wieder, sah aber diesmal ganz gefährlich aus. Da las der Bergmann gerade die Worte: »Tut Buße!« Auf einmal fing die Gestalt an zu reden: »Du hast mich erlöst. Wisse, ich bin der vorige Münzmeister. Ich habe viel Silber beiseite geschafft und viele Leute betrogen. Zuletzt habe ich Hand an mich selber gelegt. Du hast mich zum Geständnis gebracht und erlöst, dafür will ich dich reich machen.« Er führte den Bergmann hinunter zum Pferdegaipel. Da lag unter einem Stein ein großer Schatz. Der Bergmann hat genug gehabt für sein ganzes Leben. Da wurde wieder einmal das Wort wahr: Je toller 's Stück, desto größer 's Glück! Die Gestalt aber hat sich nicht wieder sehen lassen. In der Münze ist seitdem wieder Geld geschlagen worden bis zu der Zeit, als sie nach Hannover verlegt wurde. [46]

Der Teufel als Bergherr

Selbst der Teufel hat einmal gebergwerkt. In den goslarischen Bergwerken hatte er eine Grube, sehr reichhaltig an Silber, auf seine Kosten anlegen lassen. Woher hätte er auch sonst das viele Geld nehmen sollen, das er denen verschaffen mußte, die sich ihm verschrieben? Damals wurde alle Ausbeute, die der Rammelsberg lieferte, gemeinsam verkauft und der Gewinn unter die Grubenherren verteilt. Da ließen sich einst die Gewerken einfallen, den Teufel zu schuppen, d. h., sie teilten nicht redlich mit ihm. Darüber wurde der Teufel so zornig, daß er seine ganze Grube zusammenwarf und unzugänglich machte.

Andere erzählen, daß der Teufel nicht mit Gewerken, sondern auf eigene Hand den Bergbau betrieb. Das Erz schmolz er in Gruben, den sogenannten Graufkaulen, die man gelegentlich im Holze findet. Die Gruben füllte er unten mit Holz, legte Erze darauf und deckte oben alles mit Erde ab. Dann hat er Feuer angemacht und so das Silber gewonnen. Die Bergleute der Gegend haben ihm dabei geholfen. Allwöchentlich hat er ihnen dafür ihren Lohn ausgezahlt. Einmal aber mußten sie lange warten. Da hat sich einer in seinem Unwillen auf das Zahlbrett gesetzt und es beschmutzt. Als dies der Teufel sah, hat er alle im Grimm vondannen gejagt und gesagt, daß nun der große Rammelsberg nicht eher bebaut werden solle, bis der kleine ausgebaut ist. Dabei steckt im großen Rammelsberg viel mehr Gold und Silber als im ganzen goslarischen Bergwerk. [18]

Die Zwerge der Heimkehle

Am Südrand des Harzes erstreckt sich von Stolberg bis Berga das Tal der Thyra. An seinem Westhang liegt zwischen Uftrungen und Rottleberode die Heimkehle. Die Sage erzählt, daß hier ein Volk der Zwerge gehaust habe.

Vor Jahrhunderten trug es sich nun aber zu, daß bei dem Zwergenvolk der Heimkehle Nahrungssorgen auftraten. Auf der Suche nach einem Ausweg entschloß sich der Zwergenkönig, den Grafen von Stolberg um Beistand zu bitten. Es kam auch ein Vertrag zwischen beiden zustande. Daraufhin verließ ein Teil des Zwergenvolkes die Heimkehle und ließ sich bei der Siedlung Timmenrode nieder, die zwischen der Heimkehle und dem Ort Görsbach liegt. Aber für dieses Recht mußte eine Anzahl Zwerge am Auerberg, der heute noch durch den auf der Josephshöhe stehenden Aussichtsturm bekannt ist, für den Grafen Silber schürfen. Lange Zeit wurde es zum Nutzen beider Teile so gehalten. Doch da mischten sich, durch Zehntrechte, Schenkungen und Stiftungen gar mächtig geworden, die Mönche des etwa 25 km in nordwestlicher Richtung entfernt gelegenen Klosters Walkenried ein. Sie verlangten den Zehnten von dem Timmenröder Zwergenvolk. Das verweigerten die Zwerge: »Wie sollen wir, die wir keine Christen sind, für euch fronen; zumal wir doch überdies für die Nutzung der Timmenröder Feldmark dem Grafen Silber schürfen am Auerberg?«

Doch die Mönche waren nicht gesonnen, bei den Zwergen durchgehen zu lassen, was sie den Menschen nicht gestatteten. Sie setzten dem Grafen von Stolberg so lange zu, bis er ihnen die Timmenröder Gemarkung als Stiftung überließ. Nachdem er den hartnäckigen Mönchen auch noch versprochen hatte, die Zwerge nicht zu schützen, hielten sie ihre Zeit für gekommen. An einem friedlichen Sommerabend, als die Zwerge das Erbsenstroh auf ihren Feldern zusammenrafften, erklirrten die Waffen der von den Mönchen geführten Kriegsknechte. Die Zwerge sahen von ihren Feldern aus, wie der bewaffnete Zug sich auflöste und in die Hütten eindrang. Die Bewaffneten schlugen tot, was ihnen in die Hände fiel. Die Zwerge versuchten, von den Feldern in die rettende Heimkehle zu fliehen. Doch die Kriegsknechte hatten ihnen den Weg dorthin verstellt. Da wollten sie, im Schutze des Buschwerkes und des Gestrüpps immer an den Ufern der Thyra entlang, nach Stolberg in den Schutz des Grafen flüchten. Doch wurden die meisten eingeholt und erschlagen. So viele Tote lagen auf dem Weg nach Rottleberode, daß dieser der Totenweg genannt wurde. Das Wasser der Thyra färbte sich rot von dem Blute der Erschlagenen. In diesem furchtbaren Gemetzel fanden sich einige unter den Zwergen, die in ihrer Todesangst den christlichen Glauben annahmen. Sie wurden von den Mönchen einige Kilometer südöstlich von Timmenroda angesiedelt. So entstand das Dorf Bösenrode. Die wenigen aber, die den Schwertstreichen der Bekehrer entkommen waren und sich vom Grafen von Stolberg Schutz erhofften, wurden böse enttäuscht. Der Graf wies die Flüchtigen ab.

Da zogen diese Zwerge weiter nach dem Auerberg, zum Silbernen Nagel, wie die Grube genannt wurde, in der die Zwerge für den Grafen Silber förderten. Als diese durch die Flüchtigen von dem Vertragsbruch des Grafen hörten, verschütteten sie die Erzgänge. Soviel man auch später danach suchte, sie konnten nicht wieder entdeckt werden. Dann zogen alle Zwerge, Stolberg meidend, durch das Krummschachtstal zurück nach ihrer einstigen Zufluchtsstätte, der Heimkehle. Sie waren nun so wenige, daß es den Bauern von Rottleberode und Uftrungen nichts ausmachte, wenn die Zwerge nachts von ihren Feldern Erbsen ernteten. Dafür nahmen die Zwerge nach Jahrzehnten die Rottleberoder und Uftrunger freundlich bei sich auf, als diese, vor den Schrecknissen des Dreißigjährigen Krieges flüchtend, in der Höhle Zuflucht suchten. [54]

Rübezahl als Bergherr

Der Erzählung nach soll sich Rübezahl[5] vor Jahren auch um den Harz herum aufgehalten haben. Alle Samstage ließ er sich an vielen Orten, besonders aber bei der Stadt Goslar, in Gestalt eines Mönchs sehen und redete mit den Leuten, aber er tat niemandem etwas. Auch hat er seine eigenen Gruben und seine eigenen Bergleute gehabt, die gutes und reiches Erz gewannen. Dieser Geist zahlte alle Samstage seine Arbeiter fleißig aus und gab ihnen mehr Lohn als die anderen Gewerken ihren Knappen. Deshalb haben diese viel Spott und Unfug durch die anderen Knappen auszustehen gehabt.

Darauf hat sich Rübezahl ihrer angenommen und zu den anderen Bergknappen gesagt, daß sie seine Arbeiter in Ruhe lassen sollen. Ansonsten wolle er sie dermaßen strafen, daß es ihnen schon vergehen solle. Aber sie ließen nicht nach, sondern trieben ihren Spott weiter.

Nun war es damals Brauch, daß der Hutmann auf einem Schacht klopft, wenn die Knappen in den Gruben Schicht

haben sollten. Auf dieses Zeichen hin fuhren sie aus. Da hat Rübezahl einstmals ziemlich früh, vor der gewöhnlichen Zeit, seinen Knappen dieses Zeichen gegeben. Daraufhin sind auch alle ausgefahren. Nur einer hat sich etwas mehr Zeit gelassen. Als er mit dem einen Fuß heraus, mit dem anderen aber noch auf der Fahrt war, sprach Rübezahl: »Eile, ich kann nicht länger warten!« Gleich darauf hat er den ganzen Berg, darinnen noch etwa dreihundertfünfzig Knappen, die Rübezahls Arbeiter so geplagt haben, gewesen sind, mit großem Ungestüm eingeworfen, so daß sie alle erschlagen worden sind und das Blut zum Stolln herausgeflossen ist.

Dem Knappen, der sich etwas verspätete, hat dabei der Berg den Fuß abgeschlagen. Deshalb sagen auch die Bergleute, wenn sie einen Knappen sehen, der hinkt oder nur einen Fuß hat: »Das ist einer von Rübezahls Arbeitern gewesen.«

Das Erz, das ihm seine Knappen gewonnen hatten, vergrub Rübezahl unter sieben mächtig alten und dicken Buchenbäumen. Von dem Tag an, an dem er das Bergwerk einwarf, hat in dieser Grube keiner mehr arbeiten können. Auch das Erz, das er vergraben hat, hat noch niemand gefunden. [18]

Der Hüttenmeister Böse auf der Saigerhütte bei Hettstedt

In der Saigerhütte, die bis zum Jahre 1688 eine Schmelzhütte war, schaltete und waltete vor vielen Jahren ein Hüttenmeister, von dem alle Welt sagte, er heiße mit Recht Böse, denn er sei auch böse. Am besten wußten das die Hüttenleute, die tagtäglich erfahren mußten, was er für ein harter und habgieriger Mann war. Er trieb sie nicht nur fortwährend mit rauhen Worten zur Arbeit an, sondern kürzte ihnen auch den Schichtlohn, wo es nur anging. Außerdem zwang er sie, in seinem Sandsteinbruch am Roten Berg umsonst oder für sehr geringen Lohn zu arbeiten. Weigerte sich jemand, dies zu tun, so war er gewiß die längste Zeit auf der Saigerhütte in Arbeit gewesen. Manch heimlicher Fluch traf darum den habgierigen Mann. Dieser mochte dies wohl wissen, doch kümmerte es ihn wenig. Vielmehr trieb er nur um so rücksichtsloser die Leute zur Arbeit an.

Nun war wieder einmal der Lohntag herangekommen, und wieder wollte der Hüttenmeister diesem und jenem den verdienten Lohn kürzen. Da sagte ein alter, braver Mann: »Schwere Arbeit gibt's genug, dafür aber kaum so viel, daß man sich satt essen kann!« Über diese Rede wurde der Hüttenmeister fuchsteufelswild und schrie: »Ihr faules Volk, ihr wollt wohl jeden Sonntag Hirsebrei fressen?« Da sah ihn der alte Hüttenmann fest und entschlossen an und sagte: »Herr Hüttenmeister, sollen wir den nicht einmal am lieben Sonntag haben?« »Freßt was anderes!« rief der Hüttenmeister.

Da sagte der alte Mann: »Nun, so wünsche ich, daß Sie einmal in diesem Steinbruch hier – wie wir jetzt – rast- und ruhelos arbeiten müssen, aber als Wochenlohn nur ein Hirsekorn bekommen – und zwar so lange, bis ein Scheffel voll Hirse leer ist.«

So geschah es auch. Kaum kam der Hüttenmeister heim, mußte er sich krank ins Bett legen, und in seiner Krankheit schrie er immer nach dem Hirsekorn, das er als Wochenlohn zu fordern habe. Am dritten Tag starb er. Seitdem arbeitet er rast- und ruhelos in seinem Steinbruch am Roten Berg für ein Hirsekorn als Wochenlohn. Doch da in einem Scheffel sehr viele Hirsekörner Platz haben, muß er sich lange plagen. [14]

Factor Macht

Eine ähnliche Geschichte wie über den Hüttenmeister Böse erzählen andere über den Factor Macht, der ebenso eine Zeitlang der Saigerhütte bei Hettstedt vorstand.

Factor Macht hatte so viel des irdischen Gutes, daß er wohl hätte zufrieden sein können. Weil er aber nicht genug bekommen konnte, trieb er die Leute fort und fort zur Arbeit an. Ein Dackel war das einzige lebende Wesen, welches ihm zugetan war. Da der Hund ihn überall hin begleitete und ihm gewöhnlich vorauslief, wußten die Leute, die in der Hütte oder in des Factors Steinbruch am Roten Berg arbeiten mußten, wenn sie das Bellen hörten oder den

Hund sahen, daß ihr Dränger in der Nähe war. Sie waren dann besonders eifrig bei der Arbeit, um Schlimmes zu verhüten.

Nach dem Tode fand auch dieser finst're Mann keine Ruhe, sondern wanderte allnächtlich zwischen dem Steinbruch und der Saigerhütte hin und her. Niemand wollte daher nach Eintritt der Dunkelheit in die Saigerhütte oder dort vorübergehen. So entschloß man sich zuletzt, einen Jesuiten zu holen. Als dieser kam, sagte er: »Mit dem Geist will ich schon fertig werden, den bring ich in seinem eigenen Wagen fort. Bezahlt mich nur gut!« Das sicherte man ihm zu. Als die nächste Mitternacht herangekommen war, schirrte man den Wagen des Factors an und brachte ihn vor den Eingang der Saigerhütte. Nach kaum fünf Minuten saß der Geist bei dem Jesuiten im Wagen. Dieser trieb daraufhin die Pferde an. Aber die wollten nicht von der Stelle. Da sagte der Jesuit: »Ob ihr wollt oder nicht, ich werde euch schon nach dem Steinbruch bringen!« Doch der Geist versetzte: »Das wird dir nicht gelingen, du Erdenwurm!« »Warum nicht?« »Weil du ein ebenso armer Sünder bist wie ich. Hast du nicht gestern erst einer armen Frau eine Rübe gestohlen? Warte, ich will dich ...!« Mit diesen Worten griff der Geist dem Jesuiten nach dem Kragen. Dieser sprang aber aus dem Wagen und lief so schnell davon, wie ihn seine Beine tragen konnten.

Einem anderen Jesuiten ist es aber dann doch noch gelungen, den Geist des Factors Macht in den Steinbruch zu bannen. Anfangs ist derselbe, als man Steine darinnen brach, ganz ruhig geblieben. Als dann aber Tag für Tag eine Lokomotive rasselnd und pfeifend vorüberfuhr, ist er über diese Störung so ärgerlich geworden, daß er in dem Steinbruch herumgetobt hat. Schließlich brach die Felsendecke über ihm zusammen. Danach wagte sich niemand mehr in den Steinbruch hinein, aus Angst, der Rest der Decke könne ihn unter den Trümmern begraben. [14]

Der Ritt auf dem Schatz

In Hüttenroda lebte vor vielen Jahren ein Hütten- oder Grubenherr, der durch einen Pakt mit dem Teufel so viel Geld in die Hände bekommen hatte, wie das eben nur mit dem Teufel zugehen konnte. Da er weder Weib noch Kinder hatte, vergrub er – als er sein letztes Stündchen kommen sah – seinen ganzen Reichtum, einen Waschkessel voll Gold und Silber, unter dem Keller seines Hauses. Als Bannspruch fügte der Geizige hinzu, daß nur derjenige den Reichtum haben solle, der auf einem Schatz geritten käme.

Ein Hüttenröder Bergmann, der davon hörte, überredete seine junge Frau, ihn um Mitternacht auf ihrem Rücken zu dem verrufenen Hause zu tragen – denn sie wäre ja sein Schatz. Sie willigte auch ein und trug ihn auf allen Vieren in den verwilderten Garten des Verstorbenen, in dem es nur so von Brennesseln und Disteln wucherte. Als der Bergmann daselbst eine halbe Stunde gegraben hatte, stieß er auf Mauerwerk. Unter diesem kam dann auch der Waschkessel mit dem Gold und Silber zum Vorschein. Bei seinem Anblick gerieten die Eheleute in Meinungsverschiedenheiten über die Teilung und die Verwendung des Schatzes. Mit Glockenschlag zwölf erschien der Teufel unter Donner und höllischem Gestank in dem Garten und rief: »Weib, zeige mir, daß du ein Schatz bist!« Die Einfältige, die gar nicht daran dachte, daß sie es schon vor dem Streit vielfach bewiesen hatte, ging auf allen Vieren zu ihrem Mann, um ihn wieder aufsitzen zu lassen. Da lachte der Teufel und trat ihr in den Hintern, daß sie kopfüber in die Grube flog und nicht wieder heraus konnte. Dann sagte er zu dem Mann: »Wähle! Mit welchem Schatz willst du den Ort verlassen? Aber denke daran, nur einen darfst du mitnehmen – entweder das Weib oder das Gold! In einer Stunde komme ich wieder und hole mir die Antwort!«

Der geprellte Schatzgräber zerbrach sich den Kopf: Wählte er das Gold, so würden sich viele bereitfinden, ihm die Wirtschaft zu führen. Sie würden es aber nur tun, um ihm das Gold abzunehmen. Wählte er seine Frau, so blieb er arm wie zuvor. Die aber hatte ihn einmal geheiratet, als er nichts besaß.

Die Glocke schlug eins. Während die Frau in ihrem dunklen Erdloch wimmerte, erschien der Teufel. Ohne zu zögern, verlangte der Bergmann sein Weib zurück.

Als er sie wieder bei sich hatte, lahmte sie aber auf einer Seite, so daß er sie auf seinem Rücken nach Hause tragen mußte. Denn wo der Teufel hintritt, das wächst kein Gras – sagen die Hüttenröder. Das Weib war jedoch fortan immer brav und lieb zu ihrem Mann, so daß er doch den rechten Schatz gewählt hatte.

Der vergrabene Schatz ließ dem Bergmann aber doch keine Ruhe. Als er sich mit einem anderen Hüttenröder daran machte, ihn am hellen Tage auszugraben, fanden sie nur verfaultes Holz und alte Lumpen im verrosteten Kessel. [48]

¶ Das Salzwerk Juliushall

Als das Salzwerk Juliushall noch im Gange war, wurde am Bartholomäitag in Harzburg immer Spendenbrot an die Armen ausgeteilt. Als dies aber einmal versäumt wurde, ist die Sole in Juliushall ausgeblieben. Da haben sie geläutet und Kirche gehalten wie gewöhnlich sowie das Spendenbrot an die Armen ausgeteilt. Danach kam auch die Sole wieder.

Wenn sie das Salz im Preis erhöht haben, ist die Sole gleich ganz ausgeblieben. Wenn sie aber in früheren Jahren das Salzwerk haben ganz still stehen lassen, hat sich in Juliushall ein Geist gezeigt, weil das Salz von Juliushall den armen Leuten gar wert gewesen ist. Es ist zwar grobkörniger gewesen als anderes Salz, aber es hat besser gesalzen. Der Geist von Juliushall hat so lange gespukt, bis sie das Salzwerk wieder aufgenommen haben. Da war immer große Freude bei den armen Leuten. [25]

Im Jahre 1487 weilte ein Herzog von Braunschweig auf dem Schloß Mansfeld als Gast. Als dieser nun mit dem Grafen bei Tafel saß, rühmte er sich seines Reichtums. Da antwortete ihm einer der Mansfelder Grafen: »Des kann ich mich zwar nicht rühmen, denn wir Mansfelder sind doch recht arme Grafen. Aber um so reicher sind einige meiner Untertanen. Wenn ich jetzt einem derselben befehle, eine Schieferhöhle voll Mansfelder Taler hierher zu bringen, so tut er's. Und wenn ich einem anderen befehle, mit 100 Pferden hier auf dem Schlosse vorzureiten, so geschieht es gleichfalls.«

Das klang dem Herzog schier unglaublich, und er hielt es lächelnd für Übertreibung. Da sandte der Graf heimlich einen Eilboten nach Eisleben, und nach wenigen Stunden fuhr der Hüttenherr Christoph Stahl mit einem Höhlwagen voll Mansfelder Taler vor. Der Höhlenführer Johann Zörner hielt fast zur gleichen Zeit mit 100 Pferden auf dem Schloßhof.

Andere erzählen, daß der Befehl, einen Wagen voll Taler zu bringen, an den reichen Bucher in Eisleben ergangen sei. Dieser habe aber erst zurückfragen lassen, von welchem Jahrgang die Taler sein sollten. Da habe der Herzog, um die Ausführung zu erschweren oder unmöglich zu machen, eine jüngere Jahreszahl genannt. Aber dennoch sei das Geld von Bucher binnen kurzer Zeit beschafft worden.

Um unterwegs nicht von Räubern überfallen zu werden, habe Bucher nicht die Landstraße, sondern eine unterirdische Fahrstraße von Eisleben bis in die Kellerräume des Mansfelder Schlosses benutzt. Die Spuren eines solchen Ganges seien noch Anfang des vergangenen Jahrhunderts in einem Hohlwege nördlich von Eisleben zutage getreten. Ein anderer unterirdischer Gang soll das Schloß mit dem Rathaus verbunden haben. [15]

Warum einer seine Hütten erliegen ließ

In alten Zeiten war ein Superintendent ein gar mächtiger Berg- und Hüttenherr. Die Hütten um Riefensbeck und Kamschlacken gehörten ihm, neunundneunzig an der Zahl.

Einmal saßen seine Leute vor dem Zechenhaus und spielten Karten. Sie waren dabei sehr lustig. Einer rief beim Ausspielen: »Trumpf tut! De Superdente teilt det Geld ut!« Das hörte der Herr Superintendent. Er kratzte sich hinter den Ohren. Vermeinte er doch an dem Spruch zu merken, daß seine Leute von der Hütte mehr profitierten als er selbst. Er ließ daraufhin seine Hütten erliegen. [46]

Der Bergmeister

In Sittendorf am Südhang des Harzes lebte vorzeiten ein Bergmeister, der zwar wohl geachtet, aber nicht geliebt wurde. Denn er trieb die Bergleute zu schwerer Arbeit an und gönnte ihnen weder Ruhe noch Rast. Zehn Stunden und mehr mußten sie unter Tage arbeiten; wenn sie krank waren, bekamen sie keinen Lohn. Wem gar die Frau starb, der mußte sie vom Kirchendiener in die Erde senken lassen, da er nicht bei der Arbeit fehlen durfte. Oft, wenn die Bergleute im Schacht waren, geschah es, daß sie dem Bergmeister fluchten und ihm viel Böses wünschten. »Ihn soll der Berggeist holen«, flüsterten sie dann wohl und hofften, daß der Berggeist einst ihre Wünsche erfüllen würde.

Nun geschah es, daß der Bergmeister einmal zum Fuße des Kyffhäusers wanderte, um eine neue Erzader zu suchen, da die alte zu versiegen drohte. Er hatte einen kleinen Hammer bei sich und prüfte das Gestein. Aber soviel er sich auch umsah, er fand nicht, was er suchte. So setzte er sich mißmutig in das Gras und schlief ein. Während er schlief, erblühte neben ihm eine wunderbare Blume. Als der Bergmeister erwachte, blühte sie immer noch. Staunend sah er sie an und brach sie, um sie besser betrachten zu können. Doch kaum hatte er sie gebrochen, da stand ein graues Männlein vor ihm und sah ihn ernst an. »Du weißt doch«, sprach es, »daß nur der eine solche Blume brechen darf, der ein gutes Herz hat. Wie ist es um dein Herz bestellt?«

»Ei, Gevatter«, antwortete der Bergmeister, »ich dächte, es gäbe keinen so guten Kerl wie mich! Niemand kann Klage gegen mich führen, und ich gehe des Sonntags auch fleißig zur Kirche.« »Ob du zur Kirche gehst oder nicht, was schert es mich?« brummte das Männchen. »Aber ich habe manchen Fluch gehört, mit dem dich die Bergleute bedachten. Was hast du dazu zu sagen?« »Die Bergleute sind faul und träge und hassen mich, weil ich sie zur Arbeit antreibe. Aber ich bin es dem Grafen von Stolberg schuldig, daß geschafft wird. Nein, Männchen, es bleibt schon dabei: Ich bin ein guter Kerl!«

Das Männchen schüttelte still den Kopf, winkte dann jedoch dem Bergmeister, daß er ihm folgen solle. Aber er dürfe die Blume nicht vergessen.

Der Bergmeister, der wohl ahnte, daß ihm Großes bevorstünde, nahm die Blume und folgte dem Männchen. Es führte ihn kreuz und quer durch das kleine Gebirge. Endlich kamen sie an eine Burgruine, die der Bergmeister noch nie gesehen hatte. Hier hielt das Männchen an, deutete auf

ein Gestrüpp von Himbeer- und Brombeerranken und verschwand. Der Bergmeister, nicht faul, begann das Gestrüpp beiseite zu räumen. Endlich, nach vieler Mühe, erblickte er eine eiserne Tür, die in ein unterirdisches Gewölbe zu führen schien. Schnell nahm er die Blume zur Hand, und richtig, sie schloß die Tür auf. Wie klopfte sein Herz, als er eintreten konnte. Dieses Funkeln und Glänzen an den Wänden! Da hingen die kostbarsten Geschmeide und die herrlichsten Ketten, da lagen Goldstücke wie Streusand auf der Erde. Alle Türen und Griffe waren aus schwerstem Silber gefertigt. Und immer wieder Gold, Gold!

Da stand der Bergmeister und wußte nicht, wohin er zuerst sehen sollte. Gierig griffen seine Hände nach den Ketten und dem Geschmeide. Er füllte sich alle Taschen damit. Dann zog er seine Stiefel aus und füllte sie mit den Goldstücken. Sie wurden dabei so schwer, daß er sie kaum zu tragen vermochte. Zuletzt nahm er noch die Mütze vom Kopf, um auch diese noch mit Gold zu füllen. Er konnte nicht genug bekommen. Immer wieder faßten seine Hände in das glänzende Metall. Als er sich endlich dem Ausgang zuwandte, dünkte ihm, daß er nur einen verschwindend kleinen Teil des Reichtums mit sich nähme, der hier verborgen lag.

Als er sich der Türe näherte, hörte er plötzlich die Stimme des Männchens neben sich: »Vergiß das Beste nicht!« Der Bergmeister wandte sich um. »Das Beste«, murmelte er, »was könnte das wohl sein? Sicher meint der Kleine, ich soll noch mehr Geschmeide mitnehmen. Aber ich kann es nicht tragen.« Und so rief er laut: »Ich komme wieder, Männchen, dann hole ich es mir!«

Nun war er schon ganz nahe am Ausgang angekommen. Da begann es plötzlich zu dröhnen, zu brausen und zu beben. Und wie er ins Freie treten wollte, schloß sich der Berg. Er war gefangen! Schwarze Nacht umgab ihn. Zuerst war er wie betäubt, als er aber seine Lage erkannte, fing er so zu fluchen an, daß es durch den ganzen Berg schallte.

Da stand wieder das Männchen vor ihm. »Ich riet dir doch, das Beste nicht zu vergessen. Aber du hast es vergessen! Nun bekommst du deinen Lohn!« Zitternd sank der Bergmeister vor dem Männchen in die Knie. »Du mußt mich retten«, flehte er, »ich will doch nicht in diesen Gewölben ums Leben kommen!«

Doch das Männchen schüttelte den Kopf. »Das Beste hast du vergessen. Du hast die Blume zertreten, hast ihrer nicht mehr geachtet, weil die Gier dich übermannte. Nun hast du den Lohn. Du hättest eben die Blume nicht brechen dürfen, denn dein Herz ist kalt und böse. Die Mitmenschen gelten dir nichts. Ich kann dein Los nicht ändern. Gedenke der Flüche, die die Bergleute dir zudachten. Sie erfüllen sich; nun hat der Berg dich verschluckt. Bleibe hier und bewache die Schätze, die dir immer höher standen als die Menschen!«

Nach diesen Worten verschwand das Männchen, der Bergmeister aber muß im Berg bleiben und die Schätze hüten. Aber er fand und findet keine Freude daran. Mancher, der in der Ruine bei Sittendorf herumklettert, hat schon sein Seufzen vernommen. [24]

Ritter Klaus und der wilde Mann

In alten Zeiten war ein Räuber aus Thüringen nach dem Oberharz verschlagen worden. In der dortigen Öde lebte er wild mit einer wilden Frau. Sie wohnten in einer Höhle und bedeckten ihre Scham nur mit Borke und mit Hecke (d. h. mit Tannenzweigen) oder mit Hexenkraut (das ist eine Art Moos).[6]

Der Ritter Klaus, der das kleine Klausthal gegründet und den Bergbau auf dem Oberharz angefangen hat, sah einmal auf der Wildemännerklippe, unter der er saß, den wilden Mann. Dieser trug eine abgerissene Tanne in der Hand und auf dem Rücken einen Bären, den er damit erschlagen hatte. Ritter Klaus folgte dem wilden Mann. Als dieser vor der Höhle den Bären abwarf, sah er darinnen auch die wilde Frau. Er hatte diese schon früher einmal im Walde gesehen, aber sie war im Dickicht behende seinen Augen entschlüpft. Auch diesmal rannte sie schnell aus der Höhle als sie den Ritter Klaus erblickte und verbarg sich vor Scham in dem Dickicht des Waldes. Sie ist auch daraus nicht wieder hervorgekommen. In der Höhle ließ sie ein Kind zurück, das auch in Hecken und in Hexenkraut eingewickelt war.

Der wilde Mann bekam später mit einer anderen Frau noch fünf Kinder, von denen viele Leute in Wildemann und auf dem ganzen Harz abstammen. Der Ritter Klaus hielt

nämlich den wilden Mann zu Waldarbeiten und zum Bergbau an, und aus der Höhle des wilden Manns entstand die Stadt Wildemann. Man sagt, daß sich das Rathaus gerade an der Stelle befindet, wo früher die Höhle war. [25]

Harzer Bergleute ziehen fort

Zu der Zeit, als ein Harzer Fuhrmann das Freiberger Silber entdeckte, lebte in Herzberg ein Berghauptmann, der eine wunderschöne Frau hatte. Diese wurde während einer Abwesenheit des Berghauptmanns durch Kaiser Heinrich zu seinem Willen gezwungen.

Als nun der Berghauptmann wieder nach Hause kam und ihm seine Frau ihr bitteres Leid klagte, ging er in seinem Zorn in die Residenz nach Goslar, um den Kaiser zum Zweikampf herauszufordern. Der Kaiser aber jagte ihn schimpflich fort. Da kehrte der doppelt beleidigte Berghauptmann nach Hause zurück, wiegelte seine ihm untergebenen Bergleute auf und zog mit ihnen in die Mark Meißen, wo sie in dem späteren Freiberg die ersten Bergwerke gründeten.

Nach einer anderen Variante soll der Berghauptmann zum Zellerfeld oder zum Wildemann (oder ein über beide Bergwerke bestellter Berghauptmann) durch Unbilligkeiten eines Herzogs zu Braunschweig veranlaßt worden sein, auf demselben Bergwerk die Künste zu zerschlagen, die Schächte zunichte zu machen und mit den besten Bergleuten in die Mark Meißen zu ziehen. So mußten die Bergwerke größtenteils unbebaut liegen bleiben. [18]

Über den Berggeist

Vom Berggeist zu erzählen, ist in allen Gebieten des Erzbergbaus üblich, man kann fast sagen, eine feste Tradition. Im Mittelalter war dies sogar so verbreitet und tief verwurzelt, daß Georgius Agricola 1530 in seiner wissenschaftlichen Abhandlung »Bermannus, sive de re metallica« unentschieden läßt, ob es diese Sagengestalt wirklich gibt oder ob es bloß ein Aberglaube ist.

Im Harzer Revier erscheint der Berggeist meist als Bergmönch. Das ist zunächst relativ rasch und leicht erklärt. Die Ordensregeln der Benediktiner und besonders der Zisterzienser stellen gleichwertig neben die Meditation die Aktion, neben das Beten das Arbeiten. Für diese Mönche war Pflicht, mit heutigen Worten ausgedrückt, die Welt nicht nur zu betrachten, sondern die Umwelt ihren Bedürfnissen und Möglichkeiten entsprechend zu verändern. Sie schenkten ihre Aufmerksamkeit demzufolge »nützlichen« Wissenschaften, zum Beispiel der Hütten- und Schmelzkunst, und praktischen Handwerksarbeiten, zum Beispiel dem Bauen im Berg. Eine wohldurchdachte Organisation aller Tätigkeiten sicherte den Erfolg. In einigen Sagen wird der Einfluß der Klöster auf das Hüttenwesen und den Bergbau sogar konkret angesprochen. In der Sage »Der Bergmönch auf dem Schacht Samson« heißt es: Er war wie ein Mönch gekleidet. Über den »Bergmönch zu St. Andreasberg« erfahren wir: Er war früher wirklich ein Mönch und wollte die Bergwerke einrichten.

Was aber bedeutet das Wort »früher« in solch einem Zusammenhang? Als man die ersten Silbergänge in der Gegend von Andreasberg im 15. Jahrhundert entdeckte, wurde nach dem damaligen Brauch der Schutzpatron des Bergbaus namensgebend. Es könnte aber auch das Gangkreuz oder der Tag des Fündigwerdens bestimmend für die Namensgebung gewesen sein. Wir wissen es nicht. Auf alle Fälle ist St. Andreas ein von gläubigen katholischen Bergleuten verwendeter Name. 1520 wurde der reiche Erzfund gemacht, der die Grafen Hohnstein zum Erlaß der Bergfreiheit von 1521, der erweiterten von 1527 und der Bergordnung von 1528 veranlaßte. Sie lehnt sich eng an sächsische Bergordnungen an. Die Berggerichte von Freiberg und Annaberg wurden als höchste Instanz angerufen, sächsische Münze galt für Zins und Lohn. Grubennamen, die zuvor auch in Freiberg, Schneeberg und Annaberg gebräuchlich waren, kamen nun gleichfalls in diesem Revier vor. Das scheint durchaus üblich zu sein. Verwunderlich ist dagegen, daß nach der Reformation noch in so weitem Umfang katholisch geprägte Bräuche und Namensgebungen lebendig bleiben. Überraschend ist es allerdings nur für den, der die Pflichten des Bergmeisters nicht kennt, wie sie in Abraham von Schönbergs »Berginformation« festgeschrieben sind. Zum Beispiel durfte der Bergmeister »nicht gestatten, daß auf einem Gebirge zwei Zechen mit einem oder alte Gebäude mit neuem Namen benennt werden«. Somit könnte das Wort »früher« auf den zu dieser Zeit noch wirksamen Einfluß der Klöster auf den Bergbau hinweisen.

In der Einleitung klang bereits an, daß der Bergmönch manchmal als Aufsichtsperson, manchmal als sachkundiger Helfer bei der Arbeit vor Ort auftritt. Er schenkt zum Beispiel ewig brennendes Inselt und straft bei Wortbruch, beispielsweise durch Abbruch der Erzader. Einmal soll er sogar einen betrunkenen Berghauptmann so geängstigt haben, daß dieser hinfort nicht mehr die Bergordnung übertreten hat. Später »benimmt er sich« aber so, wie alle anderen Berggeister. In den Sagen, in denen so auffallend ausführlich und genau berichtet wird, daß sie schon eher den Charakter volkstümlicher Novellen haben, wird der Bergmönch oder Berggeist zur Symbolfigur für soziale Gerechtigkeit. Er verhilft den Armen zu ihrem Recht, lehrt beispielhaft humanistische Grundhaltungen gegenüber Kranken und Benachteiligten, verhilft zum Glück durch Geschenke oder zu einem Leben in ferner Zukunft, wie es in Sagen um die »lange Schicht« zum Ausdruck kommt. Gebunden an die Gestalten der wahrsagenden Zigeunerin, des fahrenden Fremden bis hin zum Fliegenden Holländer sind uns aus dem 18. und dem 19. Jahrhundert verwandte Utopien und Sozialprogramme wohl bekannt.

Aufschlußreich sind schließlich auch Formulierungen, wie z. B. »Bergmännlein werden zuweilen die genannt, die ansonsten Bergmönch hießen«. Das sind Hinweise darauf, wie solche Sagen modifiziert wurden, wenn es Glaubensänderungen gab, wenn Bergleute aus anderen Gebieten zuwanderten oder wenn beim Aufschreiben literarisch-ästhetische Gründe die Detailtreue überdeckten.

In ihrer Gesamtheit geben uns aber dennoch auch diese Sagen wieder lebendige Einblicke in das Leben des »Bergvolkes« im Harz und im Mansfelder Land.

Wer der Bergmönch früher war

Der Bergmönch ist früher ein Bergmeister gewesen.[7] Dieser hat solche Freude am Bergbau gehabt, daß er im Tod Gott gebeten hat, daß er ihm statt der seligen Ruhe im Himmel lieber die Erlaubnis geben möge, bis auf den jüngsten Tag in Berg und Tal, in Gruben und Schächten umherzufahren und den Bergbau zu beaufsichtigen. Diese Bitte wurde ihm gewährt.

Der Bergmönch erscheint den Menschen in der Kleidung eines Bergmeisters mit einem silbernen Grubenlicht. Er durchfährt alle Stolln, durchspürt jeden Bau, geht auch über Tage an solchen Stellen, unter denen Erzgänge liegen, hin und her. Dies geschieht sowohl langsam als auch schnell wie der Blitz. Bisweilen setzt er sich auf die Kunstgestänge, oder er hält sie auf. Auch die Wasserräder drillt er zuweilen, je nachdem, wie seine Laune ist oder er den Schützer leiden mag oder nicht. Manchmal tritt er in den Gruben aus dem festen Gestein heraus, wobei sich dieses vor ihm auftut. Ist er wieder hineingetreten, schließt es sich hinter ihm so fest, daß keine Spur bleibt. Man hat ihn des Nachts auch oft aus alten Stollnmundlöchern und aus alten Pingen, ebenso aus den engsten Räumen der Radstuben herauskommen und in denselben verschwinden sehen. Wem er gut ist, dem tut er manchen Gefallen, macht ihm Geschenke und erscheint ihm in Menschengestalt und in Menschengröße. Wem er böse ist, dem zeigt er sich in seiner wahren Gestalt. Gleiches geschieht, wenn er sich unbeobachtet glaubt oder sich um die Augen der Menschen nicht kümmert. Dann ist er riesengroß, gekleidet wie ein Geschworener. Seine Augen sprühen Flammen und sind wie Kutschenräder, sein silbernes Grubenlicht ist so groß wie ein Scheffel, und die Flamme desselben ist von entsprechender Größe und Helle. Seine Beine sind wie Spinnengewebe. Wenn ein Bergmann seine Pflicht nicht tut, gibt er ihm den Rest. [18]

Der Bergmönch zu St. Andreasberg

In St. Andreasberg ist der Bergmönch bekannt. Er war früher wirklich ein Mönch und wollte die Bergwerke einrichten.[8] Aber er brachte es nicht zustande. Er fing an, den Rehberger Graben zu bauen, der die zum Bergbau benötigten Wasser nach Andreasberg bringt. Er war auch damit fast zu Ende, doch ging ihm darüber das Geld aus.

Nach seinem Tode ließ er sich nun, weil er wegen der Gedanken an den Bergbau nicht zur Ruhe kommen konnte, im Wäschegrund, vor dem Treibholz, am Dammbach und vor der Grube Samson sehen. Und überall, wo er gegangen ist, hat man nachher Erz gefunden. Auch sollen die Andreasberger Bergwerke, die reichsten auf dem Harz, so aufgekommen sein.

Der Bergmönch ist von Geburt ein Graf gewesen. Wenn er sich als Geist hat sehen lassen, hatte er eine Puffjacke an und einen Hinterlader umgebunden. Auch hat er stets ein Licht gehabt, das nicht ausging, selbst wenn der Wind so stark wehte, daß er Bäume ausriß. [25]

Der Bergmönch läßt sich sehen

Im Jahre 1849 hat sich der Bergmönch das letzte Mal in Andreasberg sehen lassen. Damals sollte die Grube Andreaskreuz eingestellt oder doch schwächer betrieben werden. Da zeigte sich der Bergmönch im Wäschegrund und

ging bis zu dem Berg Matthias Schmidt, wo der Andreaskreuzer Gang hingeht. Das dauerte wohl vier Wochen, und viele Leute sind abends zwischen neun und elf Uhr dahin gegangen, um ihn zu sehen. Seitdem war auch wieder Erz da, und die Grube kam erneut in guten Betrieb. [46]

Der Bergmönch auf dem Schacht Samson

In den Harzbergwerken um Clausthal und Andreasberg ließ sich oft ein Geist sehen, den man den Bergmönch nannte. Er war wie ein Mönch gekleidet und riesig groß. In der Hand trug er stets ein Inseltlicht, das niemals verlosch. Wenn die Bergleute des Morgens anfuhren, stand er mit seinem Licht über dem Fahrloch und ließ sie unter sich durchfahren. Aber auch in den Schächten begegneten sie ihm oft, und zwar fuhr er da wie ein Geschworener ein.

Bei Andreasberg lebte damals ein Bergmann, der arbeitete in der Samsel, dem größten Schacht daselbst. Es ging ihm aber traurig, und er wußte nicht, wie er Frau und Kinder ernähren sollte. Deshalb dachte er oft an den Bergmönch.

Und wie er nun eines Morgens wieder anfahren mußte, sagte er zu seiner Frau: »Wollte, es begegnete mir heute der Bergmönch, ich würde ihm so recht mein Leid klagen, vielleicht würde er mir helfen!« Die Frau wollte ihm das zwar ausreden, aber er blieb dabei und ging mit diesem Gedanken fort.

Als er an den Schacht kam und anfahren wollte, stand der Bergmönch da, trat an den Bergmann heran und drückte ihm Inselt auf seine Lampe. Dann winkte er ihm anzufahren. Der Bergmann wollte ihn zwar anreden, aber der Bergmönch winkte ihm nochmals, ruhig an seine Arbeit zu gehen. Am Abend, als der Bergmann ausfuhr, trat der Bergmönch wieder an ihn heran, drückte ihm einen Knorpel in die Hand und winkte ihm, daß er heimgehen solle. Da eilte er fort. Unterwegs wurde der Knorpel aber immer schwerer. Als er endlich zu Hause ankam und den Knorpel bei Licht besah, war's ein großes Stück Gold. Da war nun freilich große Freude im Hause des Bergmanns. Die Not hatte endlich ein Ende. Sofort mußten die Kinder Essen und Trinken herbeischaffen, und alle konnten sich nach langer Zeit wieder einmal so richtig satt essen. Auch an dem Inselt, das ihm der Bergmönch auf sein Grubenlicht gedrückt hatte, hat der Bergmann Zeit seines Lebens genug gehabt, denn es hat sich nie vermindert.

Jetzt hat man lange nichts mehr vom Bergmönch gesehen. Einige sagen, er sei in das Mönchsthal bei Clausthal gebannt. Auch soll sich dort ein Wahrzeichen befinden: ein Mönch in Stein gehauen. Dies könne man auch heute noch sehen. Wer freilich nicht recht Bescheid weiß, findet es nicht. [42]

Die Geister im Clausthaler Berg

Von den Berggeistern wußte man vor vielen Jahren noch manches zu erzählen. Aber heutzutage wird dies immer weniger. So war auch einmal ein Bergmann in einem Schacht tätig, als ein kleines weißgekleidetes Männchen zu ihm trat. Es hatte ein Licht in der Hand und winkte, daß er ihm folgen solle. Der Bergmann gehorchte, und sie gingen lange im Berg dahin. Schließlich kamen sie in einen großen Saal. In diesem saßen lauter Bergoffizianten, alle so gekleidet wie das Männchen, und aßen und tranken. Auch dem Bergmann wurde ein Becher mit Wein gereicht. Als sie ihn ordentlich bewirtet hatten, gab ihm das Männchen eine Goldzacke. Dazu sagte es, daß ihm der Bergmann nur Bescheid geben solle, wenn sie jemand dem Bergmann wegnehmen wolle. Es würde dann dem, der sie genommen habe, den Hals umdrehen. Danach führte das Männchen den Bergmann wieder hinaus aus dem Berg und verschwand.

Als jedoch der Bergmann nach Hause kam, war ihm alles so fremd. Er kannte keinen von denen, die ihm begegneten, und keiner kannte ihn. Da ging er zum Prediger, der im Kirchenbuch nachschlug. Da erwies sich, daß der Bergmann drei Menschenalter unten im Berg bei den Geistern war. Dabei war's ihm doch nur wie wenige Stunden vorgekommen.

Der oberste der Bergoffizianten aber bekam Verlangen nach der Goldzacke, als er von der Erzählung des Bergmanns hörte. Als sie ihm der Bergmann nicht gutwillig geben wollte, ließ er sie ihm endlich mit Gewalt fortnehmen. Daraufhin ging der Bergmann wieder in den Schacht und klagte dem weißen Männchen sein Leid. Dies nicht faul, ging hin, drehte dem Offizianten den Hals um und brachte dem Bergmann die Zacke wieder. Davon wurde er dann so reich, daß er sein Leben lang genug hatte. [42]

Der Bergmönch in der Grube Der alte Segen

In Clausthal-Zellerfeld hieß eine Grube Der alte Segen. Darinnen arbeitete ein Bergmann, der einstmals abends, als er heimkehren wollte, in einen Gang kam und lange darin hinging. Zuletzt wollte sein Licht ausgehen. Da kam der Bergmönch, gab ihm ein ordentliches Stück Inselt (Unschlitt) und winkte ihm, nur noch weiter in den Gang hineinzugehen. Zuletzt kam er in einen Schacht, den er gar nicht kannte. Dort sah er Gold und andere edle Erze. Sein Licht verminderte sich aber in all der Zeit gar nicht. Dies fiel auch seinem Kameraden auf, und er fragte den Bergmann, wo er es her habe. Endlich erzählte er es ihm. Aber als es heraus war, schmolz sein Licht zusammen. Auch ist von dieser Zeit das ganze Gold und das Stufferz, das in dem Gang war, wie Talg zerschmolzen und wie in die Luft gespritzt. [25]

Der Bergmönch beschenkt eine arme Frau

Vor vielen Jahren, als die Wege auf dem Oberharz noch sehr schlecht waren, holte eine Frau aus Clausthal regelmäßig jede Woche eine Tracht irdenes Geschirr aus Goslar, um es wieder zu verkaufen. In der Regel brach sie morgens früh auf und kam abends erst im Finstern wieder. Einmal aber verspätete sie sich besonders lange, so daß es schon dunkel wurde, bevor sie in Goslar losging. Da sie aber den

Weg kannte, marschierte sie munter drauf los. Die schwere Kiepe auf dem Rücken, kam sie jedoch den steilen Berg nur sehr langsam herauf, und beim sogenannten Zipollenbleek (wo im Mittelalter eine Kapelle oder Klause an der alten Straße stand) gedachte sie, sich ein wenig auszuruhen. Dort angekommen, sah sie in der Nähe ein Feuer und Menschen um dasselbe sich bewegen. Das mußten Köhler oder Waldarbeiter sein. Was hätte ihr willkommener sein sollen. Denn diese Leute gestatteten ihr gewiß nicht nur gern eine kurze Rast bei ihrem Feuer, sondern gaben ihr auch wohl einen Trunk Wasser.

So dachte sie! Doch als sie näher kam, sah sie, daß ein riesenhafter Jäger mit seinen Gesellen, deren Gesichter man nicht ohne Grausen ansehen konnte, am Feuer saß, über dem ein ganzer Hirsch gebraten wurde. Sofort sprangen auch entsetzlich große, wilde Hunde auf, stürzten sich mit einem Wutgeheul auf die arme Frau, sprangen zähnefletschend an ihr in die Höhe, so daß sie ihren heißen Atem fühlte, und zerrten sie am Mantel. Hilfesuchend und erwartend blickte sie zu dem Jäger und seinen Gesellen hin. Aber keiner tat, als sähe er sie, niemand unterbrach die unheimliche Stille. Da stürzte sie in wilder Angst vorwärts, um sich vor den Bestien zu retten. Sie rannte, von Todesfurcht gejagt, bis sie kraftlos zusammenbrach und besinnungslos unter ihrer Kiepe liegen blieb.

Als sie wieder zu sich kam, stand ein Mann in Puffjacke und Schachthut vor ihr, half ihr auf und fragte, was ihr fehle. Da klagte sie ihm weinend, wie es ihr ergangen war, und daß nun wahrscheinlich von dem Laufen und dem Fallen all ihr Geschirr in der Kiepe zerbrochen sei. Sie besäße nun nichts weiter als diese wertlosen Scherben, denn sie hätte all ihr Vermögen in den Topfhandel gesteckt. Der Geschworene aber tröstete sie, schlug den Mantel von der Kiepe zurück, leuchtete mit seinem Grubenlicht, das so groß und hell brannte, wie sie noch nie eins gesehen hatte, hinein und sagte: »Gib dich nur zufrieden, liebe Frau, es ist längst noch nicht alles verloren!«

Traurig und gleichsam wie am ganzen Körper zerschlagen, setzte sie ihren Weg fort, während sich der Geschworene mit einem freundlichen »Glück auf!« nach Goslar wandte. Als sie nach Hause gekommen war und ihre Tracht auf dem Tisch abgesetzt hatte, sank sie völlig erschöpft auf die Bank nieder. Aber kaum hatte sie sich ein wenig erholt, da zog sie den Mantel von ihrer Kiepe, um nach ihrem Geschirr zu sehen. Da fand sie keine Scherben, auf die sie sich bereits gefaßt gemacht hatte, da standen auch nicht die Töpfe und Schüsseln, die sie eingekauft hatte, da blinkten ihr nur funkelnagelneue Harzgulden entgegen. Außer sich vor Freude und Überraschung lief sie in die Stube ihrer Wirtin, einer klugen alten Frau, zeigte ihr den Inhalt der

Kiepe und erzählte ihr die ganze Geschichte. Da sagte die Alte: »Sei froh, daß du mit heiler Haut davongekommen bist, denn die Gesellschaft, die du am Feuer gesehen hast, war der Wilde Jäger mit seiner bösen Sippschaft. Der Geschworene aber, der dir geholfen hat, kann niemand anders als der Bergmönch gewesen sein.«

Die arme Frau wandte das reiche Geschenk des Bergmönchs aufs beste an. Sie kaufte sich ein kleines Haus und einige Kühe und nährte sich von dem Ertrag, so daß sie fortan die Topfkiepe nicht mehr zu schleppen brauchte. [15]

Der bösartige Bergmönch zu Clausthal

Obgleich der Bergmönch vielen Bergleuten geholfen hat, konnte er zuweilen auch bösartig sein. Einmal ist er eine ganze Zeit immer freitags in einer Grube erschienen und hat das ausgehauene Erz aus einem Eimer in den anderen geschüttet. Einem Arbeiter, der über diese vergebliche Arbeit zürnte, hat er den Hals umgedreht. Ein andermal hat er 12 Bergleute angehaucht, daß sie sofort tot liegen geblieben sind. [12]

Der beschützte Bergmann

Dem Bergmann Ahrend aus Clausthal-Zellerfeld, dem der Bergmönch auch Inselt gegeben hatte und der dies gegen seine Kameraden ausplauderte, stellte der Bergmönch nach. Am Weihnachtsheiligabend wollte er dem Bergmann in einer Grube etwas antun. Da kam aber die Frau des Bergmanns, die während des Sommers heilsame Kräuter sammelte und die einen Kräuterbeutel auf der Brust hängen hatte. Da warf der Bergmönch den Ahrend lebendig aus der Grube und sagte ärgerlich zu der Frau:

»Hättest du nicht Dill und Dust[9]*,*
so hätt' ich es wohl gewußt.«

Das heißt, er hätte wohl gewußt, was er sonst getan hätte, nämlich dem schwatzhaften Bergmann ein Leid zugefügt. [18]

Bestrafter Wortbruch

Der Bergmönch hat einem Weilarbeiter zu Clausthal-Zellerfeld gesagt, daß er nicht eher arbeiten solle, bis drei Tage vor der Abnahme. Immer drei Tage vor der Abnahme wolle er kommen und das Gedinge richtig machen. Er dürfe es aber niemandem sagen. Auch wolle er ihm Öl auf seine Lampe gießen. Diese würde so lange brennen, wie er lebe – vorausgesetzt, er hielt seinen Mund.

Daraufhin ist er in die Kluft hinein verschwunden, wo alles geblitzt und geblänkert hat. Der Bergmönch hielt Wort und machte nun stets die Arbeit für den Weilarbeiter. Als aber dieser beim Trunke die Sache erzählte, verdörrte das

Licht, und der Bergmönch kam nie wieder, um für ihn zu arbeiten. [25]

Der Nachtschichter im Clausthaler Pochwerk

Im achten Clausthaler Pochwerk hat einstmals ein Nachtschichter gepocht, der nur was tat, wenn er mußte. Daher wünschte er sich, daß einer für ihn poche. In einer Nacht, so gegen Pfingsten, ist auf einmal abgeschützt, und das Pochwerk steht gleich still. Der Nachtschichter geht aufs Gefluder und will wieder anschützen. Da sitzt oben ein kleines Männchen und sagt zu ihm:

»Ruhe dich,
ich poch' für dich!«

Dabei fragt es, was es denn hereinpochen solle. Da sagt der Nachtschichter, daß es nur arm hereinpochen soll. Danach geht er ins Kämmerchen und legt sich aufs Ohr. Später weckt das Männlein den Schläfer, gibt ihm ein Goldstück und sagt:

»Verrätst du mich,
so poch' ich dich!«

Am anderen Morgen sind alle Kästen voll von armem Schlieg. Der Steiger wundert sich und fragt, wie der Nachtschichter das angefangen habe. Der aber verrät nichts. Da sagt der Steiger nur, daß es besser wäre, wenn's nun gleich reicher Schlieg wäre.

Am zweiten Abend geht's wieder so. Aber da sagt der Nachtschichter, daß er nun reichen Schlieg haben möchte. Am folgenden Morgen sind alle Kästen voll vom reichsten Schlieg. Am dritten Abend wird um elf abgeschützt. Der Nachtschichter geht wieder aufs Gefluder, findet da das kleine Männchen, dankt ihm für seine Arbeit und wünscht sich, daß es immer so ginge. Das Männchen sagt darauf:

»Verrat mich nur nicht,
ich tu meine Pflicht!«

Das tut denn auch der Nachtschichter lange Zeit, denn er hat's gut dabei gehabt. Sein Steiger hat die meisten Röste geliefert, und sein Pochwerk ist in kurzer Zeit das beste geworden. Darüber will nun das Bergamt Aufschluß haben, damit es in anderen Pochwerken auch so gemacht werden kann. Der Steiger wird gefragt, der aber weiß es nicht. Dieser fragt daraufhin den Nachtschichter. Der aber will mit der Sprache nicht heraus. Endlich kommen die Herren selbst in das Pochwerk: Oberbergmeister, Pochverwalter, Obersteiger und noch andere mehr. Da soll nun der Nachtschichter bekennen, wie er's anfängt, so viel und so reichen Schlieg zu schaffen. Er weigert sich erst. Schließlich sagt er's doch, weil ihn alle so abkanzeln, ja mit Absetzen und sogar mit Verbrennen drohen, weil er ein Hexenmeister sei. Nach dieser Antwort sind aber die Herren ebenso klug wie zuvor, weil sie das nicht einrichten können.

Nachts um elf Uhr wird wieder abgeschützt. Der Nachtschichter geht hinaus, und auch das Männchen ist wieder da. Es fragt, was es pochen solle. Da sagt der Nachtschichter, daß die Herren ihn gezwungen hätten, das Geheimnis zu verraten. Nun wolle er ihnen auch einen Streich spielen. Diese Nacht möchte das Männchen Fleisch und Blut hereinpochen. Ja, sagt das Männchen, das hätte es sich auch schon vorgenommen.

Darauf legt sich der Nachtschichter hin. Kurz vor elf Uhr ist der Nachtsteiger dagewesen und hat mit dem Nachtschichter gesprochen. Kurz nach elf Uhr kommt der Nachtsteiger wieder, da haut das Pochwerk. Er geht hinein – und siehe da, der Nachtschichter liegt unter den Stempeln und ist zerstampft. Da hat man's denn gleich heraus gehabt, daß ihn das Männchen untergeschürt hat. [5]

Der bestrafte Steiger

In den Gruben zu Clausthal-Zellerfeld hat der Bergmönch einmal einen bösen Steiger, der die armen Bergleute quälte, bestraft. Als dieser nämlich zutage fuhr, stellte er sich, dem Steiger unsichtbar, über die Grube. Als der Steiger nun emporkam, drückte ihm der Geist mit den Knien den Kopf zusammen. [18]

Die Sage von dem Schacht, genannt Die Hoffnung, bei Goslar

Vor vierhundert Jahren befanden sich die Grafen Stolberg-Wernigerode im Besitz mehrerer Erzgruben auf dem Harz. Von einer derselben, Die Hoffnung genannt, gibt es folgende Volkssage.

Ganz nahe bei Goslar wohnte ein armer Bergmann, mit Namen Hans Bunkert. Dieser nahm einst am 23. Dezember des Jahres 1522 seine Axt und wollte während eines schauerlichen Schneegestöbers noch sein Haus verlassen. Er glaubte, daß sein hochschwangeres Weib bereits im Schlafe liege. Allein dieselbe bemerkte sein Weggehen dennoch und fragte ihn, wo er hin wolle. Er antwortete, er wolle nur in den nahen Wald gehen, um einen Christbaum für die Kinder zu fällen. Zwar bat sie ihn, nicht fortzugehen und sie in ihren Umständen nicht so allein zu lassen. Doch er ließ sich nicht halten, ging hinaus in den finstern Wald und suchte sich unter den dort stehenden Tannenbäumen ein schlankes Stämmchen aus, das er mit einem Hieb seiner Axt fällte. Doch kaum lag das Bäumchen vor ihm, da stand ein hoher Jägersmann hinter ihm und fragte ihn mit ernstem Ton, was er da mache. Der arme Bergmann entschuldigte sich mit seiner Armut. Er habe keinen Pfennig, um sich ein Christbäumchen zu kaufen, und wolle doch am heiligen Weihnachtsabend seinen Kindern, denen er weiter nichts bieten könne, wenigstens einen Lichterbaum anzünden. Der Jäger fragte ihn nun nach seinen übrigen Verhältnissen aus, und als er erfuhr, daß Bunkert bald Kindtaufe halten werde, ließ er sich erbitten. Er schenkte ihm das Bäumchen und sagte, wenn seine Frau ein Mädchen zur Welt bringen werde, so solle er sie Maria nennen. Er selbst wolle zum

Taufessen kommen und das Nötige mitbringen. Dann schenkte er ihm noch einen Albertstaler, damit er seinen übrigen Kindern Spielsachen kaufen könne, und führte ihn selbst nach seinem Hause zurück.

Dort angekommen, hörte er die Stimme eines neugeborenen Kindes, denn seine Frau war während seiner Abwesenheit von einem kleinen Mädchen entbunden worden. Am dritten Tage des Weihnachtsfestes war die Taufe, und die Paten saßen mit der Bergmannsfamilie bei dem sehr kärglich bestellten Gevatteressen. Da öffnete sich plötzlich die Tür. Herein trat der fremde Jäger und hinter ihm sein Bursche, der einen schweren, mit Wein und guten Speisen gefüllten Korb trug. Der Jäger trat hin zu der Wöchnerin, wünschte ihr Glück und bat, sie möge ihm doch ihr kleines Mädchen zeigen. Dies tat sie auch. Der Jäger nahm das Kindchen auf den Arm, küßte und segnete es und hing ihm eine goldene Schaumünze um mit halbverwischtem Gepräge. Dann sagte er: »Verwahret dieses Kleinod wohl, denn von ihm hängt euer und des Kindes Glück ab!« Sprach's, legte die Kleine wieder in der Mutter Schoß, drückte dem Vater und allen anwesenden Bergleuten die Hand und schied in finsterer Sturmnacht von dannen.

Nicht lange darauf pochte es an die Haustür, und als der Bergmann öffnete, stand eine vor Frost und Ermüdung ganz in sich zusammengesunkene Zigeunerin vor derselben, welche flehentlich bat, sich in dieser Nacht in einer warmen Stube ausruhen zu können. Vater Bunkert, dem an diesem Tag so viel Gutes begegnet war, gewährte ihr die Bitte. Er rief sie herein, labte sie auch mit Speise und Trank und bereitete ihr dann ein weiches Lager am warmen Ofen. Am andern Morgen, als sie Abschied nahm, ließ sie sich die Hände des Bergmanns und seiner Gattin zeigen, um wenigstens durch ein prophetisches Wort ihren Dank zu bezeugen. Sie betrachtete dieselben genau und sprach: »Das Glück ist bei euch eingekehrt, doch traut ihm nicht, sondern haltet an Gott. So wird euer Ende sanft sein und ein Grab euch in der nämlichen Stunde bergen.« Dann forderte sie auch die kleine Maria, besah dieselbe lange und sagte: »Schön wie ein Engel wird sie werden, nur wahret sie vor der Liebe, sonst ist sie für euch verloren!«

Der Zigeunerin Prophezeiung traf ein. Hans Bunkert machte gute Geschäfte, und wo er einschlug, gab es gute Ausbeute. Zwar nicht reich, aber wohlhabend verlebte er nebst seiner fleißigen Hausfrau zufriedene Tage. Seine ärmliche Hütte war zu einem freundlichen Häuschen umgebaut worden, und es fehlte der Familie nichts zu einem bescheidenen Auskommen.

So verflossen fünfzehn Jahre. Weder der Jäger noch die Zigeunerin hatten sich wieder sehen lassen. Die Kinder waren groß geworden, und die älteste Tochter sollte das väterliche Haus verlassen. Sie war eben einem schmucken Bergknappen angetraut worden, und Eltern, Brautleute und Hochzeitsgäste saßen beim Hochzeitsschmaus. Da pochte es an die Tür. Als man sie öffnete, trat ein schöner junger Jägersmann herein. Dieser bat darum, eine Weile hier rasten zu dürfen, um dem draußen tobenden Unwetter zu entgehen. Gern wurde ihm seine Bitte gewährt.

Er setzte sich neben der zu einer bildschönen Jungfrau aufgeschossenen Maria auf eine Bank und schaute sie so innig mit seinen großen blauen Augen an, daß dem Mädchen ganz wunderlich ums Herz ward. Unterdessen legte sich der Sturm, der Mond ging auf, und schon schlug die alte Wanduhr Eins. Da stand der Jäger auf, dankte den Eltern für Herberge und Bewirtung, hing der Braut ein elfenbeinernes, mit Silber eingefaßtes Kreuz zum Andenken um den Hals und nahm Abschied, während Maria ihm das Geleit gab.

Von diesem Augenblick an konnte das Mädchen das Bild des Jägers nicht wieder aus ihrem Herzen loswerden. Sie mußte jede Minute an ihn denken. Da trug es sich einst zu, daß sie spät am Abend von ihrer verheirateten Schwester nach Hause zurückkehrte. Auf einmal stand der junge Jägersmann vor ihr, ergriff sie bei der Hand und fragte sie, ob sie noch manchmal an ihn denke. Maria errötete zwar vor Überraschung, doch bald wurde sie gesprächiger und erzählte ihm von ihren häuslichen Verhältnissen. Beim Abschied erwiderte sie seinen Händedruck.

Der Winterschnee war geschmolzen, und die Schneeglöckchen blühten schon, als eines Tages Maria ihrem Vater und den Brüdern das Mittagessen in den Schacht tragen wollte. Da trat ihr im Birkenhain, den sie durchschreiten mußte, der Jäger in den Weg. Er fragte sie, wohin sie wolle, und bat sie, heute den Weg nicht zu gehen, sondern ihm die Besorgung des Korbes zu überlassen. Er müsse sowieso in den Schacht und könne schneller gehen als sie. Zwar wollte das Mädchen erst nicht einwilligen, allein der Jäger wußte sie zu überreden. So verbrachte sie längere Zeit mit ihm in freundlichem Kosen, bis er sagte, daß er fort müsse. Sie kehrte nach Hause zurück. Doch war sie noch nicht lange wieder daheim, als ihr Vater und ihre Brüder ängstlich ins Haus gestürzt kamen und sich nach ihr erkundigten.

Verwundert fragte sie, warum sie so um sie besorgt seien. Da hörte sie, daß drei Bergmannsfrauen, mit denen sie gewöhnlich einzufahren pflegte, eben ums Leben gekommen seien. Die morsche Fahrt sei zerbrochen, und sie alle seien auf der Stelle tot gewesen. Obwohl Maria nun nicht gesehen worden sei, habe der Korb mit dem Essen bei ihnen gestanden. Sie hätten daher geglaubt, daß sie noch im Schacht sei. Deswegen seien sie heraufgekommen, um selbst nach ihr zu sehen. Maria bat ihren Vater, nicht weiter mit Fragen in sie zu dringen, sondern damit zufrieden zu sein, daß sie gerettet sei.

In demselben Augenblicke pochte es ans Fenster. Draußen stand die Zigeunerin, die ihr einst kurz nach ihrer Geburt ihre Zukunft prophezeit hatte. Sie wurde von der Bergmannsfamilie gut aufgenommen, ließ sich die Hand des Mädchens zeigen und sprach: »Meine Tochter, willst du bei deinen Eltern und in der frischen Jugendwelt bleiben und dich der Sonne und des Mondes freuen, dann meide den Jäger!« Mit diesen Worten verschwand sie.

Die Eltern glaubten nun, dieser bösen Prophezeiung die Spitze abbrechen zu können, wenn sie ihre Tochter anderweitig verheirateten. Dazu bot sich auch bald Gelegenheit, denn der Sohn des Obersteigers in dem Bergwerk, wo Hans

Bunkert arbeitete, hatte schon lange um sie gefreit, und diesem bewilligten sie ihre Hand. Maria liebte zwar den jungen Mann nicht, allein sie wagte sich ihren Eltern nicht zu widersetzen. So wurde die Verlobung festgesetzt. Am Abend vor dem dazu bestimmten Tage saß sie mit ihrem Zukünftigen im Garten hinter dem Haus in einer Fliederlaube. Da stand auf einmal der Jäger zwischen ihnen und sprach mit fester Stimme: »Freund, sucht unter den Jungfrauen der Stadt eine andere Braut, diese ist nicht für euch!« Und wie unter einem geheimen Bann stehend, vermochte der junge Mann nicht, sich zu widersetzen. Er verließ den Garten. Doch dafür kam ihre Mutter herbei, fragte den Jäger, was er hier zu suchen habe, und hieß ihn mit den nicht freundlichsten Worten zu gehen, was er auch sofort tat.

Am Morgen darauf saß Maria voller tiefer Gedanken in ihrer Kammer. Da stand plötzlich der Jäger vor ihr, fragte, ob sie ihn noch liebe und seine Frau werden wolle. Sie müsse aber mit ihm weit, weit fortziehen. Maria weigerte sich zwar lange, aber endlich ließ sie sich doch überreden und versprach, ihm zu folgen, wohin es auch sei. Da bat sie der Jäger um die goldene Kette mit der Schaumünze von ihrem Halse als Unterpfand ihrer Treue und Liebe. Auch dieses teure Andenken konnte sie ihm nicht abschlagen.

Doch kaum hatte sie die Kette hingegeben und ihr der Jäger als Dank einen Kuß auf ihre Lippen gedrückt, als sie auf einmal entschlummerte. Beim Erwachen war sie jedoch nicht mehr in ihrer Kammer, sondern in einer schönen Grotte. Auf einem weichen Mooslager befand sich an ihrer Seite ein engelschöner Jüngling. Doch nicht mehr als Jäger, sondern in seiner wahren Gestalt als König der Erdgeister zeigte er sich nunmehr Maria. Zwar schauderte sie anfangs vor solch einer Vermählung, doch die Liebe zog sie wieder zu ihrem Gatten. Sie schmiegte sich an ihn, um auf ewig die Seinige zu bleiben.

Als am anderen Morgen Maria nicht zum Frühstück kam, gingen ihre Eltern in ihre Schlafkammer, um sie zu holen. Aber da fanden sie ihr Bett unberührt und die Stube leer. Auf dem Kopfkissen ihres Lagers aber lag, von Myrten und Rosenknospen umkränzt, eine zerknickte Lilie. Die armen Eltern ahnten den Zusammenhang und betrauerten sie manches Jahr. Auch ihre Brüder konnten sie nicht vergessen. Besonders Joseph dachte oft voller Wehmut an sie.

Einst saß Joseph mit Vater und Mutter in der Grube beim Mittagsbrot. Seine Gedanken weilten wieder bei der Schwester, und er sagte: »Ach, meine gute Maria, wo magst du umherirren und Jammer und Elend ertragen?« »Vertraue Gott«, mahnte da scheltend der Vater, »Marias und unser Schicksal liegt in seiner Hand!« Daraufhin falteten alle die Hände und beteten für das verlorene Kind. Kaum hatten sie aber das Amen gesprochen, als über ihnen ein umheimliches Krachen erfolgte, Gesteinsmassen herabstürzten und die Grube verschütteten. Zwar meinte Joseph, daß es noch möglich sei, sich durchzuhauen, und legte bereits Hand an. Doch die Wetter verschlechterten sich immer mehr. Jammernd sanken Vater, Mutter und Sohn zu Boden.

In diesem Moment erschien wie einst zum Kindtauffest der Jäger. Er hielt eine Fackel in der Hand und sprach: »Retten kann ich euch nicht, aber erlösen vom qualvollen Tode.« Er berührte daraufhin alle drei, die sofort in ewigen Schlaf versanken. Der Berggeist aber, dessen Wohnung neben dem Schacht Die Hoffnung war und der in den Felsen eine Kristallspalte angebracht hatte, durch welche Maria täglich ungesehen ihre Verwandten erblicken konnte, hatte den Zusammensturz des Gesteins wohl bemerkt, aber nicht verhindern können. Er rief also seine Gemahlin, nahm sie bei der Hand und führte sie hin zu den Schlummernden. Die Felsenblöcke bildeten auf sein Geheiß ein Gewölbe über ihnen, und hier schliefen sie, von einer glänzenden Flamme beleuchtet, den Todesschlaf.

Mehrere Jahre waren seit diesem Vorfall verflossen, da beschloß man zu Goslar, die Grube wieder gangbar zu machen und, wenn möglich, die Verschütteten wieder aufzufinden. So zog denn am 26. Juni des Jahres 1563 ein langer Zug Bergleute zu diesem Zwecke dahin, an ihrer Spitze Gotthold Bunkert, jetzt Obersteiger, und Johannes, sein jüngster Bruder, jetzt Pfarrer zu Elbingerode. Nach einer rührenden Rede, worin der Geistliche seiner hier ums Leben gekommenen Anverwandten gedachte, tat der Obersteiger einen gewaltigen Schlag in das feste Gestein. Hell tönte es wider, und ein blinkendes Licht strahlte ihm entgegen. Der Prediger aber trat, die Bibel in der Hand, hin zu dem Schacht, aus welchem das Feuer erglänzte, und sprach: »Wer du auch sein magst, Geist oder Kobold, ich beschwöre dich im Namen der heiligen Dreieinigkeit, dein Blendwerk zu lassen und die frommen Knappen nicht in ihrer Arbeit zu stören!« Da dröhnten unter ihm die Felsenstücke, der ganze Berg schien sich zu bewegen. Mit furchtbarem Geräusch rollte ein Granitblock vor ihnen hinab, und die beiden Brüder sahen vor sich ein hellerleuchtetes Gewölbe, auf Felsstücken ruhend und mit Blumen geschmückt. Darinnen lagen Hans Bunkert mit seiner Barbara und seinem Joseph, neben diesem Maria, einen Kranz frischer Rosen im Haar, und in einer Vertiefung ein Jüngling in grünem Gewande, der ihnen ernst zurückwinkte. Da sanken alle betend auf die Knie, und als das Gebet vollendet war, da rollte es wie ferner Donner, ein Felsen stürzte herab, dicht vor den Erschrockenen, und verschloß ihren Augen das geschmückte Flammengrab. Doch als ein frevelnder Knappe das Eisen ansetzte und einen verwegenen Schlag auf den Granitblock tat, wankte der Felsen, und ein furchtbarer Donnerschlag erschütterte die schwüle Luft. Alles eilte hinauf. Als der letzte Mann zu Tage war, da dröhnte die Erde, und mit furchtbarem Geprassel stürzte Die Hoffnung zusammen.

So oft man später versuchte, die Grube zu befahren, stürzte bei Nacht wieder ein, was am Tage gearbeitet worden war. Da hat man dann den Versuch nicht mehr wiederholt. [12]

Die lange Schicht zu Grund

Ein junger Bergmann, der einst ganz allein im Silbertrumm arbeitete, einer Grube, die nun schon lange verschüttet liegt, hörte bei seiner Arbeit die Warnungszeichen des Berggeistes. Aber er achtete ihrer nicht. Da prasselte auch schon das Gestein hernieder und verschüttete den Fahrschacht. Da sagte der Bergmann zu sich: »Du bist verloren!« »Ja freilich, du Tor«, sprach da eine Stimme neben ihm, »konntest du nicht hören, solange es Zeit war?« Der da sprach, war der Berggeist. »O du«, bettelte da der Bursche, »hilf mir doch heraus aus der Grube, daß ich die Sonne noch einmal sehe!« »So folge mir!« Da gingen sie durch schmale Gänge und Hallen, die funkelten und glänzten, daß die Augen schmerzten. Sie gingen lange, lange. Endlich kamen sie in einen dunklen Gang, an dessen Ende das Tageslicht schimmerte. Froh stieg der Bergmann heraus und ging nach Grund zu. Unterwegs traf er zwei Berggesellen. Die schlugen ein Kreuz vor ihm und liefen schnell weiter. Beim ersten Haus spielten Kinder. Die folgten ihm in hellen Haufen von ferne nach. »Hu, der lange Bart«, rief ein Knabe. Dann stand er vor seinem eigenen Haus. Die Mauer war geborsten, auf dem Schindeldach war hohes Moos. Da sagte der Bergmann in seiner Not: »Ich bin doch der Gottlieb Just, gestern im Silbertrumm verschüttet. Kennt ihr mich denn nicht?« »Gottlieb Just? Da kennen wir keinen. Der Silbertrumm wird seit Mannesgedenken nicht mehr befahren!« Da kam der Pfarrer und hörte die Erzählung, und Gottlieb fügte in seiner Verzweiflung hinzu: »Im Jahre des Herrn 1532 bin ich im Silbertrumm eingefahren!« Da ging ein Staunen durch die Menge: »1732 schreiben wir jetzt!« Der Bergmeister sah daraufhin in alten Schriften nach. Da stand geschrieben, daß 1532 der Silbertrumm wirklich zu Bruch gegangen und darin ein junger, fleißiger Bergbursche namens Gottlieb Just elendiglich umgekommen war.

Aber schon wenige Tage später mußten die Bergleute von Grund ihren Kameraden auf den Kirchhof betten, wo seine Altersgenossen schon so lange schlummerten. [46]

Der Berggeist in einem Schacht bei Helbra

In einem Schacht bei Helbra arbeiteten zwei Bergleute miteinander während der Nacht auf einer Strecke. Als die Mitternachtsstunde heranrückte, sagte der eine zum anderen: »Nun laß uns fleißig sein, denn der Steiger kann jeden Augenblick kommen.« Beide arbeiteten wacker drauflos, und es dauerte auch gar nicht lange, da erschien am Ende des Ganges ein Grubenlicht, das immer näher kam. Als es aber ganz in ihrer Nähe war, ertönte nicht das gewohnte »Glück auf!« Daraufhin wandten sich die beiden Bergleute befremdet um. Da erblickten sie jedoch nicht die bekannten Züge des Steigers, sondern sahen in ein erdfahles Gesicht. Es war der Berggeist, der seinen Umgang hielt. Beklommen arbeiteten die Bergleute weiter, während der unheimliche Gast ihre Arbeit beguckte und wiederholt den Kopf darüber schüttelte. Nachdem er so eine Weile zugesehen hatte, verschwand er schweigend, wie er gekommen war, in dem Alten Mann, einem verlassenen Schacht. [14]

Der verjüngte Obersteiger

Ein redlicher Hohnsteinscher Obersteiger, bereits alt und betagt, mit eisgrauem Haar und Bart, Jakob Illing geheißen, befuhr einst eine Grube, als er auf den Berggeist traf. Dieser hauchte ihn an. Da wurde dem alten Mann gar seltsam zumute, und er richtete sich auf einen baldigen Tod ein. Es fiel ihm auch alles Haar aus, so daß er völlig kahl wurde. Doch er blieb nicht nur am Leben, sondern es wuchs ihm auch neues, schönes, schwarzes Bart- und Haupthaar. Er verjüngte sich zusehends, wurde ein prächtiger Mann, hei-

ratete aufs neue und starb erst im höchsten Alter. Seine Nachkommen standen danach eine gar lange Reihe von Jahren dem Grubenhagenschen Bergwerk als Bergmeister löblich vor. [56]

Das kleine Klausthal

Bei dem jetzigen Clausthal hat früher ein Städtlein gestanden, das kleine Klausthal geheißen. Die Einwohner desselben sind sehr wohlhabend gewesen. Aber je reicher sie wurden, desto schlechter und gottloser haben sie sich gezeigt. Daher hat Gott die Stadt untergehen lassen, und an der Stelle, wo die Kirche stand, ist ein Teich entstanden. In der Mitternacht vom Gründonnerstag zum Karfreitag ist die Kirche jedoch regelmäßig an der alten Stelle zu sehen. Zugleich zeigt sich ein Reh, das niemand jagen darf.

Einst verführte der Bergmönch einen Bergmann, die Zeit zu verschlafen. Dadurch ging der Bergmann einen Weg, der über den Teichdamm führte. Plötzlich stand die Kirche vom kleinen Klausthal da. Hierüber verwunderte sich der Bergmann sehr und ging hinein. Er kannte aber niemand von den Leuten, die darinnen waren, auch nicht den Prediger.

Daraufhin wurde er von dem Bergmönch, der ihm erschien, wieder hinausgeführt. Als er ein Stück gegangen war, waren Kirche und Steg verschwunden. [25]

Der Geist im Pochwerk

Im Innerstetal, oberhalb des Sägewerks »Hütschental« bei dem Bergstädtchen Lautenthal, stand vor Jahren auf der sogenannten Lehmwiese ein Pochwerk. Fleißig wurde hier das Erz zerkleinert. Waren die Pochjungen fort, setzte wohl auch der Wächter die Pochstempel in Bewegung und arbeitete in der Nacht. Freilich schaffte er trotz eifriger Arbeit wenig. Da stand, als er eines Abends wieder bei dem trüben Schein seines Öllichtes arbeitete, plötzlich ein kräftiger Alter mit langem weißem Bart vor ihm. Zu dem Knaben sagte er: »Leg dich auf den Bankkasten und schlafe, dann schaffst du viel mehr! Doch erzähle niemandem und niemals, daß ich hier war!« Der Junge tat aus Furcht vor dem Mann, wie ihm befohlen war, und bald lag er im tiefen Schlaf. Als er erwachte, zwitscherten die Vögel, und die Tagschicht mußte ihn gleich ablösen. Da traute er seinen Augen kaum. Ein großer Haufen »Stuff«, das reinste Silbererz, lag fertig zerkleinert vor ihm. Noch mehr wunderten sich die Steiger und seine Kameraden; doch erfahren konnten sie nichts. So ging's manche Woche, das Pochwerk blühte empor.

Eines Tages konnte der Wächter doch den auf ihn eindringenden Fragen nicht widerstehen. Er erzählte, wie bequem er es habe und wieviel er damit schaffe. Als er sich nun am selbigen Abend wieder auf seinem Bankkasten ausstreckte, setzten sich langsam die Pochstempel in Bewegung und klopften ihn in seinen tiefen Schlaf. Aber was machte der Junge am anderen Morgen für Augen, als er statt der Erze einen großen Haufen Pferdemist vorfand.

Der Alte hat sich dann auch dort nie wieder sehen lassen. Der Wächter mußte wie früher seine Arbeit verrichten, aber nicht mehr lange. Bald darauf ging nämlich das Pochwerk ein. [18]

Das verscherzte Fundglück

Der Bergmönch hat sich einst auch hinter Lerbach gezeigt. Er winkte dort einem Fuhrmann, daß er zu dem Probierschacht komme. Es solle sein Schaden nicht sein, wenn er ihm folge. Doch der Fuhrmann erwiderte, daß er seine Pferde nicht stehen lassen könne. Als der Bergmönch zum dritten Mal rief, wurden die Pferde wild und stürmten mit großem Gebrause den Berg hinauf. [25]

Berggeister im Mansfeldischen

Den Bergleuten in der einstigen Grafschaft Mansfeld erschienen nicht selten Berggeister, die sie Schachtkickel oder Bergmönche nannten. Alte Bergleute pflegten oft den jungen, wenn diese in den Schacht zu fahren anfingen, vor jenen Berggeistern bange zu machen. Aber zuweilen behüteten diese Geister die Bergleute auch vor großer Gefahr, wie aus folgender Überlieferung hervorgeht:

Zwei Bergleute, Nachbarn, hatten die Verabredung getroffen, frühmorgens einander zu wecken, um die Zeit zum Anfahren nicht zu versäumen. Eines Tages nun glaubte der eine, wie gewöhnlich das Pochen und die Stimme seines Nachbarn zu hören. In der Meinung, dieser habe ihn zum

Aufstehen aufgefordert, kleidete er sich rasch an und wanderte nach dem Schacht hinaus. Wie erstaunt war er aber, als er dort noch keinen einzigen seiner Kameraden vorfand. Kaum hatte er sich jedoch von seiner Verwunderung erholt, als er bemerkte, wie am Fördertau durch dreimaliges Zucken das Zeichen zum Aufziehen gegeben wurde. Pflichtgetreu ergriff er den Haspel und förderte den Kübel zutage. Da sah er, wie in dem Erzkübel ein Männchen in grauer Mönchstracht stand und mit warnender Gebärde in den Schacht hinunterdeutete. Ganz überwältigt vor Erstaunen ließ der Bergmann den Haspel los, und der Kübel sauste in die Tiefe zurück. Jetzt kamen auch die übrigen Gefährten und vernahmen verwundert das Geschehene. Nun bildeten sich zwei Parteien: Die eine riet dringend von der Befahrung des Schachtes ab. Die andere erklärte die Warnungen des Bergmanns für ein abergläubisches Hirngespinst. Aber während sie sich noch stritten, fuhr plötzlich aus der Tiefe eine wirbelnde Staubsäule pfeifend empor. Der Boden schien unter den Füßen zu wanken, und im Schoße der Erde grollte es wie ferner Donner. Der Schacht war eingestürzt! Ohne die Warnung des Bergmönchs hätten viele Bergleute tief unten begraben gelegen.

Einem anderen Bergmann ging es fast ebenso. Auch er eilte, durch Pochen geweckt, nach dem Schacht und haspelte – in der Meinung, daß seine Kameraden bereits eingefahren seien – allein den Kübel in die Höhe. Wie erschrak er jedoch, als er einen Berggeist darinnen sitzen sah! In seiner Angst ließ er den Haspel los. Gleichwohl fuhr der Kübel nicht rasch in den Schacht hinein, sondern ganz allmählich unter dem bedächtigen Zuruf des Zwerges: »Hoi, hoi, langsam!« Der Bergmann aber wäre um keinen Preis auf diesem Schacht wieder angefahren. [14]

Das verärgerte Bergweiblein

Nachdem durch den Bruch des Verhaltensgebotes die Erzreichtümer der Grube Silberner Nagel vertaubt worden waren[10], schien sich nach einiger Zeit der Zorn des Bergweibleins besänftigt zu haben. Es zeigte sich wieder den Bergleuten in durchsichtiger Gestalt. Auf diese Kunde hin beschlossen fremde Gewerken, die Grube wieder aufzunehmen, und belegten sie mit Bergleuten aus Stolberg. Als diese in die Tiefe gelangten, hörten sie eine wundervolle Musik, und als sie derselben nachgingen, sahen sie zwei weißgekleidete Weiber tanzen, bei denen auch eine Mannsperson war. Sobald sich diese beobachtet sahen, tanzten sie einer Ecke zu und verschwanden dort vor den Augen der Bergleute. Doch hatten sie die Bergleute nicht ohne Grund an diese Stelle gelockt: in der Ecke zeigte sich wieder der Erzgang in seiner früheren Mächtigkeit. Hocherfreut eilten sie zu dem gräflichen Bergmeister und statteten ihm Bericht ab. Da sagte dieser: »Ihr werdet doch nicht solche Toren sein, für Fremde diese reichen Erze zu langen. Laßt sie stehen für Stolberg!«

Gehorsam verschütteten daraufhin die Bergleute die Erzspuren, so daß sich die Gewerken nach vielen Zubußen zurückziehen mußten. Doch als man nun den Schutt wegräumte, um das Erz für die Landesherrschaft zu gewinnen, da war nichts, gar nichts mehr davon zu sehen. Seitdem liegt die Grube Silberner Nagel tot und verlassen. Erst wenn sich auf dem Schloß gleichzeitig ein 7 m hoher Rosenstock und ein weißer Sperling finden werden, soll die Grube ihre Schätze von neuem erschließen. [15]

Der Bergteufel zu Wildemann

Auf der Zeche Wildemann ist der Bergteufel in Gestalt eines großen Mönchs von vielen guten Leuten gesehen worden. Etliche schließen aus dieser Erscheinung des Bergteufels, daß das Kloster Walckenried den Wildemanner Zug inne gehabt, belegt und bebaut hat. Der Bergmönch ließ sich besonders oft zu Beginn des Baus sehen und richtete dabei viel Schaden unter den Bergleuten an. So hat er etliche erdrückt oder in die Radstube geworfen. Auch hat er sich über die Fahrten gesperrt, daß die Leute dachten, sie müßten ihm zwischen den Beinen hindurchfahren. Zuweilen ist er, wenn die Bergleute ausfahren wollten, zugefahren.

Schließlich hat man in den Predigten Gott gebeten, sie vor dem bösen Geist zu schützen. Daraufhin hat er sich nicht mehr so oft sehen lassen. Vor allem hat er daraufhin nicht mehr so viel Schaden und Unglück angerichtet. [18]

Vor langer Zeit wohnte unten in Zellerfeld eine Witwe, die aufs Land ging, dort Butter, Eier, Schinken, Flachs und dergleichen kaufte und dies dann wieder verkaufte. Durch diesen Handel ernährte sie sich und ihre Kinder.

An einem Herbsttag ging sie schon früh um drei Uhr mit der Laterne fort und wollte nach Mönchhoff. Kurz vor Grund kam ihr ein Wagen entgegen. Darinnen saß ein Geschworener; denn er hatte solche Kleidung an und hielt ein großes, flackerndes Unschlittlicht in der Hand. Die Frau grüßte ihn, und der Geschworene dankte auch freundlich wieder. Er fragte sodann die Frau, wohin sie schon so früh wolle. Sie sagte, sie wolle nach Mönchhoff gehen, denn sie müsse für ihre Kinder sorgen. Ihr Mann sei voriges Jahr in Stücken verunglückt nach Hause gebracht worden; nun müsse sie ihre sechs Kinder ernähren und dürfe keinen Augenblick versäumen. Sie müsse des Morgens früh und des Abends spät unterwegs sein und dürfe keine Arbeit scheuen. Da griff der Geschworene in die Tasche, gab ihr

ein Dreigroschenstück und sprach: »Kauft euren Kindern dafür Brot!« Die Frau bedankte sich, verabschiedete sich, und der Geschworene fuhr weiter.

Als es Tag wurde, besah sie sich das Geldstück. Es war neu und blank. Darauf standen Schlägel und Eisen und ein merkwürdiges Wappen. Sie dachte sich nichts Arges, ging nach Mönchhoff, kaufte ein und gab auch das Dreigroschenstück mit aus. Dann ging es wieder zurück. Unterwegs wurde sie hungrig, und sie wünschte sich, daß sie wenigstens noch ein paar Pfennige hätte, um etwas Brot zu kaufen. Von ungefähr griff sie in die Tasche, und da fand sie das Dreigroschenstück, das ihr der Geschworene gegeben hatte. Sie freute sich darüber, dachte sich nichts dabei, kaufte sich in Grund etwas Brot und Wurst und gab das Geld dafür hin. Sie bekam sogar noch etwas heraus.

Als sie daheim war, mußte sie Öl kaufen. Sie griff in die Tasche, und schon hatte sie das Dreigroschenstück mit Schlägel und Eisen wieder in der Hand. Da fiel es ihr auf, und sie wußte nicht, wie das zuging. Sie meinte, daß sie das Geld in Grund ausgegeben hätte, und doch war es wieder da. Endlich dachte sie, sie könne sich vielleicht geirrt haben, und gab die Münze nun für Öl aus. Auch jetzt bekam sie wieder etwas zurück.

So ging das noch ein paarmal. Immer wieder war das Dreigroschenstück in ihrer Tasche! Weil sie nun nicht wußte, was sie hiervon halten sollte, erzählte sie es ihrer Nachbarin. Diese meinte, daß ihr das Geld wahrscheinlich der Bergmönch gegeben habe, sie solle es ja in Ehren halten. Dadurch könne sie aus aller Not kommen und sogar noch reich werden, denn ein solches Geschenk sei selten. Die Witwe aber sagte, wenn es sich so verhalte, dann werde sie die Münze um keinen Preis in der Welt behalten. Mit einer solchen Hexerei wolle sie nichts zu tun haben. Darauf hing sie ihren Mantel um, ging nach dem Mühlteich und warf das Dreigroschenstück hinein. Wer es haben will, kann sich's im Schlamm suchen; er wird aber lange zu klauben haben. [56]

Der Vogelsteller im Sperluttertal

Im Sperrluttertal kam der Bergmönch des Nachts mit seinem Geleucht einem Vogelsteller entgegen. Der Vogelsteller dachte, daß es ein Bergmann sei, und sprach: »Du kannst mir wohl ein wenig Inselt geben. Wie du siehst, geht mein Licht aus.« Da gab ihm der Bergmönch Inselt von seinem Grubenlicht. Das brannte einen Tag und eine Nacht, da war's schieres Silber. [42]

Der strafende Berggeist

In einer Grube des Zellerfelder Reviers arbeitete einmal ein junger Bursche. Der war arm. Aber trotzdem hatte er seine Augen auf die Tochter des Bergmeisters geworfen.

Der Bergmeister aber war ein grimmiger Mann, hochfahrend und stolz sowie grausam mit den Bergleuten. Einst traf der Bursche im Schachte den Berggeist. Der sagte: »In drei Monden sollst du verlobt sein, und in allen sieben Bergstädten werden sie dich segnen, wenn du das eine vollbringst, was ich dich heißen werde!« Obgleich der Bursche nicht wußte, was es war, gab er vor Freude die Hand darauf.

Nun geschah es, daß in selbiger Zeit der Fürst des Landes nach Zellerfeld kam. Der fand Gefallen an dem muntern Burschen. Er trug dem Bergmeister auf, ihn tüchtig auszubilden, denn er habe Großes mit ihm im Sinn. Da nahm der Bergmeister den Burschen in sein Haus. Und schon nach kurzer Zeit gab es Verlobung. Aber der junge Bräutigam machte gar kein lustiges Gesicht. Nein, wie ein Schatten schlich er einher. Das kam aber daher, daß ihm jetzt der Berggeist den Auftrag gegeben hatte, den Harz von dem grausamen Bergmeister zu befreien. In einem Jahr sollte es geschehen sein.

Der Bergmann brachte es aber nicht fertig. Er kniff aus, ließ sich vom Schacht versetzen und bei der Hütte anstellen. Er dachte: Hier hat der Berggeist keine Gewalt. Aber nach einem Jahr, als der Bursche zu seiner Verlobten ging, stiegen Dämpfe aus dem Boden, nahmen des Berggeists Gestalt an, mit Grubenlicht, Hinterleder und Schachthut. Andere Dämpfe waren wie böse Wetter und ballten sich zur Wolke. Dann sprang aus dem Grubenlicht eine lange Flamme in die Wolke hinein. Diese loderte auf und verbrannte den Burschen. [46]

Der geschenkte Bergspiegel

Ein Bergmann arbeitete einst allein auf seinem Gedinge und schoß ein Loch, das sehr viel herauswarf. Beim Wegräumen hörte er eine feine Stimme, wußte aber nicht woher. Endlich sah er unten im Loch ein gläsernes Ding stehen, einem Gefäß ähnlich. Aus diesem rief es: »Hilfe, Hilfe, rette mich!« Der Bergmann hob es heraus und sah im Glas ein kleines Wesen hin und her hüpfen. Das bat ihn: »Rette mich, es soll dein Schaden nicht sein!« Da zerklopfte der Bergmann mit seinem Fäustel das Gefäß. Schnell war die kleine Gestalt heraus, wuchs und wuchs – und war schließlich der Bergmönch. Der sagte zum Bergmann: »Es ist dein Glück, daß du mich errettet hast. Sonst wäre es dir schlecht ergangen. Nun aber will ich dir einen Spiegel schenken, einen Bergspiegel. Wenn du hindurchschaust, kannst du die Erzlager in der Erde sehen. Du kannst sehen, ob die Arbeiter in der Grube fleißig oder faul sind. Du kannst auch mit dem Spiegel alles verwünschen, was mit dem Bergbau zusammenhängt, und jeder Wunsch wird sofort erfüllt. Brauchst du ihn aber zu etwas anderem, so verschwindet das Ding, und du mußt sterben. Sag' niemandem, woher du ihn hast. Glück auf, es wird dich nicht gereuen!«

Am anderen Morgen ging der Bergmann zu dem Einersberg, dorthin, wo der Berg vom Innerstetal begrenzt wird, um seinen Spiegel zu probieren. Hei, wie lachte ihm da das Herz, als er in der Erde drinnen den Erzgang sah, mit der hellen Silberader, die wie ein großer silberner Aal am Berge hinstrich. An einem Ort trat sie fast zutage. Der Bergmann zeichnete die Stelle, wo der Gang am mächtigsten war, mit Steinen und Ästen und wanderte heim. Wie er hinter Zellerfeld an die Grube Die Treu kam, juckte ihn die Neugier. Er wollte doch zu gern wissen, was die Leute unten machen. Ja, da sah er's: Der Kunstknecht lag auf der Strecke und schlief. Da lief das Wasser in den Schacht und machte Schaden. Der Gaipelaufseher schlief auch, und der Ausrichter schnitt immer einen Strich mehr aufs Kerbholz, als sie Tonnen getrieben hatten. Er sah aber auch große Erzringe, die durch eine dicke Silberschnur mit der Grube Die Treu verbunden waren. Flugs ging der Bergmann zum Oberbergmeister und erzählte ihm von seinem Fund. »Wenn ihr mich in der neuen Grube zum Steiger macht, zeig ich euch die Stelle zum Einschlagen. Wollt ihr nicht – dann Glück auf!«

So wurde der Bergmann Steiger. Acht Tage darauf stand schon der Gaipel. Die Grube wurde Silberaal genannt. Der Bergmann wies nun auch die Erzringe. Das wurde die Grube Ring und Silberschnur bei Zellerfeld. Er wurde vom Bergamt als Geschworener über beide Gruben gesetzt. Ihm konnte freilich kein Faulpelz entgehen, der sich bei der reichen Ausbeute eine gute Stunde machen wollte. Und wehe dem Bergmann, der während der Schicht einmal puschte. Der Geschworene merkte es aufs Haar. Jeder bekam seine Strafe. Das hat den Bergleuten wenig angestanden. Dem Geschworenen zum Trotz wurden sie nun erst recht faul. Das Bergamt hatte es auch bald heraus, daß die Grube immer weniger Erz gab. Es drohte dem Geschworenen: »Wenn du nicht eine vorgeschriebene Treibenzahl Erz lieferst, wirst du abgesetzt!« Er trieb und hetzte daraufhin seine Leute, richtete aber nichts aus. Da mußte er aus dem Amte. Der Geschworene nahm von seinen Leuten Abschied. Dabei sagte er: »Das wird euer und der Grube Glück nicht sein!« Er fuhr zutage, zog seinen Spiegel hervor und sprach: »Grube, ich verfluche dich von dieser Stunde an! Dein Erz soll sich in Berg verwandeln! Die Leute, die darinnen arbeiten, sollen nimmer zutage kommen! Kein Mensch soll dich wiederfinden! Nur einer meiner Enkel, der an einem heiligen Tage geboren ist, kann dich lösen. Zur Lösung muß er einen ganz schwarzen Hund haben!«

Kaum hatte der Geschworene den Fluch gesprochen, da stürzte die Grube mit allem, was dazu gehörte, zusammen. Den Bergmann hat niemand mehr gesehen.

Lange Jahre danach suchte ein Bergmann am Einersberg gelbe Schwämme. Er hatte seinen schwarzen Pudel bei sich, einen Pudel, der kein einziges weißes Haar am Körper hatte. Auf einmal hat der Bergmann geguckt. Da war ja ein Gaipel, ein Schacht, und war doch vorher nichts dagewesen. Dämpfe stiegen auf, so widerlich, wie von verwesten Menschenleichen. Da packte den Bergmann das Grausen, und er lief davon, was ihn seine Beine tragen konnten. Wo aber blieb denn sein Pudel? Er rief und lockte, aber umsonst. Der Pudel kam nicht. Denn aus dem Schachte stieg wie im Nebel der Berggeist mit einem Geschworenen. Die packten den Hund, zerrissen ihn und hängten die Stücke an den Tannen auf.

Im Dorfe erfuhr der Bergmann, was sich ehedem mit der Grube zugetragen hatte. »Bist am Ende der Rechte gewesen«, sagten die Leute. »Hättest du nur das Sprüchel gesagt:

›Hier ist der Hund, nun lös' den Bund!‹

so wäre die ganze Grube dein geworden.«

Und die Leute haben wohl recht gehabt, denn seitdem hat kein Mensch wieder die Grube gefunden. [46]

Die erfüllten Wünsche

Drei Harzer Bergleute (nach manchen Erzählern drei Zellerfelder Bergleute), welche Holzarbeiter und Nachtschichter sind, und eines Nachmittags anfahren müssen, fühlen an diesem Tage eine solch' ungewöhnliche Angst, daß sie zuerst gar nicht einfahren wollen. Schließlich gehen sie aber doch, auf Gott vertrauend, endlich an ihren Beruf. Ihre heutige Arbeit besteht darin, einen Stolln auszubessern, dem der Einsturz droht. Frisch beginnen sie ihr Werk und freuen sich über das Gelingen ihrer Arbeit. Um 10 Uhr abends krachts und donnerts mit furchtbarer Macht, und die Lichter werden ausgeschlagen. Nachdem sie wieder Feuer haben und die Ursache für das Getöse aufsuchen, sehen sie zu ihrem größten Schrecken, daß die Strecke zugestürzt ist, auf welcher sie zurück müssen, und sie verschüttet sind. »O, barmherziger Gott!« ruft der eine, ein unverheirateter Mann, »könnte ich nur noch einmal deinen blauen Himmel sehen, dann wollte ich ja gerne sterben!«

Der zweite Bergmann, welcher erst seit ein paar Wochen glücklich verheiratet ist, sagt daraufhin: »Könnte ich nur noch einmal eine Mahlzeit mit meiner Frau essen!«

Der Dritte aber, der eine zahlreiche Familie hat, ruft verzweifelnd aus: »Was soll aus meiner Frau und meinen vielen Kindern werden! Könnte ich nur noch ein Jahr leben und erst deren Versorgung bewirken, dann, ja dann wollt ich gern sterben!«

Kaum hat der dritte Bergmann ausgesprochen, da wird's auf einmal sonnenhell um die Unglücklichen, und eine Gestalt, einem Schatten im dicken Nebel gleich, angetan mit einer Geschworenenkleidung und mit einem Schachthut sowie einer Mönchshalskrause, steht vor ihnen. Diese spricht

mit Grabesstimme: »Eure Wünsche sind erhört, folgt mir!« Und die Bergleute gehorchen.

Da tut sich vor ihnen die Strecke auf, und der Berggeist – denn niemand anders ist es – führt sie durch und hin an den Fahrschacht. Dort zeigt er nach oben. Der Berggeist aber springt in den Treibschacht und verschwindet. Die Leidensgefährten fahren zutage, wohl wissend, was ihnen bevorsteht.

Kaum tritt der junge Mann aus dem Gaipel und erblickt den blauen Himmel, da stürzt er tot zur Erde. Seine beiden Kameraden legen ihn auf ein neues Brett und tragen ihn wie einen umgekommenen Bergmann nach Hause. Nachdem sie die Leiche an Ort und Stelle abgegeben haben und vor der Türe des Leichenhauses stehen, nehmen sie unter Tränen voneinander Abschied. Der Neuverheiratete spricht: »Kamerad, du kennst mein Schicksal, auch ich folge noch diesen Abend dem, der hier im Hause ruht. Dort oben sehen wir uns wieder. Leb wohl! Glück auf!« Daraufhin eilt er nach Hause, erzählt seiner Frau schnell den Vorfall, ißt etwas und stirbt in den Armen seines guten Weibes. Beide Umgekommenen werden miteinander begraben.

Der Dritte ordnet erst seine Familienverhältnisse, versorgt seine Kinder und stirbt gerade auf den Tag nach einem Jahr, nachdem er zuvor mit seiner Familie das Abendmahl genossen hat. Auch er wird wie ein Umgekommener betrachtet und beerdigt wie seine beiden Kameraden. So hat der Berggeist in wundersamer Weise die Wünsche der drei Bergleute erfüllt. Noch lange danach hat man sich im Harz davon erzählt und so oder so ausgedeutet. [5]

Der Bergmönch und der Berghauptmann

Einstmals ist ein Berghauptmann des Herzogs von Braunschweig ziemlich bezecht des Nachts in die Grube gefahren. Er wollte erkunden, ob die Arbeiter ihre Schicht fleißig verrichten. Als er nun auf einen ziemlich schmalen Schacht kam, ist ihm der Bergmönch – manche erzählen, es wäre der Rübezahl gewesen – so schnell und geschwind nachgefahren, daß er ihm nicht mehr ausweichen konnte. Er hat ein Paar Augen gehabt, wie zwei große Glasschalen, und sein Grubenlicht war wie eine große Schüssel, über die ständig das Inselt floß. Der Berghauptmann war in großer Gefahr und in Sorge, daß ihm der Bergmönch das heiße Inselt über den Kopf gießen und ihn verbrennen oder von der Fahrt stoßen werde. Er ist aber nur wie ein kalter Wind neben ihm hergefahren, hat nichts gesprochen und den Berghauptmann auch nicht versehrt. Schließlich ist der Bergmönch in der Tiefe verschwunden. Der Berghauptmann ist jedoch daraufhin mit Zittern aus der Grube gefahren und hat gelobt, nie wieder bei Nacht in ein Bergwerk zu kommen. [18]

Der Bergmönch schenkt Unschlitt und Spindel

Einst lebte ein Bergmann, der hatte sieben Kinder. Durch Unglück war er so arm geworden, daß er nicht einmal ein Licht mitnehmen konnte, wenn er nachts anfuhr. Denn was er am Geleucht ersparte, das verkaufte seine Frau, damit sie nur einen Bissen zum Leben hatten.

Einmal fuhr er wieder ohne Licht in der Nacht an und verirrte sich im Busch. Wie er aus dem Wald heraus und an den Graben kam, konnte er den Steg nicht finden. Da

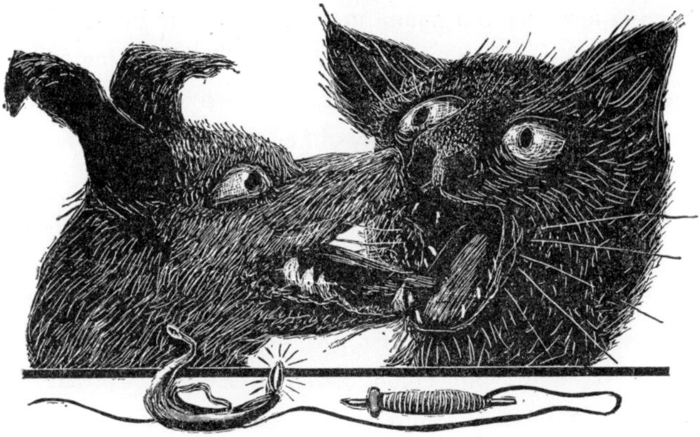

sah er in der Ferne ein Licht. Das war seiner Meinung gewiß auch einer, der anfahren wollte. »He, Kamerad!« rief der Bergmann, »zeig mir doch den Steg!« Wie er näher kam, war's auch richtig ein Geschworener. Der brachte ihn hinüber. Drüben war's aber auf einmal der Bergmönch, der ihn fragte: »Warum fährst du in der Nacht ohne Licht an?« Daraufhin klagte ihm der Bergmann seine Armut. Der Bergmönch schenkte ihm auch gleich ein Stück von seinem eigenen Unschlitt. »Darfst aber niemandem verraten, woher du's hast!« Mit diesen Worten verabschiedete er sich von dem Bergmann.

Unterdessen saß die Frau des Bergmanns daheim am Spinnrad. Auf einmal klopfte es, und der Bergmönch trat herein. Das Weib ließ vor Schrecken den Faden reißen. Doch der Bergmönch sagte: »Hab keine Angst! Ich will dir eine Spindel schenken, an der du deine Freude haben wirst. Du darfst aber niemandem sagen, woher sie ist!«

Mit der Spindel hat die Frau das allerschönste Garn gesponnen, und der Flachs ist ihr nicht mehr ausgegangen. Auch das Licht des Mannes ist nicht mehr alle geworden.

Wie nun aber der Bergmann merkte, daß seine Frau ein gar so feines Garn spann und daß ihr der Flachs niemals ausging, und wie die Frau merkte, daß sich das Licht ihres Mannes niemals verzehrte, obwohl er es nicht neu aufsteckte, wußte keiner von beiden, ob es bei dem anderen mit rechten Dingen zuging. Er wollte wissen, woher sie die Spindel hatte, sie wollte wissen, was das für ein Licht sei. Aber er wollte ihr nichts sagen, und sie wollte ihm nichts verraten. Sie dachte schließlich, er ist ihr nicht mehr treu, und er dachte, sie hält's mit einem anderen. Zuletzt wurden sie ganz böse miteinander und zankten sich alle Tage.

Mit der Zeit brachte es der Mann bis zum Steiger, und sie wurden reiche Leute. Aber was nutzte es ihnen, wenn sie doch keinen Frieden hatten? Am Ende glaubte die Frau sogar, ihr Mann hätte sich dem Bösen verschrieben, und er dachte, das Weib sei eine Hexe. Da wurden sie erst recht wie Hund und Katze.

Eines Tages zankten sie sich wieder. Er wollte eben anfahren und nahm sein Grubenlicht in die Hand. »Mach, daß du weiterkommst, du Hexe!« schrie er sie an. »Fällt mir nicht ein«, höhnte sie, »dich wird doch bald der Teufel holen mit deinem verfluchten Licht.« Da wurde es dem Mann endlich zu dumm. »Mag sich der Bergmönch sein Licht wieder holen, wenn ich nimmer eine ruhige Stunde davon haben soll«, rief er. »Daß du's nur weißt«, schrie da die Frau, »die Spindel, die hat mir auch der Bergmönch gebracht. Ich bin keine Hexe!«

Auf einmal stand der Gerufene in der Stube. Die beiden dachten nicht anders, als daß ihr letztes Stündlein geschlagen habe. Der Bergmönch sagte aber bloß: »Wenn ihr's nicht anders haben wollt, meinetwegen!« Dem Bergmann gab's einen Ruck im Arm, und in seiner Grubenlampe lag statt des Lichtes ein Stück Schwerspat. Auch die Spindel war weg. »Vertragt euch nun, sonst wird's euch schlimm ergehen«, sagte er noch. Wie der Bergmönch gekommen war, so verschwand er. Der Bergmann und seine Frau versöhnten sich wieder und lebten lange zufrieden und in gutem Wohlstand. [42]

Das ewige Geleucht

Zwei allzeit fleißigen Bergknappen passierte es, daß sie eines Tages vergaßen, genügend Öl für ihr Geleucht mit vor Ort zu nehmen. Mitten in der Arbeit bemerkten sie diesen Umstand und berieten, was zu tun sei. Auszufahren, um Öl zu holen, würde bedeuten, wertvolle Zeit zu verschenken, in der sie kein Erz fördern könnten. Andererseits reichte aber der Brennstoff nicht bis zum Ende der Schicht, und es war gefahrvoll, im Dunkeln auszufahren. So standen sie ziemlich ratlos da und wußten nicht, wie sie sich entscheiden sollten. Da erblickten sie mit einem Male in der Ferne des Stollns ein Licht, das sich schnell näherte. Der Träger des Lichtes entpuppte sich, als er heran war, als der Bergmönch in seinem schwarzen, kuttenähnlichen Gewand. Die beiden Bergknappen schlotterten vor Angst, aber der unheimliche Gast beruhigte sie mit den Worten, daß er ihnen nichts Böses, sondern Gutes tun wolle. Er nahm ihre Grubenlampen und füllte sie mit Öl aus seiner Lampe auf. Dann nahm er Schlägel und Eisen und schlug aus der Wand des Stollns, wo sie nie im Leben erzführendes Gestein vermutet hätten, in wenigen Minuten so viel Erz, wie sie es in einer Woche nicht zusammengebracht hätten. Einen Dank nahm er nicht an, verlangte aber das Versprechen, niemandem von ihrer Begegnung zu erzählen. Mit der Faust schlug er auf eine Stelle in der Stollnwand, und für wenige Augenblicke sahen die beiden Bergleute eine schimmernde, erzführende Strecke vor sich, die sie gleichsam blendete. Als sie ihre Blicke wieder der Gestalt in der schwarzen Kutte zuwenden wollten, war diese verschwunden.

Der Bergmönch aber hielt Wort, als er meinte, nur Gutes tun zu wollen. An der Stelle, die der unheimliche Besucher mit der Faust berührt hatte, fanden die beiden Bergleute viele Wochen und Monate lang reichlich erzführendes Gestein. Auch wurde das ihnen vom Bergmönch geschenkte Öl nicht alle, sie brauchten ihre Grubenlampen nicht mehr nachzufüllen.

Das ging solange gut, bis die beiden Bergknappen in der Schenke mit vom Gerstensaft gelösten Zungen über ihre Begegnung mit dem Bergmönch prahlten. Damit hatten sie ihr Versprechen gebrochen, und als sie am nächsten Tag ihre Arbeit wieder aufnehmen wollten, mußten sie Öl auf ihre Grubenlichter füllen. Vom Öl des Bergmönchs war kein Tropfen mehr vorhanden. [43]

Das Öl des Berggeistes

Einmal war einem Harzer Bergmann das Grubenlicht erloschen. Er hätte dadurch noch lange im Dunkeln umhertappen müssen, wenn nicht der Berggeist zu ihm getreten wäre, das Licht wieder angezündet und den Kriesel voll Öl gegeben hätte. Er verlangte aber von dem Bergmann, daß er niemandem sagen solle, daß er ihn gesehen hätte. Der Bergmann folgte dieser Weisung, und wo er seitdem arbeitete, war es, als ob unsichtbare Hände ihm bei der Arbeit helfen würden. Die Erze bröckelten unter seinen Schlägen, als wäre es Kalkstein. Auch hatte er nimmer nötig, Öl auf seine Lampe zu gießen, denn des Berggeists Öl nahm nicht ab; selbst, wenn es Tag und Nacht brannte.

Eines Tages aber geschah es, daß der Branntwein ihn redseliger gemacht hatte, als er hätte sein sollen. Da erzählte er seinen Kameraden die Begebenheit. Als sie zweifelten, holte er seine Lampe, um ihnen das ewige Öl zu zeigen. Doch siehe da – die Lampe war trocken. Wollte der Bergmann nun Öl haben, mußte er's wieder selbst auf seine Lampe gießen. Auch die Erze fielen ihm nicht mehr vor die Füße, sondern er mußte sie mit Schweiß und Fleiß loshauen wie die übrigen Bergleute. [18]

Die bestraften Nachtschichter

Zwei Nachtschichter standen vor Ort, aber der Bohrer wollte nicht in das Gestein eindringen. Es war, als bohrten sie auf lauter Hornstein. Da sich aber deren Freunde am nämlichen Abend lustig machten und im Wirtshaus zechten, beschwatzte einer den anderen, die Arbeit auch einzustellen, auszufahren und mitzufeiern.

Um nicht gesehen zu werden, fuhren sie auf einem Stolln nach einer anderen Grube, um dort auszufahren. Plötzlich kehrte der Vordermann um und schrie: »Alle guten Geister loben Gott, den Herrn!« Schnell versuchte er, an seinem Kameraden vorbeizukommen. Dieser aber erblickte daraufhin den Bergmönch, welcher vor dem Stolln stand und ihnen den Ausweg versperrte. In seiner Hand trug er ein silbernes Grubenlicht, so groß wie ein Scheffel, und die Flamme ging bis an die Stollnklappen. Seine Augen waren

so groß wie Wagenräder, und seine Beine waren wie Spinnenbeine. Als nun der Bergmönch seine Hand ausstreckte, um den beiden Bergleuten den Hals umzudrehen, da stürzten sie schnell nach ihrem Schacht zurück, um dort auszufahren. Wie sie aber oben anlangten, stand der Bergmönch quer über dem Fahrloch, und als der erste den Kopf herausstreckte, klemmte ihn der Bergmönch zwischen seine Beine, zog ihn aus dem Fahrloch heraus und drehte ihm den Hals um. Als der andere Nachtschichter das sah, fuhr er wieder abwärts, ging schnell an seine Arbeit und fing an zu hämmern. Da stand der Bergmönch plötzlich neben ihm und wich nicht von seiner Seite. Endlich war das Bohrloch fertig, und als der Bergmann zur Sprengung schritt, warf's einen ungeheuren Haufen Erzstücke herein.

Beim Aufräumen des Gesteins wurde der Haufen aber nicht kleiner. Wenn der völlig ermattete Bergmann einen Augenblick rasten wollte, dann erhob der Bergmönch seine Hand, um ihm eine Ohrfeige zu geben. Zuletzt konnte er aber wirklich nicht mehr arbeiten. Es ward ihm ganz schwarz vor Augen, und er sank in Ohnmacht. Der Bergmönch aber lachte, daß die ganze Strecke erschallte. Dann verschwand er in der Felsenmauer.

Als der Bergmann erwachte, war alles aufgeräumt und alle Arbeit vollständig verrichtet. Diese Geschichte hat der Bergmann später sehr oft erzählt, und allen Harzer Bergleuten ist sie bekannt. [11]

Der Bergmönch und der Kunstjunge

Einmal kam der Bergmönch in Bergmannskleidung am Sonntag zu einem Kunstjungen, der auf einen Kunstknecht wartete. Der Kunstjunge meinte, es sei sein Kunstknecht, fuhr also hinter ihm her, bis sein Inseltlicht trocken war. Der Bergmann legte ihm eine weiße Wand (ein Stück Kalkspat) aufs Licht, da hat es wieder gebrannt. Der Bergmann hat nicht gesprochen, aber sie sahen viel Erz miteinander. Nach einiger Zeit kamen sie wieder auf den Fleck, wo sie angefahren waren, da ist der Bergmann verschwunden.

Es zeigte sich aber, daß der Kunstjunge dreißig Jahre hinter dem Bergmönch hergefahren ist. Von den Leuten, mit denen er gearbeitet hat, war niemand mehr da, und in dem Haus, in dem er gewohnt hat, lebten fremde Menschen. Sein Licht hat aber immerfort gebrannt. Als er es jedoch verkaufte, erlosch es. Als es ihm daraufhin der Käufer wiederbrachte, brannte es auch bei ihm nicht mehr. [25]

Der Bergmönch hilft einem Ehepaar

Ein Bergmann hatte eine große Familie, aber nur kärglichen Lohn, denn auf der Strosse, wo er arbeitete, war das Gestein sehr fest. Da schenkte ihm Gott das siebente Kind, und nun wurde die Not erst recht groß. Trübselig saß er eines Abends mit seiner Frau zusammen und überlegte mit ihr, wo sie ferner Brot hernehmen wollten für so viele. Da klopfte jemand, und herein trat zu ihrer Überraschung der Bergmönch. »Ihr seid ehrliche Leute«, sagte er, indem er beiden die Hand gab, »darum will ich euch beistehen in eurer Not.« Damit reichte er der Frau einen Packen Flachs und dem Mann ein Stück Unschlitt – und war verschwunden. Der Packen Flachs wurde aber nicht geringer, so fleißig die Frau auch spann, und das Unschlitt wurde von der Flamme nicht verzehrt.[11] [15]

Der Bergmönch bezeugt die Unschuld eines Bergmanns

In einem Harzer Bergwerk arbeiteten zwei Bergleute immer zusammen. Der jüngere war der Pflegesohn des älteren und mit dessen Tochter Lieschen zusammen aufgewachsen. Nun hatten sie sich heimlich lieb. Andreas wollte aber erst ein bestimmtes Sümmchen gespart haben und dann den Vater, so nannte er den Alten, um Lieschens Hand bitten. So lange sollt es ihm verborgen bleiben. Nun hatte aber Andreas bemerkt, daß Steiger Graumich, ein schon älterer, nörgeliger Mensch, der die Bergleute schindete, wo er nur konnte, auch ein Auge auf Lieschen geworfen hat. Letzten Sonntag hatte er sie sogar zum Tanze geholt. Ein anderer junger Bergmann, ein roher, wüster Geselle, fand ebenfalls Gefallen an Lieschen. Da wurde Andreas das Herz schwer.

Um mit Lieschen auch einmal allein zu sein, gingen sie manchmal zusammen in den Wald, erstiegen die Berghöhe und glaubten sich unbelauscht. Aber Franz, der andere junge Bergmann, hatte sie einmal gesehen, ging ihnen heimlich nach und wurde so Mitwisser ihres Geheimnisses. Franz hatte aber auch bemerkt, daß Graumich Lieschen zur Frau haben wollte, und so sagte er sich: »Soll ich sie nicht haben, gönne ich sie auch dem Andreas nicht, da mag sie den Alten kriegen.« So ging er zu diesem und erzählte ihm, was er erlauscht hatte. Graumich entgegnete: »Sorge dafür, daß der Andreas unschädlich wird, und ich will dich reichlich lohnen.« Franz war damit zufrieden.

Eines Morgens fuhr der alte Graumann, so hieß Andreas' Pflegevater, mit Andreas, Graumich und Franz ein. Unten teilten sie sich, weil Franz einen anderen Stolln hatte und Graumich nach dem Rechten sehen mußte. Andreas und Graumann gingen nach ihrem Ort. Als sie dort ankamen, merkten sie, daß das Grubenlicht nur noch ganz klein brannte. Andreas wunderte sich, da er doch des Vaters und seine Lampe frisch aufgefüllt hatte. Freilich hatte er die Lampen einige Minuten ohne Aufsicht gelassen. Aber wer von den Kameraden sollte so schlecht sein und einem Bergmann das Licht nehmen, ohne das er nicht sein kann? Daß Franz so schlecht war, um ihn und womöglich auch Grau-

mann zu verderben, konnte er ja nicht wissen. Das Licht wurde immer kleiner, plötzlich erlosch es ganz, und sie standen im Finstern. Zurückgehen war gefährlich, auch würde man sie der Nachlässigkeit bezichtigen. Was tun?

Während sie noch beratschlagten, sahen sie in der Ferne ein Licht schimmern. Es kam näher und näher und vergrößerte sich so, daß der Stolln, wo sie standen, hell erleuchtet war. Vor ihnen stand der Bergmönch, riesengroß, und forderte ihre Lampen. Er füllte sie mit frischem Öl und sprach: »Habt guten Mut, ich will euch helfen! Das Öl in eurer Lampe wird nimmer alle, solange ihr brav bleibt und nicht sagt, wer es euch gegeben hat. Nehmt euch vor der Bosheit in acht!« Nach diesen Worten verschwand er, doch die Grubenlampen der beiden Bergleute brannten so hell wie nie zuvor.

Als Franz sah, daß sein Anschlag mißlungen war, sann er fortwährend darüber nach, wie es zugegangen sein mochte, daß sie ihre Schicht zu Ende bringen konnten, ohne daß ihre Lampen verlöschten. Doch er kam nicht dahinter.

Am nächsten Tag kam der Steiger Graumich und bat Graumann um Lieschens Hand. Dieser ließ seine Tochter kommen und fragte, ob sie den Antrag annehmen und des Steigers Frau werden wolle. Lieschen sagte diesem, daß sie jetzt noch nicht von ihren Eltern fortgehen könne, weil die Mutter immer krank sei und das Bett nicht verlassen könne. Auch hätte ihr Herz schon gewählt. Nun stand es für Graumich fest, daß Andreas entfernt werden mußte, und er besprach sich darüber mit Franz.

Das erste war, daß Graumann mit einem älteren Kameraden und Andreas mit Franz gesellt wurde.

Andreas fiel beim Hauen das Erz fast von selbst in den Eimer, lauter schöne Stücke. Franz dagegen förderte nur grobes Erz zutage. Er beschuldigte daraufhin Andreas, daß er ihm das Erz aus dem Eimer stehle und in den seinen lege. Andreas verteidigte sich, doch der Steiger nahm Partei für Franz. Nach einigen Tagen fuhr er mit ein und wollte sich selbst überzeugen. Andreas war sich seiner Sache gewiß und sagte kein Wort. Sein Eimer war schon fast voll von dem schönsten Erz, indes Franz nur mit größter Mühe schlechtes Gestein abhämmern konnte. Da ergriff er voller Wut die Haue und wollte Andreas über den Kopf schlagen. Eine gewaltige Hand schleuderte ihn jedoch zurück, er stürzte unglücklich auf das Gestein, Blut rann über sein Gesicht, und als Andreas sich über ihn neigte, war er tot. Entsetzt stand der Steiger dabei. Er hatte deutlich gesehen, wie der Bergmönch Franz niedergestoßen hatte. Doch plötzlich richtete er sich auf und beschuldigte Andreas, Franz getötet zu haben. Dieser beteuerte zwar seine Unschuld, und obgleich ihm niemand die Tat zutraute, kam er doch ins Gefängnis.

Der alte Graumann, Lieschen und Andreas kannten die Umstände, aber sie konnten nichts beweisen. Das Verhör, das letzte vor seiner Verurteilung, sollte am Tatort, also untertage, stattfinden. Die Richter glaubten, daß er an der Stelle, wo der andere erschlagen wurde, das Leugnen aufgeben würde. Vater Graumann arbeitete an diesem Tage allein in dem Stolln, sein Kamerad war krank geworden. Die Zeit war nahe, zu der Richter und Angeklagter herunterkommen sollten. Graumann richtete sich von seiner schweren Arbeit auf. Kummervoll sah er umher, es ging ihnen nicht gut, seit Andreas' Verdienst fehlte. Er seufzte: »Hilf uns, Herr Gott, aus dieser Not!«

Da stand plötzlich der Bergmönch vor ihm, Graumann wäre beinahe vor Entsetzen umgefallen. Doch dieser sagte gütig: »Sei getrost, eure Not hat ein Ende!« Mit diesen Worten griff er in die Tasche seiner Kutte, und was er da herausholte, steckte er in die Taschen des Alten. Dann verschwand er ebenso schnell, wie er gekommen war. Graumann fuhr schnell mit seinen Händen in die Tasche, und was er da herausholte, war eitel Gold.

Da hörte er auch schon laute Stimmen. Schnell warf er die Haue hin und ging ihnen nach. Andreas wurde gefesselt von dem Büttel in den Stolln gebracht. Begleitet wurde er von den Richtern und vom Steiger Graumich. Dem Steiger war es nun doch etwas unheimlich zu Mute. Da mußte er auch schon erzählen, wie es sich zugetragen habe. Als er sagte: »Da nahm Andreas die Hacke und schlug ihn nieder«, stand plötzlich für alle sichtbar der Bergmönch vor ihm und rief: »Du lügst, Verruchter! Er fiel sich tot, weil er Böses im Sinn trug. Andreas ist unschuldig!« Der Steiger griff an sein Herz und fiel zu Boden. Noch einmal richtete er sich auf und bestätigte die Worte des Bergmönches. Dann war er tot.

Andreas' Unschuld war nun offenbar. Die Fesseln wurden ihm abgenommen, er war frei. Andreas und Lieschen wurden ein glückliches Paar. An diesem Tage erlosch auch das Licht der beiden Bergleute – sie brauchten es nicht mehr.[12]
[32]

Der Bergmönch und der Bergmann Sieben

Im Oberharz lebte einst der Bergmann Sieben. Dieser war ein Neunmalkluger und lächelte über die Sage vom Bergmönch. »Mir ist noch keiner erschienen«, sagte er immer leichtfertig. »Ich muß mir mein Unschlitt selber kaufen und mich quälen, Tag- und Nachtschichten hindurch. Mir kann der Bergmönch den Buckel hinaufsteigen! Ich glaube nicht daran!« Und wie er in dieser Sache klug sprach, war er auch sonst als Prahler bekannt. Aber er war eng vertraut mit dem Steiger Kalvör. Wenn einer der Bergleute einen Fehler beging oder ein Wort über die Vorgesetzten sprach, der konnte sicher sein, daß es der Sieben dem Steiger brühwarm überbrachte.

Als der Bergmann Sieben wieder einmal abfällig über den Berggeist redete, sagte ein junger Bergmann zu dem alten Junggesellen: »Na du, schweig lieber ganz von dem Bergmönch. Es könnte sein, du kämst hier mit deinem losen Mundwerk an den Unrechten!«

Dem verwöhnten Sieben war es als eine große Frechheit erschienen, daß der junge Bergmann so dreist und frei zu ihm geredet hatte. Er hatte auf den jungen Mann überhaupt einen großen Haß, denn da war des Siebmachers Seiler einzige Tochter, auf die der alte Sieben ein Auge geworfen hatte. Das Mädchen aber mochte mit ihren achtzehn Jahren den jungen, frischen Bergmann, den Wilhelm Schacht, lieber leiden als den hohen Fünfziger.

Freilich hatte der alte Sieben Taler auf Taler gehäuft, und sein Häuschen war schuldenfrei. Aber Jugend gehört allein zur Jugend, und dem hübschen Ännchen war es nicht zu verdenken, wenn sie sagte: »Mehr als sich satt essen kann keiner. Und wenn ich mein Geld hinzubringe, werden der Wilhelm und ich auch nicht hungern. Wir sorgen eben miteinander.«

Der Vater erwiderte dann oft darauf, daß der Sieben in den besten Jahren sei. »O ja«, lachte dann Ännchen. »So ganz nahe der Sechzig! Dann marschiert er auf die Siebzig los und ich auf die Dreißig. Dann bin ich eine Witwe und –

Weiber haben ein zähes Leben – dann kann ich fünfzig Jahre allein sitzen wie die Muhme Spälter.«

Die Anne hatte nicht so unrecht, aber der alte Freier machte ein saures Gesicht, als ihm Seiler die Antwort brachte. Er schwor dem jungen Paar blutige Rache, und vor Zorn quollen ihm seine rotrandigen Augen fast aus dem Kopfe.

Alle Sonnabende wurde abends die Schicht gewechselt und der Lohn gezahlt. Es paßte fast stets, daß sich die beiden Rivalen Sieben und Annes Schatz im Zechenhaus oder an der Fahrt begegneten. Eines Abends, als Sieben zu Tage wollte, fuhren der Steiger Kalvör und Wilhelm an. Als sie sich trafen, fragte der Steiger den Sieben nach dem Ergebnis der Schicht, und Sieben berichtete erfreut über das gute Ergebnis.

Da polterte es plötzlich hinter dem Steiger und dem Bergmann Sieben. Mit kreideweißem Gesicht stammelte Wilhelm: »Der Bergmönch!« Im selben Augenblick verlöschten die Unschlittlichter, und tiefe Finsternis umgab die Leute. Aus dem seitlichen Gang her kamen andere Bergleute. Sieben suchte nach seinem Schachteimer, um die letzten Erzstücke zu den anderen zu schütten. Der Eimer aber war leer. »So«, brüllte er wütend Wilhelm an, »das war der Bergmönch? Hund, du hast noch keinen Fäustel fallen lassen und dein Eimer ist voll Erzbrocken!« »Sei doch gescheit, was kann ich dafür?« erwiderte Wilhelm ruhig. »Deutlich sah ich den Bergmönch dort an der Stufe.« »Der Bergmönch?« höhnte Sieben. »Wenn er nichts weiter tut als Unheil anrichten, dann – schade um den Alten –.« »Halts Maul!« raunte der alte Häuer Michaelis. »Er ist noch hier!« »Ja, du redest immer dem Wilhelm das Wort!« behauptete Sieben. »Am liebsten verschaffst du ihm noch meine Braut.«

»Deine Braut? Jetzt wird's Tag in der Nachtmütze«, lachte der alte Michaelis. »Wenn die Großväter Bräute haben, müssen die Großmütter zu Tanze gehen.«

Alle Bergleute stimmten in das Lachen ein. Nur Wilhelm lachte nicht. Scheu blickte er seitwärts nach einer Stufe. Von dort sah er zwei blitzende Augen her funkeln, in denen sich das Licht der Krüsel spiegelte.

Plötzlich hob Kalvör an: »Nun will ich euch was sagen, Wilhelm! Von heute an hören die Nörgeleien mit Sieben auf! Ob er eine Braut hat, geht euch nichts an! Entweder Ruhe oder ihr seid entlassen!« »Da hat aber der Schichtmeister auch erst noch mitzureden«, antwortete Wilhelm. »Wie würde es euch gefallen, wenn einer eure Braut als die seine bezeichnet?« »Hat er das getan?« fragte barsch der Steiger. »Ja!« antwortete Wilhelm. »Die Jungfer Anna ist meine Braut.« »Das ist sie nicht!« schrie Sieben. »Sie wird nie einem Dieb gehören, der anderer Brocken in seinen Eimer schüttet.« »Der Bergmönch ist's gewesen!« schrie nun ebenfalls wütend Wilhelm. »Ha, da soll er mich doch sofort mit dem Fäustel erschlagen, wenn das wahr ist!«

Da sahen die Bergleute plötzlich hinter Sieben einen riesigen Bergmann stehen. Dieser hob seinen Fäustel hoch und ließ ihn auf das Haupt von Sieben niederfallen. Lautlos sank dieser zusammen, der fremde Bergmann aber war verschwunden.

Alle anderen außer Kalvör hatten den Bergmönch gesehen. Kalvör bezichtigte deshalb sofort Wilhelm des Mordes. »Überlegen sie ihre Worte, Steiger!« sagte daraufhin ein alter Bergmann. »Deutlich habe auch ich den Bergmönch gesehen.« »Gott sei Dank, daß ihr's gesehen habt, Vater Michaelis«, meinte der junge Bergmann. »Fahrt den toten Sünder zu Tage. Es weint kein Auge um ihn.«

Nein, um den Sieben weinte kein Auge, aber sein Tod sollte noch so manche Träne aus Annes Augen hervorlocken. Denn ungeachtet der Zeugnisse der Bergleute, wurde Wilhelm als Mörder ins Gefängnis gebracht. Laut zeugte der Steiger gegen ihn, und die Richter verurteilten wirklich den Unschuldigen.

Immer näher rückte der Tag, an dem Wilhelm gerichtet werden sollte. Der Steiger wagte sich kaum noch, in den Schacht einzufahren, da die Leute immer wütender gegen ihn wurden. Aber eines Tages mußte er mit einigen Oberen doch einfahren. Als er nun mit diesen wieder zutage wollte und aus dem Gang trat, stand ein riesengroßer Bergmann vor ihm. Dieser nahm des Steigers Kopf in seine Fäuste und drückte ihn zusammen wie ein Lehmkügelchen. Den Oberen geschah jedoch kein Leid. Im gleichen Moment, als der Steiger tot zur Erde fiel, war die Erscheinung verschwunden.

Auf diese Weise kam Wilhelms Unschuld zutage. Der Schacht bekam einen neuen Steiger, und bald darauf konnte Wilhelm seine Anne heiraten. [6]

Über den Umgang mit dem Berggeist

In der Grube will der Berggeist nur als Bergmann behandelt werden. Nichts kann ihn mehr ärgern, als wenn einer der Knappen achtlos an ihm vorübergeht. Oft steht er still in einem Stolln und läßt die Bergleute an sich vorüberziehen. Er freut sich, wenn sie ihm ihr »Glück auf!« zurufen. Wehe aber dem, der den Gruß unterläßt. Dann schleudert er den Bergmann gegen die Sohle des Stollns, oder er dehnt sich und wird so breit, daß er den ganzen Stolln abschließt. Der Bergmann muß sodann darin elendiglich ersticken.

Fährt einer der Bergleute mit einem vollen Hunte an dem Berggeist vorüber, braucht er ihm nur ein keckes »Ausweichen!« entgegenzurufen. Der so Angerufene tritt dann jedesmal zur Seite. Wer aber mit einem leeren Hunte an ihm vorbeifährt, muß Platz machen und ihm aus dem Wege gehen. [18]

Über die Walen oder Venetianer

In den meisten deutschsprachigen Bergbaugebieten erzählen Sagen von Fremden, die durch das Gebirge streifen und nach Erden und Steinen suchen, die den Einheimischen wertlos erschienen. Sie waren ärmlich gekleidet und trieben oft einen kleinen Hausiererhandel. Diese Männer nennt die Sage Walen oder Venetianer, teilweise auch Venediger oder Slovaken.[13] Sie wurden in der Regel nicht bergmännisch tätig und, wie alle Fremden, zunächst erst einmal mißtrauisch beobachtet. Ihr heimliches Tun, das jedoch von Jägern, Förstern, Köhlern und Hirten der Sage nach bemerkt und verfolgt wird, machte sie besonders verdächtig. Bergleuten aus dem Harz mußte klar sein, daß so etwas nicht »mit rechten Dingen« zugehen konnte. War doch jedem nicht nur erlaubt, nach Erz zu suchen, sondern jeder war nahezu dazu aufgefordert. Auch durfte jeder die gefundene Lagerstätte muten. Wer dies »der Ordnung« gemäß tat, sich ins Bestätigt-Buch eintragen ließ, bekam Sicherheit, Recht und gnädige Privilegien. Was wollte man mehr!

So ganz planlos, scheint es, war aber das Herumstreifen der Walen nicht. Sie kamen, wie die Sage erzählt, manchmal allein, aber auch zu zweit oder zu dritt und nahmen für eine gewisse Zeit Wohnung bei Einheimischen. Mitunter ließen sie sich auch von diesen zu bestimmten Plätzen in der Landschaft führen und gaben ein kleines Stück ihres Geheimnisses preis. Meist aber waren sie wenig gesprächig und ließen sich ungern bei ihrem Tun beobachten. Es geschah, daß der eine oder andere Wale regelmäßig jedes Jahr wiederkam. Der Johannistag als Schatzhebe- und Wundertag spielt dabei eine besondere Rolle. Das alles zusammen wurde nachdenkenswert – und blieb es bis heute.

Seltsame Zeichen und Bilder, ins Gestein gehauen oder in Bäume geritzt, konnten doch wohl nur von diesen Fremden stammen. Woher nahmen sie ihr Wissen, wenn sie sich so zielsicher in ihnen unbekannten Gegenden bewegten? Vielleicht verfügten sie über nur ihnen bekannte Aufzeichnungen, über Walenbücher. Auch kamen und verschwanden sie, ohne daß man ihre Wege kannte, jemals ihr Reisegefährt sah. Das konnte doch wohl nur Zauber sein! Für manche Zuhörer mochten allein diese Schilderungen aufregend genug sein, um sich an andere Sagen zu erinnern, in denen es ganz ähnlich zuging. Von Reisen durch die Luft war da die Rede, von Wochen und Monaten, die wie ein Tag erschienen, von herrlichen Palästen, erlesenen Speisen, goldenen Tieren und unermeßlichen Schätzen. Von märchenhaften Schätzen wissen in den Sagen auch diejenigen zu berichten, die von den Venetianern belohnt wurden.

Es gibt in den Walen-Sagen aber vielfach auch Einzelheiten, die darauf spezialisierte Sagenforscher genau untersucht haben. So schlußfolgern sie beispielsweise auf Grund von Vergleichen, daß nicht allein die Phantasie des »Bergvolks« diese Sagen über die geheimnisvollen Fremden hervorgebracht habe, sondern auch konkrete Tatsachen zur Herausbildung derselben beigetragen haben, Tatsachen, deren tatsächliche Ursachen in späteren Jahren nicht mehr bekannt waren und den Walen »zugeschrieben« wurden. So könnten beispielsweise Mönche des Klosters Celle ihre Fundorte mit entsprechenden Zeichen versehen haben. In den Stein gemeißelte Bilder von Mönchen mit Keilhauen wären dann ursprünglich Markierungen oder Rechtssymbole gewesen, die erst später in Walenzeichen umgedeutet wurden. Andere wiederum möchten den Ursprung dieser Sagen in eine mythenreiche Vorzeit verlegen oder lassen an volkstümliche Darstellungen antiker Fabeln denken.

Für den Harz und das Mansfelder Land ist schließlich noch bemerkenswert, daß sich die Walen nicht nur als kenntnisreiche Finder und Sammler, sondern auch als erfahrene Aufbereiter und Schmelzer in den Sagen ausweisen. Das läßt zu, daß man auch diese Sagen in den Zusammenhang mit den Sagen über Künste, d. h. Wissenschaft und Technik, stellt.

Der Jäger in der Altenau

Vor Jahren sind Venetianer immer nach dem Bruchberg gegangen und haben Gold herausgeholt, das kein anderer Mensch zu finden wußte.

Einstmals war nun in der Altenau ein Jäger, der an einem warmen Tage auf einer Wiese gelegen und geschlafen hat. Da kamen ein paar Venetianer, weckten ihn auf und fragten ihn, ob er ihnen den Weg nach dem Bruchberg zeigen könne. Als der Jäger bejahte, gingen sie miteinander zu einer kleinen, dort befindlichen Grube, welche wie ein Stolln in den Berg hineinführte. Dort angekommen, haben sie die gelbe Erde, die sich in der Grube befand, ausgewühlt und in einen Beutel getan. Das aber war das pure Gold.

Nachdem sie damit fertig waren, haben sie sich alle hingelegt und geschlafen. Als sie jedoch aufwachten, waren sie alle in Venedig. Der Jäger fand sich aber in der großen Stadt nicht zurecht. Da haben ihn seine Gefährten in der ganzen Stadt herumgeführt, ihm in ihrem Haus auch ihre Schätze gezeigt. Sehr viele Schränke zeigten sie dabei, wo alles, was man sich nur denken konnte, aus Gold und Silber war. In einem Schrank befand sich eine ganze Jagd – Rehe, Hirsche, Schweine und sonstige wilde Tiere, entweder aus Gold oder aus Silber. Der Jäger hat als Andenken einen silbernen Hirsch bekommen.

Abends legten sie sich müde zu Bett. Am anderen Morgen wachte der Jäger aber wieder auf der Wiese auf, wo er am Tage zuvor gelegen hatte. Die Venetianer waren jedoch in Venedig geblieben. Seinen silbernen Hirsch hat aber der Jäger bei sich gehabt.

Später wollte der Jäger wieder einmal zu der Grube, um auch sich etwas von der Erde zu holen. Da hat er aber

weder den Weg zur Grube noch die Grube selbst finden können. [25]

Eine ähnliche Sage erzählt man sich auch von Meisdorf im Selketal.

¶ Das wundersame Geschenk

Jörg, der Köhlerjunge, liebte die schöne Kaufmannstochter Elsbeth aus Andreasberg. Auch das Mädchen, ein bescheidenes, fröhliches Wesen, war dem Burschen herzlich zugetan. Doch wollte es zwischen ihnen nicht zur Hochzeit kommen, denn Elsbeths Vater, dem im Leben nichts wichtiger war als das Geld, dachte nicht daran, einen armen Köhler zum Schwiegersohn zu nehmen. »Du heiratest einen reichen Mann«, pflegte er zu sagen. »Und wenn du das nicht willst, kommst du in ein Kloster. Basta!« Die beiden jungen Leute konnten aber nicht voneinander lassen. Doch konnten sie sich nun nur noch heimlich im Wald treffen.

Als Jörg wieder einmal neben seiner Hütte am Meiler stand, trat ein Mann zu ihm. Er hatte einen weiten Mantel an und einen breitrandigen Hut auf dem Kopf – eine Kleidung, die man im Harz nicht kannte. Der Fremde fragte, ob er sich am Feuer wärmen dürfe. Zu Hause, in seiner Heimat, wäre es warm, aber hier müßte er frieren. Jörg erlaubte es ihm sofort, brachte ihm auch ein Stück Brot und Ziegenkäse, damit er sich stärken könne. Der Fremde aß alles. Als er ging, drückte er dem Burschen ein paar Körnchen in die Hand als Dank für die freundliche Bewirtung. Dazu sagte er: »Es ist der Samen der Johannisblume, die oben am Brocken wächst. Wenn du die Körnchen in die Schuhe tust, wirst du unsichtbar. Man kann dich wohl hören, aber nicht mehr sehen. Hüte sie wohl!« Dann drehte er sich um und war bald zwischen den Tannen verschwunden.

Jörg drehte die Samenkörner um und um. Er glaubte nicht an das, was der Fremde gesagt hatte, dachte aber bei sich: ich kann's ja mal versuchen! Er steckte die Körner in die Schuhe und arbeitete ruhig weiter.

Wenig später besuchte ihn Elsbeth. Wie erschrak sie jedoch, als sie ihren Liebsten nur sprechen hörte, ihn aber nicht sehen konnte. Schnell entfloh sie diesem Ort, Jörg, der nicht mehr an das Geschenk des Fremden dachte, hinterher. Dabei verlor er die Schuhe – und war plötzlich wieder leibhaftig sichtbar. Schnell erzählte er nun, was ihm begegnet war. Elsbeth meinte darauf, daß der Fremde sicherlich ein Venediger gewesen sei. Jörg solle nur die Samenkörner gut aufheben, sicher könnten sie ihnen noch gute Dienste leisten.

Schon am anderen Tag kam Elsbeth aufgeregt wieder zu Jörg. »Mein Vater läßt meine Hochzeit richten«, sagte sie. »Und der soll mich zur Frau bekommen, der das meiste

Geld zu bieten hat. Die ganze Nacht habe ich wachgelegen und darüber nachgedacht, wie uns zu helfen sei. Nun höre meinen Plan: All die Kaufleute, die dir deine Holzkohle abgenommen haben, sind Betrüger, denn sie zahlten dir zu wenig. Ich habe ausgerechnet, wieviel du hättest bekommen müssen, und es ist eine stattliche Summe dabei herausgekommen. Du weißt, wo die Kaufleute wohnen. Wandere hin, lege die Samenkörnchen in die Schuhe, nimm von ihrem Reichtum, was dir zusteht, und komme zurück! Du wirst dann so viel Geld haben, daß mein Vater nichts mehr gegen eine Heirat sagen kann. Auch stiehlst du dabei nicht, sondern nimmst dir nur das, was du verdient hast.«

Jörg war sogleich einverstanden, schnürte sein Ränzel, verschloß die Hütte, steckte den Samen in die Tasche, nahm Abschied von seiner Liebsten und wanderte los. Bei allen Kaufleuten nahm er das Geld, das ihm zustand, aus den Truhen und packte es schließlich vor Elsbeths Vater aus. Der machte große Augen und war mit der Hochzeit einverstanden. Das viele Geld lockte gar zu sehr.

Als die Liebenden in ihre kleine Hütte zogen, da hielten sie den Samen der Johannisblume fein säuberlich verwahrt in einem Kästchen. Er blieb ihr größter Schatz zeitlebens lang und half ihnen noch in mancherlei Not und Gefahr.
[24]

¶ Der Lohn der Venediger

Einmal kamen Venediger zu einem Mann und fragten ihn, ob er die und die Klippe am Brocken kenne. Als er dies bejahte, hießen sie ihn, sie dorthin zu führen. Als sie auf der Klippe waren, schlug der eine mit einer eisernen Rute auf den Stein. Daraufhin tat sich die Klippe auf, und sie nahmen von dem Lehm, der darunter lag. Bald hatten sie ihr Ränzel damit gefüllt. Dabei fragten sie den Mann, ob er auch etwas davon haben wolle. Aber er erwiderte, daß er davon zu Hause genug hätte. Dann zog einer der Venediger seine Flöte heraus und fing an zu blasen. Da kamen aus allen Ecken der Klippe Schlangen hervor, immer mehr und mehr. Aber die Venediger sagten, die rechte sei noch nicht dabei. Endlich, ganz zuletzt, kam eine, die eine Krone auf dem Kopf hatte. Da sagten sie, daß dies die rechte wäre. Sie fingen dieselbe, schlugen ihr den Kopf ab, und einer holte eine Pfanne hervor, in der sie gebraten wurde. Danach verzehrten sie die Schlange und fragten den Mann, ob auch er etwas davon haben wolle. Aber er schlug es aus. Da pflückten sie ein paar gelbe Blumen, die umherstanden, und gaben ihm diese. Dann schlug der eine mit der eisernen Rute wieder auf die Klippe, die sich daraufhin wieder zutat.

Als der Mann nach Hause kam, waren die Blumen eitel Gold. Da hat er sich gedacht, daß es wohl auch kein gewöhnlicher Lehm war, der unter der Klippe lag, und er hat es bereut, nichts davon genommen zu haben. [18]

¶ Köhler und Venediger

Ein Köhler kohlte oben am Brocken. Da kam ein Fremder und bat um ein Nachtquartier. Der Köhler nahm ihn auf und gab ihm auch von seiner Brotsuppe, an der sich der Fremde ordentlich was zugute tat. Danach sagte der Fremde, daß er mit dem Köhler in der Nacht um 11 Uhr auf eine Wiese gehen wolle. Es wäre sein Schaden nicht. Der Köhler willigte ein. Bevor sie jedoch losgingen, umschritt der

Fremde noch dreimal den Meiler des Köhlers, damit dieser während ihrer Abwesenheit nicht verlösche.

Nachdem sie ein ganzes Stück im Walde gegangen waren, zog der Fremde ein Buch aus der Tasche und las darinnen. Da wurde es auf einmal Tag, und sie befanden sich auf einer großen Wiese, auf der lauter Johannisblumen standen. Der Fremde pflückte sich einen großen Strauß. Er sagte zu dem Köhler, daß auch er sich einen pflücken solle. Dieser pflückte sich jedoch nur wenige Blumen.

Wieder in der Köhlerhütte angekommen, sagte der Fremde zu dem Köhler, daß ihm in diesem Jahr noch drei Pferde sterben werden. Er solle aber gut auf das Sträußchen achten, das der Köhler bereits achtlos unter die Bank geworfen hatte. Dann könne er das Unglück bezwingen. Wenn die Pferde tot seien, solle er in die Stadt gehen, sich einen ehernen Topf kaufen und dafür geben, was die Händ-

lerin fordere. Dann müsse er sich $3/4$ Maß Braunbier kaufen, es in den Topf geben, das Sträußchen zerschneiden und den Topf in die glühenden Kohlen, die in der Köhlerhütte waren, eingraben. 48 Stunden müsse der Topf so stehen bleiben. Daraufhin solle er sich ein Loch roden und den Topf acht Tage in die Erde stellen. Wenn er ihn dann aufmache, werde er sein Glück schon sehen.

Wie der Fremde gesagt hatte, geschah es auch: Nach sechs Wochen ging dem Köhler ein Pferd kaputt und nach vierzehn Tagen wieder zwei. Daraufhin tat er alles, wie es ihm der Fremde gesagt hatte. Als er dann den Topf aufmachte, war so viel Gold darinnen, wie er Braunbier hineingegeben hatte. Er konnte sich so nicht nur seine Pferde wieder kaufen, sondern wurde schließlich noch ein wohlhabender Ackermann. [25]

Der Schlosser am Brocken

Ein Schlosser kam einst auf seiner Wanderschaft am Brokken vorbei. Dort begegneten ihm zwei Venetianer, die immer vor ihm hergingen. Doch plötzlich waren sie vor seinen Augen verschwunden. Drei viertel Stunden lang hat er sie gesucht, aber nicht wieder finden können. Am anderen Tag aber begegneten sie dem Schlosser wieder und sagten vor sich hin: »O, ihr lieben Harzer, daß ihr diese Steine nicht besser nutzt! Ihr werft häufig mit einem Stein nach einer Kuh, der mehr wert ist als die Kuh selbst!« Dann fragten sie den Schlosser, ob er mit ihnen mitkommen wolle. Auf seine Frage, wohin die Reise gehen solle, antworteten sie: »Nach Venetien!« Doch der Schlosser meinte, daß ihn seine Beine dahin nicht tragen würden. Die beiden Venetianer sagten daraufhin, daß sie schon etwas Besseres wüßten als laufen, er solle nur mitgehen. Der Schlosser ließ sich schließlich beschwatzen. Daraufhin schickten ihn die Venetianer nach Schnaps. Als er damit zurückkam, wurde er getrunken, und alle drei schliefen ein. Aber als sie aufwachten, waren sie statt im Harz in Venetien.

Nach einigen Jahren wurde aber dem Schlosser der Aufenthalt in Venetien zuwider, und er entschloß sich, wieder nach dem Harz zu wandern. Als er nun nach einem mehrjährigen Marsch in Schierke ankam, begab er sich ins Wirtshaus unter eine honette Gesellschaft. Auf einmal stand er auf und sagte: »Meine Herren, wenn ich keine Mittel finde, bin ich schon in einer Viertelstunde tot.« Den Wirt fragte er daraufhin, ob er ein Faß im Hause hätte, das luftdicht verschlossen wäre. Glücklicherweise hatte dieser eins. Der Schlosser schlug sofort den Boden aus dem Faß und kroch hinein, ließ aber den Boden sofort wieder luftdicht einsetzen. Nicht lange darauf kam eine Kugel angepfiffen. Diese rollte auf dem Fasse hin und her, bis sie sich matt gelaufen hatte. Da sprang der Schlosser heraus, nahm die Kugel, lud sie in das Gewehr des Wirts und schoß sie wieder nach Venetien. Dabei sagte er: »Du sollst mich nicht töten, du sollst mich nicht töten, du bist schon selbst in einer Viertelstunde tot!«

Dieses Ereignis machte von Schierke bis zum Oberharz die Runde. [25]

¶ Der Venediger als Steiger

In Clausthal gab es einmal einen Venediger, der zum Steiger gemacht worden war. Wenn die Leute nach Hause gehen wollten, ließ er sie sogleich gehen, denn er machte alle Arbeit für sie. Wegen seiner Nachsichtigkeit den Bergleuten gegenüber erhielt er viele Strafen. Er wollte deshalb auch nach Venedig zurück. Er entließ alle seine Leute bis auf den Anschläger. Diesen fragte er, ob er mit ihm ziehen wolle. Der bejahte es. Da stiegen sie miteinander ins Gesenk, wo die Tonnen hineingehen. Der Steiger besetzte sodann die ganzen Löcher so weit, daß beim Losgehen der Stolln zunichte gemacht werden mußte. Sein Zorn war so groß, daß er mit dem Stolln auch noch einen Bergmann, der da arbeitete, in die Luft sprengte, obwohl der Anschläger um dessen Leben bat.

Nachdem sie miteinander gefrühstückt hatten, wanderten sie immer in Felsen entlang. Dabei war überall der schönste Weg. Als sie lange genug gegangen waren, kamen sie ins Venedigerland, in einen schönen großen Garten bei des Steigers Haus. Dem Anschläger gefiel es da sehr gut. Als er sich aber eine Zeitlang dort aufgehalten hatte, fragte ihn der Steiger, ob er wieder einmal nach dem Harz wolle. Er sagte, das wolle er gern, nahm sein Grubenlicht, und dann gingen sie wieder immer in Felsen entlang. Weil aber in den Bergen alles eingestürzt war, konnte sich der Anschläger von der Stelle aus, wo sie gefrühstückt hatten, nicht mehr zurechtfinden. Der Steiger brachte ihn deshalb ganz aus den Felsen heraus. Dann ging er wieder nach dem Venedigerland zurück.

Als jedoch der Anschläger nach Clausthal kam, kannte ihn niemand mehr. Auch seine Frau und seine Kinder waren nicht mehr dort. Da wurde in den alten Büchern nachgeschlagen und darin stand, daß dieser Bergmann vor einigen hundert Jahren verschwunden war. Er selbst hatte aber geglaubt, nur einige Jahre im Venedigerland gewesen zu sein. [35]

Das verborgene Loch bei Ellrich

In der Nähe von Ellrich trat vor einigen Jahren ein Knecht unversehens in ein Loch, das mit Laub und Moos überworfen war. Da Stiegen wie zu einem Keller hineinführten, war er in das Loch hineingegangen. Unten nahm er weit hinten ein Licht wahr, dem er nachging. Schließlich hatte sich aber das Licht verloren, und den Knecht fing es an zu grausen.

Doch da bemerkte er hinter sich, dem Loche zu, wieder ein Licht. Bevor er jedoch zurückging, sah er Erz, das schon

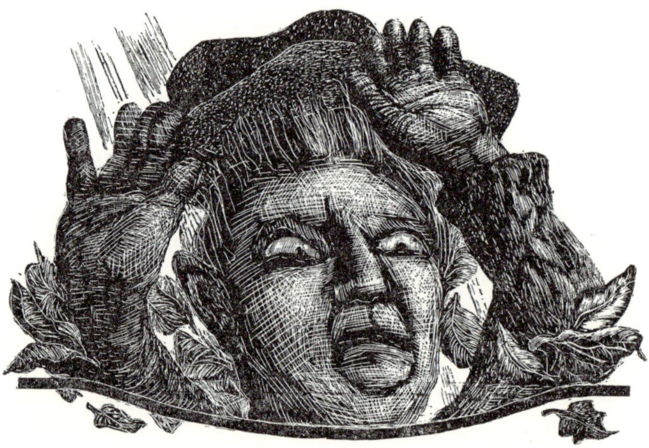

ausgehauen war. Davon hat er einen Hut voll mitgenommen und herausgebracht. Aber danach haben weder er noch andere das Loch wieder finden und aufsuchen können. [12]

❡ Das Kuxloch bei Dankerode

Im Schätteritzgrunde am Lottchen- oder Loddenbeck bei Dankerode befand sich eine Höhle, das Kuxloch genannt. Hier sollen Venetianer vorzeiten eine rotgelbe Farbe geholt haben. Die Kuxträger hat man öfter mit Säckchen auf dem Rücken durch Königerode kommen sehen. [18]

❡ Die Venetianer in der Schlucht am Goldkopf

Ein alter kluger Mann aus Wimmelburg, der es also wissen kann, erzählte: In früheren Zeiten kamen regelmäßig drei Venetianer zu der Schlucht am Goldkopf, deren Namen sich nicht gut niederschreiben läßt. Sie krochen in den Klippen umher und kehrten stets mit einem prallvollen Säckchen zurück. Was freilich der Inhalt war, verrieten die Fremden keinem Menschen. Sie sagten nur jedesmal, erfreut auf ihre Beutel klopfend: »So, nun haben wir wieder für ein Jahr genug.« [18]

❡ Die Reise auf dem Taschentuch

Früher sind einmal italienische Bergleute nach Großleinungen gekommen, die Gold suchen wollten. Dies hatte ein einheimischer Bergmann beobachtet, der zur Nachtschicht gehen wollte. Er schlenderte scheinbar absichtslos in der

Gegend umher. Da trat ein Fremder zu ihm und bat ihn, auf ein ausgebreitetes Taschentuch zu treten, das am Boden lag. Das tat der Großleinunger. Auf einmal erhob sich das Tuch mit ihm in die Luft und entführte ihn in ein Land, in dem alles von Gold war. Als es aber Tag wurde, befand sich der Bergmann wieder auf demselben Fleck, von dem er abgeflogen war. Von den Italienern war aber keine Spur mehr zu entdecken. [18]

Der Venedigerspiegel

Bei einem Mann in Grund kehrten alljährlich Leute aus Venedig ein. Diese ließen sich von ihm in die Berge führen. Dabei hatten sie immer einen Spiegel mit. Wenn sie in diesen schauten, konnten sie alles sehen, was in den Bergen war. Das wußte der Mann aus Grund und nahm ihnen einmal nachts heimlich den Spiegel weg. Da sah er, daß der Iberg bei Grund einen eisernen Kopf, einen silbernen Leib und einen eisernen Fuß hatte, und der schwamm auf dem Wasser.

Als die Venediger frühmorgens aufstanden, wußten sie schon, daß ihr Wirt ihnen den Spiegel fortgenommen hatte. Zur Rede gestellt, versuchte er zwar, dies zu leugnen. Aber es half nichts. Sie zwangen ihn sogleich, ihnen diesen wieder herauszugeben. Dann gingen sie fort und kamen nie wieder. Der Mann aber mußte wieder arbeiten, um sein kärgliches Brot zu verdienen. Dagegen hatte er früher von den Venedigern so viel bekommen, daß er vollauf zu leben hatte. [35]

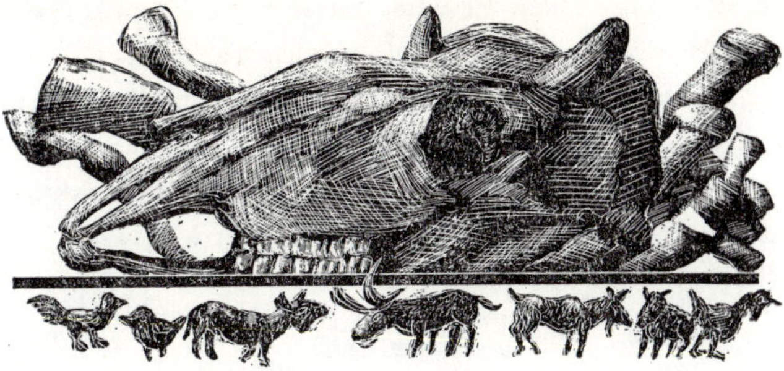

Bergleute suchen die Schatzstellen der Venediger auf

Die Harzer Bergleute waren auch nicht auf den Kopf gefallen. So achteten sie darauf, wohin die Venediger gingen. Vor langen Jahren wohnten drei Bergleute in Hahnenklee, bei denen von Zeit zu Zeit Venediger einkehrten. Aus ihrer Heimat brachten sie allerlei Arznei gegen die verschiedensten Krankheiten mit und verdienten reichlich an diesem Handel.

Die Bergleute merkten aber bald, daß es der Handel allein nicht war, der sie herzog, sondern der Bocksberg. Jedesmal wenn sie kamen, zogen sie Erkundungen ein, ob schon vor ihnen Landsleute hiergewesen und den Bocksberg besucht hätten. War das zufällig geschehen, wurden sie jedesmal recht verdrießlich. War jedoch noch keiner dagewesen, sahen sie immer stillvergnügt aus.

Als sie einst wieder da waren und bei mondheller Nacht nach dem Bocksberg aufbrachen, ging ihnen einer der Bergleute nach. Da sah er, daß sie an einer abgelegenen Stelle den Boden aufgruben und aus dem Loch Erde in ihre Beutel füllten. Der Bergmann hatte genug gesehen und genau die Stelle bezeichnet. Er eilte, damit er früher nach Hause kam als die Venediger. Am folgenden Tag reisten sie ab. Die Bergleute verabredeten sich, gleich an demselben Abend noch den Ort aufzusuchen. Sie wollten nachsehen, was es da zu holen gäbe. Sie freuten sich schon über den Reichtum, den sie finden würden. Als es aber so weit war, wollte der dritte nicht mit. Er sagte:

»Was mir wird zugedacht,
das wird mir in das Haus gebracht!«

Die beiden anderen Bergleute gingen deshalb allein an den bewußten Ort, suchten, fanden aber nichts. Sie wollten gerade aufhören und waren schon dabei, das Gezäh verdrießlich zusammenzunehmen, als der eine noch einmal derb auf die Erde schlug und rief: »Hier steckt etwas!« Wieder fingen sie an zu graben. Schließlich brachten sie ein Gerippe von einem Reh oder einer Ziege heraus. Trotz des Ärgers lachte aber doch der eine über den anderen. Da sagte der eine: »Unser Kamerad muß auch seinen Teil haben. Wir wollen ihm das Gerippe in das Haus bringen. Er ist angefahren, seine Frau liegt im Bett, die Türen sind offen. Da können wir's in die Stube legen.« Als es Nacht geworden war, brachten sie das Gerippe auch wirklich in die Stube ihres Kameraden und fuhren dann ein. Ihn selbst fanden sie noch auf dem Gedinge. Er hatte sich redlich gequält und seine Löcher tüchtig gehoben. Als sie ankamen, fragte er gleich: »Na, habt ihr eure Scheuern voll? Ich glaubte, ihr brauchtet nimmer einen Fäustel in die Hand zu nehmen.« »Ach«, antworteten sie, »laß deinen Spott! Wir hätten besser daran getan, wenn wir angefahren wären.«

Daraufhin arbeiteten sie bis zwölf, machten Schicht und gingen miteinander nach Hause. Als nun der dritte mit brennendem Licht in die Stube trat, war er ganz erstaunt. Ringsum im Zimmer standen auf Tischen, Fensterbänken und Kaminbrettern lauter prächtige Gestalten aus purem Gold und Silber, Hirsche, Rehe, Schweine, Kühe, Kälber, Ziegen und Vögel. Er konnte sich nicht satt sehen und nahm ein Ding nach dem anderen, wog es in der Hand und wunderte sich über die Schönheit und Schwere. Als er alles durchgemustert hatte, legte er sich zu Bett.

Am anderen Morgen entdeckte die Frau den Reichtum. Sie lief gleich in die Kammer und weckte ihren Mann. Sie fragte ihn, wo er all die schönen Sachen herhabe. Er antwortete: »Die hat mir ein Unbekannter ins Haus gebracht.« Dann legte er sich auf die andere Seite und schlief weiter. Die Frau verschloß und verriegelte alles und besorgte das Haus. Kaum war Frühstückszeit und der Mann aufgestanden, kamen die beiden anderen Bergleute und wollten sich ihr Bündel Schelte holen wegen des Schabernacks. Aber ihr Kamerad ging ihnen freundlich entgegen und sprach: »Kameraden, wie ich euch's gesagt habe, ist es geschehen. Mein Reichtum ist mir ins Haus gekommen. Tretet ein, ihr sollt euren Teil daran haben.«

Darauf zeigte er ihnen alle die Sachen. Sie wurden dabei stumm und starr. Er sagte: »Du, Kamerad, nimmst dies, du jenes und ich behalte das. Dann hat jeder so viel, daß er nicht mehr den Bohrer zu gerben braucht.« Die beiden freuten sich und fragten endlich, was er denn mit dem Gerippe gemacht habe. Er hörte aber gar nicht drauf, weil doch von einem Gerippe gar nichts zu sehen gewesen war. Er sagte nur: »Tut nichts, seht nur, wie ihr mit eurem Reichtum nach Hause kommt!«

Die beiden anderen brachten ihren Schatz kaum nach Hause, so schwer war er. Später verkauften die drei einige ihrer goldenen Tiere nach Goslar. Auch der Herzog von Braunschweig bekam davon. Die Bergleute aber wurden reiche Leute.

Von dieser Zeit an wurde niemals wieder ein Venediger auf dem Bocksberg gesehen. Die Schätze des Berges sind so lange verschlossen, bis hundert Jahre kein vierbeiniges Tier den Berg betritt. Das ist aber noch lange hin. [42]

Der Schneidemüller und die Venediger

Zwei Venediger kamen in Harzburg an ein kleines, am Holze liegendes Häuschen und baten um ein Nachtlager. Der Mann erlaubte ihnen zu bleiben, gab ihnen Abendbrot und führte sie am anderen Morgen nach dem Brocken. Dort deckte einer der beiden an einer Stelle den Rasen auf und holte aus einer darunter befindlichen Höhle eine nasse Masse heraus. Der andere pflückte unterdessen von gelben Blumen die Köpfe ab und entfachte schließlich ein Feuer. Daraufhin gaben sie die Masse und die Blumen in einen Tiegel und schmolzen beides. Der Mann bat sie auch um ein paar Stücke von dem Schmelzgut. Sie sagten aber, daß es für dieses Jahr zu spät sei. Aber aufs Jahr würden sie ihn wieder abholen. Dann solle er es ihnen sagen, bevor sie in die Grube stiegen. Daraufhin brachte er sie wieder nach Harzburg, und sie blieben die Nacht wieder in seiner Wohnung.

Abends war in seiner Stube eine Gesellschaft. Darunter befand sich auch ein Säge- oder Schneidemüller, der oben im Hause wohnte. Es wurden mehrere Geschichten und Märchen von Gespenstern erzählt. Da sagte der Sägemüller, daß er sich vor gar nichts fürchte. Der eine Venediger erwiderte darauf nur, daß er mit ihm in sein eigenes Wohnzimmer gehen solle. Wie er wisse, sei dort eine Fensterscheibe entzwei. Da würde etwas hereinkommen, vor dem er sich so gut fürchte, wie jeder andere Mann. Sie gingen beide hinauf. Der Venediger setzte den Sägemüller mitten in die Stube, und er selbst setzte sich vor den Tisch. Der Sägemüller sollte sich nicht rühren und nicht sprechen, sondern nur auf die Fensterscheibe achten. Der Venediger fing nun an zu lesen. Bald kam eine Art Schlangenkopf zum Fenster herein, wurde immer länger und ging gerade auf den Schneidemüller los. Der Venediger las so lange, bis der Schlangenkopf ungefähr noch einen halben Fuß vom Gesicht des Schneidemüllers entfernt war. Da wollte dieser fast in Ohnmacht fallen. Der Venediger aber las die Schlange wieder zurück. Als sie ganz fort war, fragte er den Schneidemüller, ob er nun immer noch sage, daß er keine Furcht hätte. Dieser erwiderte, daß er in seinem Leben nicht wieder so reden wolle. Darauf der Venediger: Am wenigsten solle er es tun, wenn er in Gesellschaft fremder Menschen sei, denn er wisse dann nicht, was der eine oder andere könne. [25]

Der Schlangenzauber

Zu einem armen Fuhrmann in Harzgerode kam einstmals ein Slovake. Dieser schenkte den Kindern blinkende Näpfchen und Töpfchen und der Frau eine blitzblanke Kasserolle. Dafür lud ihn die Frau ein, in die Stube zu treten, sich auszuruhen und das Mittagessen mit ihnen zu teilen. Der Mausefallenhändler war darüber sehr erfreut. Während des Essens fragte er die Frau, ob sie wohl einmal mit ihm auf die Burg Anhalt ginge, er wolle gern sehen, was davon noch stünde. Die Frau verneinte, weil sie dazu keine Zeit hätte. Aber ihr Mann, der Lohnfuhren tätige, wenn auf dem Acker nichts zu tun sei, könne mitgehen.

Daraufhin ging der Fremde fort und sagte, daß er am anderen Tage wiederkommen werde. Der Fuhrmann aber kam an diesem Tage sehr spät nach Hause. Dabei erzählte er seiner Frau soviel Neuigkeiten, daß diese vergaß, den Slovaken zu erwähnen. Doch in der Nacht wachte der Fuhrmann auf und sah zwei Mausefallenhändler vor seinem Bett stehen. Sie hießen ihn aufstehen und sich nicht zu weigern, sonst erginge es ihm schlimm. Lumme, so hieß der Fuhrmann, wagte nicht zu widersprechen, zog sich voller Angst an und ging mit.

»Es soll dein Schaden nicht sein«, sagten die Männer. »Führe uns zu der Lehmgrube, von welcher du heute Lehm geholt hast!« Also stiegen die drei Männer stillschweigend hinauf zu der Burg. In der Nähe der Lehmgrube stand ein Eschenbaum, darunter ein Dreifuß mit einer Pfanne. Die Männer sammelten Reisig und zündeten ein Feuer an. Dann holte der eine von ihnen ein Ei aus seiner Tasche. Er öffnete es und zog einen langen Papierstreifen daraus hervor. Auf dem Papier sah Lumme eine Menge seltsamer Buchstaben und Zeichen, ganz andere, als er schreiben konnte. Mit diesem Papierstreifen bildete der fremde Mann einen Kreis um alle drei. Dann fingen die beiden Fremden an, in einer ihm unbekannten Sprache in den Wald hinein zu rufen. Da ringelte sich mit einem Male eine große Schlange in den Kreis hinein. Der Harzgeröder fürchtete sich zuerst. Aber lange sollte seine Furcht nicht währen, denn der eine Slovake ergriff die Schlange, schlachtete sie, schnitt sie in drei Teile und briet sie mit Butter in der Pfanne.

Die beiden Fremden aßen jeder ein Stück. Aber Lumme bedankte sich für seinen Teil – das wäre nichts für ihn. Er würde lieber Klunz und Pflaumen essen. Die Männer bedauerten, so etwas nicht zu haben. Da er sich aber geweigert habe, von der Schlange zu essen, dürfe er auch nicht mit in die Lehmgrube. Das war aber Lumme gerade recht, denn es war ihm schon längst unheimlich zumute.

Der eine Fremde pochte nun dreimal auf den Fußboden. Daraufhin tat sich eine Höhle auf, in der man Gold und Silber liegen sah. Die Slovaken gingen hinein, packten sich alle Taschen voll und nahmen auch für den Harzgeröder zwei Hände voll mit. Dies gaben sie ihm. Doch verabreichte ihm jeder auch noch eine Maulschelle, daß ihm der Kopf brummte und sich alles um ihn herum drehte.

Früh erwachte der Fuhrmann in seinem Bett. Aber er wußte nicht, wie er hineingekommen war. Zuerst dachte er, er hätte alles nur geträumt. Aber er lag ja im vollen Anzug im Bett, und in zwei Taschen hatte er je eine Handvoll Gold. [7]

Die Schatzgräber von Harzgerode

Zwei Waldarbeiter waren im Walde bei Harzgerode beschäftigt. Beide waren arm und klagten einander ihre Not. Viele Kinder, Krankheit und schlechte Zeiten waren schuld, daß sie nicht vom Fleck kamen.

Wie aus der Erde gewachsen, stand plötzlich vor ihnen ein Mann mit schwarzen zottigen Haaren, braunem Gesicht und stechenden dunklen Augen. »Ihr Harzleute seid ein dummes Volk«, sagte er polternd. »Ihr habt mehr Gold und Silber unter euch, als andere im Geldsack. Ihr sucht nur nicht.«

»O ho, nicht suchen!« riefen beide wie aus einem Mund. »Zeigt uns nur, wo was zu suchen ist – wir wollen schon da sein!«

»Topp!« erwiderte der Fremde und gab den beiden Waldarbeitern die Hand. »Ich bin heute abend um elf Uhr hier am Platze. Ich kenn alle Stellen, wo Gold in der Erde steckt. Sprechen dürft ihr aber kein Wort, wenn ihr den Schatz heben wollt!«

Im Walde war es grausig und schaurig, als die beiden Waldarbeiter zu dem vereinbarten Treff gingen. Der Fremde stand auch schon da. Er hatte einen Mantel um die langschlottrige Gestalt geschlagen, trug in der Hand eine Laterne und winkte den Männern, ihm zu folgen. Auf einer Wiese machte er Halt, zog einen Kreis mit einer Radehacke und bedeutete den Arbeitern, hier zu graben. Seltsame Zeichen schrieb der Fremde in die Luft und mahnte die Männer immer mehr zur Eile. Da stieß plötzlich ein Spaten auf

Metall. Fast hätten die beiden Männer aufgeschrien vor Überraschung.

Der Mond trat hinter den Wolken hervor, und grelles Licht verbreitete sich über die Wiese. Ein heftiger Sturm fegte ihnen von dem gelockerten Erdreich ins Gesicht. Unheimliche Gestalten erschienen auf der Wiese, die Pfähle in die Erde rammten und einen Galgen bauten. Dabei sprangen sie wild umher und sangen schauerliche Grabeslieder. Die Männer schauten sich erschrocken an. Der Schatz lag vor ihnen; Gold und Silber blitzte ihnen entgegen. Aber das, was sie ringsum sahen und hörten, war doch so entsetzlich und häßlich, daß sie am liebsten davongelaufen wären. Der Fremde hielt sie jedoch fest und bedeutete ihnen durch Zeichen, daß sie sich nicht an den Geistern kehren sollten. Diese aber trieben es immer ärger und berieten, welchen der beiden Schatzgräber sie an den Galgen hängen sollten. Da wurde es dem einen Arbeiter aber doch zu bunt. Laut schrie er: »Hängt doch, wen ihr wollt, aber nicht uns!« Doch so wie ihm das Wort entschlüpft war, war auch der Schatz versunken. Der Schwätzer bekam eine schallende Ohrfeige, aber dann war alles ruhig.

Seitdem hat niemand mehr an der Stelle nach Schätzen gesucht. Der ganze Reichtum an Gold und Silber liegt noch im Wiesengrund und wartet eines glücklichen, aber schweigsamen Sonntagskindes. [7]

Der Lautenthaler Bergmann in Venedig

Vorzeiten lebte in Lautenthal ein armer Bergmann, der Frau und acht Kinder hatte. Er quälte sich schwer um das tägliche Brot, schämte sich keiner Arbeit, war fleißig und

ruhte nicht Tag noch Nacht, um etwas zu verdienen. Schlechtigkeit mußte ihm aber vom Leibe bleiben. Wenn er auch mit Frau und Kindern hungern mußte, etwas Unrechtes tat er deshalb doch nicht.

Im Frühjahr holte er einstmals Schilf in einem Waldteich. Als er sich zwei tüchtige Bunde zurecht gemacht hatte, wurde er müde und legte sich hin. Es war gerade ein recht heißer Tag, und im Schatten der hohen Bäume schlummerte es sich so herrlich. Wie lange er geschlafen hatte, wußte er nicht. Er wachte erst wieder auf, als er von einem Mann geweckt wurde, der recht freundlich vor ihm stand und ihn fragte, wie es ihm gehe. Der Bergmann wollte erst nicht so recht mit der Sprache heraus. Der Fremde wurde aber immer zutraulicher. Schließlich wurde auch der Bergmann munterer und erzählte, daß er große Not leide, denn er müsse für acht Kinder Brot schaffen und dazu die schlimme Zeit, wenig zu verdienen. Der Fremde sagte: »Wenn du mir vertrauen willst, so kann ich dir helfen, und du bist ein für allemal aller Sorgen ledig.« Der Bergmann antwortete, daß er ja gern alles tun wolle, wenn er aus seiner Not herauskommen könne; nur dürfe er nichts Unrechtes von ihm verlangen. »Nein«, sagte der Fremde, »das verlange ich nicht von dir. Du vertraust mir also unbedingt?« »Ja, von Herzen gern, wenn ihr es gut mit mir meint!« »Das versteht sich von selbst. So lege dich nur wieder hin und schlafe! Dann wirst du sehen, wie's kommt.«

Der Bergmann, der noch sehr müde war, schlief wieder ein. Wie lange er diesmal geschlafen hatte, wußte er wieder nicht. Aber als er erwachte, lag er in einem feinen Bett aus Samt und Seide. In der Stube standen an den Wänden die schönsten Gerätschaften; Kommoden, Tische, Stühle, Sofas von blankem Gold und mit Samt überzogen. Die hübschesten Spiegel hingen an den Wänden in Goldrahmen, auch große schöne Bilder. An der Tür standen zwei Diener in Kleidern, die vor Gold und Silber starrten. Die Diener hatten gewartet, bis der Bergmann aufwachte. Als er seine Augen aufgeschlagen hatte und sich über die Pracht und über alles, was er sah, wunderte, traten die Diener ans Bett und fragten, ob der Herr auch gut geschlafen habe. »O ja«, antwortete der Bergmann, »aber, meine Herren, wo bin ich denn?« »In Venedig«, sagte der eine Diener recht ehrfurchtsvoll. »In Venedig? Aber wie komme ich denn dorthin?« »Das wird der Herr schon wissen und erfahren«, sagte der andere Diener. »Dürfen wir beim Aufstehen helfen?« »Ach«, antwortete der Bergmann, »das bin ich nicht gewöhnt; ich kann allein aufstehen.«

Er stieg aus dem Bett und wollte sein Zeug anziehen. Das aber war fort, und die Diener zogen ihm andere Kleider an, viel schönere, und putzten ihn ordentlich heraus, so daß er wie ein vornehmer Herr aussah. Auch hatte er sich in einem silbernen Waschbecken waschen müssen. Der Diener reichte ihm in einem kristallenen Krug Mundwasser, alles aufs feinste und beste. Der Bergmann wunderte sich in einem fort und schüttelte mit dem Kopfe. Er wußte gar nicht, ob denn das alles Wirklichkeit war oder ob er nur träume. Doch da fragten schon wieder die zwei Diener, womit sie aufwarten könnten. »Ach«, sagte der Bergmann, »ich habe Hunger und möchte gern etwas essen!« Gleich gingen die Diener fort, und es dauerte nicht lange, da brachten sie ihm ein feines Frühstück und trugen auf, daß der Tisch knackte. »Na«, dachte der Bergmann, »wenn du ißt, trinkst und satt wirst, ist es kein Traum!« Er setzte sich hin, aß und trank, bis er nicht mehr konnte; es schmeckte auch alles gar so gut. Der Braten, das schöne weiße Brot und dazu der starke, feurige Wein – so feine Sachen hatte er in seinem Leben auch noch nie gegessen und getrunken. Nun wurde er dreister und fragte die Diener, wo denn ihr Herr stecke und wer das sei.

Eben wollten ihm die Diener antworten, da kam auch schon der Herr zur Tür herein – und da war es eben jener freundliche und liebreiche Herr, den der Bergmann bei Lautenthal gesehen und gesprochen hatte. Dieser kam auf ihn zu, reichte ihm die Hand und fragte: »Na, wie gefällt dir's hier?« »Oh«, sagte der Bergmann, »wem sollte es hier nicht gefallen? Aber meine armen Kinder und meine gute Frau! Eine Bitte hätte ich: Sagt mir, wie bin ich hierhergekommen, und was habt ihr mit mir im Willen?« »Ich will dich beglücken«, sprach der Herr, »wenn du mir vertraust. Doch ich will dir gleich beweisen, daß ich dich schon lange gekannt habe, daß ich von deiner Vergangenheit und von deiner Zukunft weiß. Tritt vor diesen Spiegel, darinnen wirst du sehen, wie es dir ergangen ist.«

Als der Bergmann vor dem Spiegel stand, sah er, wie er seine Frau fragte, ob sie ihn heiraten wolle; dann, wie er mit ihr Hochzeit feierte und noch so manches, was er schon längst vergessen hatte, woran er aber gleich wieder dachte und was ihm auch sofort wieder einfiel. Vor Verwunderung konnte er kein Wort sprechen. Da führte ih[illegible]er Herr zum zweiten Spiegel. Da sah der Bergmann, wie [illegible]e Frau und seine Kinder zu Hause weinten, jamme[illegible] um ihn wehklagten, weil sie meinten, er sei t[illegible] machte den Vater weichherzig, und die Tränen li[illegible] ihm über die Wangen. Zuletzt mußte er noch vor einen dritten Spiegel treten. Hier sah er, wie er mit seiner Familie in großem Wohlstand lebte, dann aber auch, wie er durch seine Habsucht in Armut zurücksank. »Sieh«, sagte der Venediger, »das letztere wird nicht geschehen, wenn du mir folgen willst.« »Ach, ich will ja alles tun, was ihr mir sagt«, sprach der Bergmann, »sagt nur, was ich tun soll!« »Willst du noch länger hier bleiben, so steht es dir frei. Willst du aber wieder nach Hause, so kann auch das geschehen«, sprach der Herr. »Ach ja«, antwortete der Bergmann, »ich will den Meinigen zu Hilfe kommen. Ich kann das Elend nicht so lange ansehen, in dem sie sich befinden. Sagt nur, teurer Gönner, wie ich helfen kann.« Darauf erhielt er von dem Venediger zur Antwort: »Wenn du nach Hause kommst, so grabe unter dem Baum, der in deinem Garten steht, ein Loch, zwei Fuß tief. Das mußt du zwischen elf und zwölf Uhr nachts tun. Dann wirst du darinnen gelbe Erde finden. Davon drücke dir jedesmal zwei Kugeln, so groß, daß du sie mit beiden Händen umspannen kannst, trage sie nach Goslar und verkaufe sie an den Goldschmied. Du darfst aber in jeder Woche nicht mehr als zweimal Kugeln machen und verkaufen. Machst und verkaufst du mehr, so wird es dein Unglück sein. Siehe, hier will ich dir auch noch etwas anderes geben, das dir gleich auf die Beine helfen wird. Hier habe ich eine Erdart und hier mehrere Flüssigkeiten.

Wenn ich davon etwas – nur ein paar Tropfen – auf die Erde gieße und dann in der Hand Kügelchen daraus drehe, so entstehen die schönsten Edelsteine.«

Er probierte es und gab die so gemachten Edelsteine, die wie die [illegible] leuchteten, dem Bergmann zum Andenken. Dazu sagte er: »Wenn du nach Goslar kommst, bekommst du schweres Geld dafür.« Der Bergmann bedankte sich aufs herzlichste, wickelte sie sorgfältig ein und steckte sie in seine Tasche.

»Nun«, sprach der Venediger, »komm und laß uns auch ein wenig spazierengehen. Du mußte doch sehen, wie es in Venedig ist!« Des Abends spät kamen sie erst wieder nach Hause, und der Bergmann wußte gar nicht mehr, was er an Schönem und Herrlichem alles gesehen hatte. Der Herr wünschte ihm eine gute Nacht. Die Diener waren dem Bergmann beim Ausziehen behilflich. Er mußte sich abermals in das schöne Bett legen. Vor übergroßer Müdigkeit schlief er auch gleich wieder ein.

Als er am anderen Tag aufwachte, lag er wieder unter der Tanne. Er meinte zunächst, er habe geträumt. Daher griff er in die Tasche, da waren aber die beiden Edelsteine darinnen, die ihm der Venediger geschenkt hatte. Nun begab sich der Bergmann gleich nach Goslar, verkaufte sie und bekam schweres Geld dafür. Als er wieder nach Hause kam, stürzten ihm Frau und Kinder vor Freude entgegen und hingen sich ihm um den Hals, an die Hände und an die Beine, so daß er vorerst gar nicht zu Wort kommen konnte. Dann aber ging's ans Fragen, ob er auch Geld mitgebracht hätte, denn sie waren alle sehr hungrig. Dann wurde gleich fortgeschickt, Fleisch und Brot gekauft, und das erste Mal nach langer Zeit konnten sich Frau und Kinder wieder richtig sattessen.

In der Nacht ging der Bergmann zwischen elf und zwölf Uhr in den Garten und fand alles so, wie es der Venediger gesagt hatte. Viele Jahre war der Bergmann folgsam und genügsam, und er wurde ein reicher Mann. Doch am Ende fuhr ihm der Geizteufel in den Kopf: Der Bergmann machte in einer Woche dreimal Kugeln und brachte sie nach Goslar. Als er mit voller Tasche zurückkam, wurde er müde. Ob er wollte oder nicht, er mußte sich unter eine Tanne legen und schlief ein. Nach einiger Zeit erschien ihm der Venediger, weckte ihn auf und sprach: »Siehst du, jetzt wirst du wieder so arm werden, wie du früher gewesen bist. Das hast du von deiner Habgier!« Damit verschwand er.

Und so, wie es der Venediger gesagt und wie es der Bergmann im Spiegel gesehen hatte, kam es auch. Unaufhaltsam verschwand sein Reichtum. Neue Kugeln konnte der Bergmann aber auch nicht mehr machen, denn die gelbe Erde war plötzlich verschwunden. Er konnte graben, so viel er wollte. Er mußte am Ende noch verhungern. [35]

Der Venediger als Bergmann

Manchmal gingen die Venediger auch als Bergleute. In Lautenthal war ein solcher, der immer mit einem einheimischen Bergmann zusammen arbeitete. Als der Venediger abging, gab er seinem Kameraden einen kleinen Stein. Solange er diesen in der Tasche hatte, brauchte er nicht zu arbeiten, sondern das Gebirge lag schon immer losgehauen vor ihm.

Als jedoch einmal der Kittel des Bergmanns gewaschen wurde, ging der Stein verloren. Da mußte auch er wieder arbeiten. [46]

Das Hufeisen am Tor

Die Republik Venedig unterhielt in früheren Zeiten mit dem Grafen Busso von Mansfeld einen für sie sehr vorteilhaften Kupferhandel. Als der Graf einmal nach Venedig kam, schenkte ihm die Obrigkeit der Stadt aus Dankbarkeit nicht nur eine stattliche Rüstung, sondern auch einen schönen Hengst mit goldenem Sattelzeug und silbernem Hufbeschlag, der wiederum mit goldenen Nägeln befestigt war.

Auf seiner Heimreise kam Graf Busso auch nach Artern. Als er durch das Altstädter Tor ritt, verlor sein Pferd ein Hufeisen. Als Wahrzeichen dafür hing noch im achtzehnten Jahrhundert ein Hufeisen am Altstädter Tor, und auch am Torpfeiler konnte man ein Hufeisen eingehauen sehen. [14]

Der Meisdorfer Förster in Venedig

Der Förster von Meisdorf ging eines Tages den Kirchberg hinan, der sich hart an der Selke hinzieht. Da sah er unter einer Eiche zwei unbekannte Männer in grünen Kitteln sitzen und frühstücken. »Gott zum Gruß und wohl bekomm's!« grüßte er sie, als er an sie herankam. »Großen Dank!« erwiderten sie freundlich. »Wollt ihr unser Gast sein, Jägersmann«, fuhr dann einer von ihnen fort, »so kommt und setzt euch!« Gern folgte jener der Einladung und ließ sich Speise und Trank bei den Fremden gut schmekken. Dabei erzählte er ihnen anfangs gar viel, aber bald wurde seine Zunge schwerer, leise sank er zurück in das Waldmoos und schlief ein.

Als er die Augen wieder aufmachte, sah er sich erstaunt um, denn er befand sich in einer wildfremden Gegend. Da

niemand in der Nähe war, den er hätte fragen können, schritt er der großen, prächtigen Stadt zu, die er ganz in der Nähe vor sich sah. Hier erfuhr er dann, daß er sich in Venedig befand. Wie bist du hierher gekommen? Was willst du hier beginnen? Wie wirst du wieder in den Harz kommen? Diese Fragen schwirrten ihm im Kopfe herum, so daß er kaum ein Auge hatte für die herrlichen Paläste, die glänzenden Kaufläden, die Menge der Schiffe und das bunte Gewimmel am Hafen.

Da hörte er sich plötzlich beim Namen rufen. Als er erstaunt aufschaute, sah er im offenen Fenster eines der schönsten Paläste einen vornehmen Herrn, der ihm lächelnd zuwinkte und bedeutete einzutreten. Eiligst kam dieser dann die breite Treppe herunter, hieß den Förster, der vor Überraschung kein Wort zu sagen wußte, herzlich willkommen und führte ihn in sein Zimmer. »Ihr kennt mich wohl nicht?« fragte er hier scherzend. »Ich wüßte nicht, Herr, daß ich euch je gesehen hätte«, antwortete der Förster. Da ging der Unbekannte hinaus und kehrte gleich darauf im grünen

Kittel wieder. Nun sah der Förster: Das war ja einer von den Fremden, mit denen er unter der Eiche im Selketal gefrühstückt hatte.

Er wurde nun aufs beste bewirtet, und sein gefälliger Wirt führte ihn im ganzen Palaste umher und zeigte ihm all seine Kostbarkeiten und Schätze. »Seht«, sagte er, »all diesen Reichtum verdanke ich eurem Selketal und seinem Golde. Und auf gleiche Weise ist auch mein Freund, den ihr kennt, reich geworden.« Am Abend kam auch dieser, um ihn zu begrüßen. Aber trotz aller Liebenswürdigkeit der beiden Venediger ergriff das Heimweh den Förster immer mächtiger. Da führten ihn die beiden am anderen Morgen auf eine Anhöhe vor der Stadt und setzten sich dort mit dem Förster zum Frühstück nieder. Und da erging's ihm wie am Tage zuvor: Er wurde müde und schlief ein. Doch als er erwachte, lag er zu seiner großen Freude wieder unter der Eiche auf dem Kirchberg im Selketal. [15]

Venediger lehren einen Jungen ihre Kunst

Beim Oderhaus, welches eine Stunde vom Andreasberg entfernt liegt, haben einmal zwei Venediger einen kleinen Jungen angetroffen, den sie mit nach Venedig nahmen. Sie haben ihn bei sich behalten, bis er vierzehn Jahre alt war.

Als er danach eines Morgens aufwachte, war er mit den Venedigern wieder im Odertal. Da haben ihn die Venediger in den Berg geführt, ihm die dort befindlichen Schätze gezeigt und die Kunst beigebracht, der Schätze Herr zu werden. Danach haben ihn die Venediger mit einem Glückwunsch entlassen. Von den Schätzen hat sich der Junge in seinem späteren Leben vollkommen unterhalten können.

Die Venediger jedoch sind anschließend in diesem Berg bis zu dem kleinen Brocken, der 2¾ Stunden vom Oderhaus entfernt liegt, vorgedrungen. Dort sind sie zu einer Tür, die aus Stein gewesen ist, herausgekommen. [25]

Die Reise nach Venedig

Im Morgenbrotstal am Brocken sah ein Mann, der in der Nähe wohnte, wie ein Venediger an einer Quelle ein Sieb unter das Wasser hielt und dann Perlen aus dem Sieb in einen Ranzen tat. Dabei fielen mehrere Perlen auf die Erde, ohne daß der Venediger sie beachtete. Der fremde Mann wusch sich dann die Hände und sprach dabei: »Im Morgenbrotstal, da wasch' ich mich, und in Venedig, da drög' (trockne) ich mich.« Danach verschwand der Fremde.

Der Harzer las die verschütteten Perlen auf und sagte dann auch den Spruch, den er von dem Fremden gehört hatte. Kaum war dies aber geschehen, da sah sich der Harzer in einer fremden Stadt, die von vielen Wasserstraßen durchzogen war und in der er sich nicht zurechtfinden konnte. Als er nun nicht wußte, wohin er sich wenden sollte, stand vor ihm ein Mann und fragte ihn, wie es denn zugehe, daß er hierhergekommen sei. Weiter fragte er, ob er ihn denn nicht erkenne. Schließlich sagte er, daß er der Venediger sei, den der Harzer im Morgenbrotstal getroffen und belauscht habe.

Der Venediger nahm den Harzer mit in seine Wohnung und wies ihm ein Nachtlager an. Am anderen Morgen mußte der Harzer sagen: »In Venedigen, da wasch' ich mich, und im Morgenbrotstal, da drög' ich mich.« Als er dies gesagt hatte, befand er sich wieder im Morgenbrotstal.

Freudig eilte der Harzer nach Hause. Dort aber erfuhr er zu seinem Schreck, daß er nicht nur eine Nacht, sondern viele Jahre von seiner Heimat fort war. [56]

Die belauschten Venetianer

Bei dem Dorfe Rothenschirmbach unfern von Eisleben liegt ein Berg, welcher die Pfanne heißt. Zu diesem Berge kamen alle Jahre in der Mariennacht drei Venetianer und sprachen ein bestimmtes Wort. Daraufhin tat sich der Berg auf, und man sah unermeßliche Schätze darinnen brennen. Von diesen nahmen sie jedesmal so viel, wie sie wollten. Dann sprachen sie das Wort noch einmal, und der Berg schloß sich wieder.

Ein Bauer war einst auf eine Eiche dicht am Berge geklettert, um sich einen Stecken abzuschneiden, als die drei Venetianer kamen. Er sah und hörte alles und merkte sich das Wort gut. Im folgenden Jahr ging er in der Mariennacht zur Pfanne und sprach das Wort aus. Da tat sich auch vor ihm der Berg auf. Er nahm sich von den Schätzen und kehrte mehrere Jahre hindurch immer wieder, bis ihn einst die Venetianer ertappten. Weil sie ihn zu töten drohten, schwor er, daß er noch keinem Menschen das Wort verraten habe, es keinem je verraten werde und es auch selbst nie wieder aussprechen wolle.

Der Bauer hielt sich auch getreulich an den Schwur. So erfuhren die Bauern der Umgegend nie das Wort und konnten sich nichts von den Reichtümern aus dem Berg holen. Sie blieben arm, während die Venetianer von den Schätzen der Pfanne immer reicher wurden. [18]

Das Diebesloch bei Rottleberode

Durch das Diebesloch bei Rottleberode floß ein Bach, aus dem man Gold schöpfen konnte. Von der Höhle aus führten Gänge in den Berg, aus denen unbekannte Fremdlinge und zuweilen auch Ortsansässige Goldkörner herausholten. Aber einmal haben die Fremdlinge die Spalten, die zu den Gängen führten, verstopft, so daß sie niemand wiederfinden konnte. [46]

Der Förster und die Venediger

Ein Förster aus Scharzfeld ging einst am Johannistag in den Wald. Da sah er in einem jungen Gehege drei fremdartig gekleidete Gestalten, einen alten Mann und zwei stattliche junge Männer. Diese wühlten mit allerlei Werkzeugen die Erde auf und beschädigten seine Pflänzlinge. Der Förster wollte sie hart anfahren. Aber die Fremden sahen ihn so freundlich an, daß sein Zorn verrauchte. Darum sagte er nur: »Seht ihr denn nicht, ihr Herren, daß ihr den ganzen Anwuchs zertretet und mir meine Bäumchen verderbt?« Einer von ihnen antwortete: »Wir wollen schon gern allen Schaden ersetzen, wenn ihr uns hier graben laßt. Wir kommen aus Venedig, und hier in der Schonung liegen Steine, die wir sonst nirgends finden. Um sie zu holen, sind wir so weit hergekommen.« Die Höflichkeit der Fremden nahm den Förster ganz ein, und er ließ sie ohne jedes Entgeld graben.

Jahrelang, allemal am Johannistag, traf er die Männer seitdem in der Schonung. Eines Sommers aber waren sie an dem bestimmten Tag nicht da. »Sie werden schon noch kommen«, dachte der Förster. Er legte sich unter einen Baum

und war auch bald eingeschlafen. Als er aufwachte, guckte er sich erstaunt um. Immer wieder rieb er sich die Augen, aber er fand sich nicht zurecht. Das war doch nicht sein Wald und die Gegend von Scharzfeld, wo er sich befand. So einen Garten, solche Bäume und so ein Schloß, das da von weitem blinkte, hatte er in seinem Leben noch nicht gesehen. Er bekreuzigte sich, betete ein Vaterunser nach dem anderen, aber es half alles nichts – er blieb, wo er war.

Auf einmal tat sich das goldene Gartentor auf. Ein Mohr kam heraus und führte den erstaunten Förster geradewegs in das Schloß. In einem großen Saal mußte er warten. In diesem standen lebensgroße Tiere aus purem Gold. Diese waren so seltsam und naturgetreu, daß darüber der Förster all die übrige Pracht vergaß. »Willkommen in Venetia!« rief's da hinter ihm. Als er sich herumdrehte, betraten die drei Gesteinssucher aus dem Scharzfelder Wald den Saal. Diese begrüßten ihn freundlich und fragten ihn, welches von den goldenen Tieren ihm wohl am besten gefalle. Dem Förster fiel die Wahl nicht schwer, denn der goldene Hirsch hatte es ihm gleich angetan. »Ja, da staunt ihr«, sagten seine Bekannten. »Seht euch nur um. All den Reichtum haben wir zum großen Teil aus eurer Schonung. Das Gestein war voll Gold, und ihr guten Harzer habt es nicht gewußt. Aber danken wollen wir euch doch, darum haben wir euch hergewünscht. Laßt es euch bei uns wohl sein!« Das ließ sich der Förster nicht zweimal sagen. Er langte beim Mahl wacker zu und verachtete auch den Wein nicht. Müde legte er sich spät in der Nacht in ein kostbares Bett. Morgen wollte er seine Freunde fragen, wie er denn überhaupt hierhergekommen sei – das waren seine Gedanken beim Einschlafen.

»Was einer doch für närrisches Zeug träumen kann«, rief der Förster beim Aufwachen. Lag er doch unter der Buche im Scharzfelder Wald. Aber was war denn das? Da stand ja der goldene Hirsch, den er sich gewünscht hatte, neben ihm und schaute ihn mit seinen Diamantaugen an, als wäre er lebendig. So hatte er doch nicht nur geträumt.

Als er nach Hause kam, fiel ihm seine Frau um den Hals. Da erfuhr er, daß er lange Zeit fortgewesen war und niemand sagen konnte, wo er war. Er erzählte sein Abenteuer, und viele Leute kamen herbei, um den goldenen Hirsch zu sehen. Auch der Fürst hörte davon. Nach langem Reden hat er daraufhin dem Förster den Hirsch abgekauft. In dem Kunstkabinett kann man ihn noch sehen, wenn er nicht unterdessen abhanden gekommen ist. [46]

Der Mönchsstein bei Schierke

Neben anderen Orten scheint Schierke viel von Walen aufgesucht worden zu sein. Da die Kleidung dieser Fremden schwarz war, wurden sie vielfach für Mönche gehalten. Oft ähnelte auch das Bild eines Walen, das diese Fremden teilweise in Steine zur Kennzeichnung von Fundorten einmeißelten, einem Mönch. Von einem solchen Bild hat auch der Mönchsstein im Mönchsbruch bei Schierke seinen Namen erhalten. [48]

Der Venezianer und der Oberförster

Der ehemalige Oberförster Brunnengräber aus Schierke pflegte gern folgendes Abenteuer zu erzählen:

»Ich stellte mich eines Abends am Brocken an, um einen Hirsch zu schießen. Da wuchs einige Schritte von mir entfernt ein schwarzer Kopf gleichsam aus der Erde hervor. Bald danach kam auch ein Mann zum Vorschein, der sich mit einem angefüllten Quersack heraushob und sodann das Loch mit einem Stein wieder sorgfältig bedeckte. Da trat ich aus dem Dickicht hervor und ihm entgegen; denn ich hielt ihn für einen Wilddieb. Zwar setzte er sich anfangs mit einem langen Messer zur Wehr, aber meine Büchse brachte ihn bald zur Vernunft, und er mußte – wohl oder übel – mit mir nach Schierke hinunterwandern. Der Kerl verstand kein Deutsch, denn es war einer von den überall herumziehenden Venezianern, die uns das Gold und das Silber aus dem Lande schleppen. Während ich ihn in meinem Haus einstweilen gefangenhielt und ihm die Zeit lang werden mochte – oder er mich damit vielleicht auch vertrauensselig machen wollte –, schrieb er ein Rezept, das ich in die Apotheke schickte. Dort erhielt ich darauf ein weißes Pulver. Mit diesem machte der Venezianer sein Kunststück. Als er nämlich dieses mit dem gelben Letten, den er in seinem Quersack davontragen wollte, mittels des großen

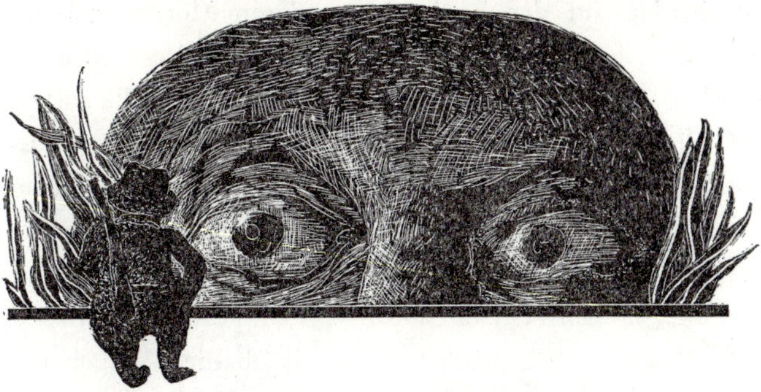

Messers eine Weile umrührte, verwandelte sich der Letten fast ganz in Silber. Jede Schmelzung in einem gewöhnlichen Goldschmiedstiegel gab – soll mich der Kuckuck holen! – eine feine Mark. Natürlich bewachte ich nun meinen hübschen Venezianer noch sorgfältiger als zuvor. Aber der Kunde war mir zu schlau, und eines Nachts ging er mir durch die Lappen. Zwar machte ich später noch manchen Versuch, um aus der gelben Erde Silber zu scheiden, aber es wollte mir nicht gelingen.«

Dabei pflegte der alte Oberförster immer einen Suppenlöffel vorzuzeigen, der aus dem Brockensilber gefertigt war. [56]

Der Erdgeist im Mönchenloch

Zwei Männer aus Schierke mähten eines Tages noch bis in den Abend hinein. Da kam ein Fremder und fragte sie, ob sie ihn nach dem Mönchenloch bringen könnten. Sie bejahten und gingen mit dem Fremden bis zu dem Loch. Dort las dieser in einem Buch. Daraufhin kam jemand, mit dem er sich unterhielt. Der Erdgeist bezeichnete ihm dabei einen Gang, wo das Erz stehen sollte. Dann ging der Fremde mit den beiden Männern wieder zurück und schlief bei einem der beiden auf der Bank. Am anderen Morgen gab der Fremde seinem Wirt einen Zettel. Diesen sollte er alle vier Wochen weiter legen, aus einer der vier Ecken in die andere. Er solle es aber nicht versäumen. Auf dem Zettel standen die Worte: »Alles in Allem.« Trotz aller Zusagen vergaß er es aber doch. Daraufhin war der Zettel verschwunden.

Nach einer anderen Erzählung ging nur ein Mann aus Schierke, namens O., mit nach dem Mönchenloch. Als der Fremde zu lesen begann, war es, als ob die Klippen und Bäume herunterkämen. [25]

Die Venediger in der Eisenhütte Schierke

Einstmals kamen Venediger in die Eisenhütte Schierke, wo gerade eine »Kuppe« im Feuer lag. Plötzlich tröpfelte irgend etwas auf diese, worauf sie im Feuer zerbröckelte.

Die Hüttenleute meinten, daß ihnen das nur die Venediger angetan haben könnten, und verfolgten sie deshalb. Doch das war vergebens, die Venediger waren verschwunden. Als aber die Schierker wieder in ihre Hütte zurückkamen, war das Zerbröckelte eitel Gold. [48]

Der Güldene Altar bei Schwenda

Am Anfang des Krummschachtstales, unweit der Josephshöhe, liegt eine weit vorspringende Porphyrklippe, der Güldene Altar genannt, von der die Sage folgendes erzählt:

Vor vielen Jahren kamen einmal fremde Bergleute nach Schwenda. Kein Mensch kannte sie, und niemand wußte, was sie dort wollten. Sie wohnten bei einem Schneider, der ihnen gegen gute Belohnung Unterhalt gewährte. Jeden

Morgen gingen sie fort und kehrten erst gegen Abend wieder nach Hause zurück. Der Schneider hätte gar zu gerne gewußt, wo sie den Tag über waren und was sie trieben. Die fremden Bergleute hatten ihm aber verboten, ihnen nachzuschleichen, denn sonst würden sie ihn töten. Die Neugierde plagte den Schneider aber so sehr, daß er den Venedigern – so nannte man die fremden Bergleute – nachlief. Da sah er, daß sie am Güldenen Altar in dem Berge verschwanden, denn dort gruben sie Gold und Silber. Nachdem sie längere Zeit bei dem Schneider gewohnt hatten, sagten sie ihm, daß sie nun in ihre Heimat zurückkehren, aber bald wiederkommen würden. Als sie fort waren, glaubte der Schneider, nunmehr unbemerkt in den Berg gehen zu können. Und er holte Gold und Silber heraus, soviel er tragen konnte. Nun fing ein gar lustiges Leben an. An Arbeit dachte der Schneider bald überhaupt nicht mehr.

Nach ihrer Rückkehr bemerkten die Venediger sofort, daß jemand in dem Berge war und sich von dem Gold und Silber geholt hatte. Ihr Verdacht fiel auf den Schneider. Aber dieser leugnete hartnäckig. Um ihn zu überraschen, zogen sie zum Schein wieder fort, versteckten sich aber am Güldenen Altar im Gebüsch, um dem Schneider aufzulauern. Bald kam er auch und holte wieder Gold und Silber aus dem Berg. Als er herauskam, packten ihn die Venediger und wollten ihn töten. Er bat sie aber flehentlich um sein Leben. Sie erfüllten seine Bitte, hieben ihm aber zur Strafe die rechte Hand ab. Dann bezahlten sie ihm alles, was sie noch schuldig waren und kehrten in ihre Heimat zurück. Seitdem sind sie auch nicht wiedergekommen. [18]

Der Venediger in Thale

Nach Thale kam einmal ein Venediger und nahm Wohnung bei einem armen Waldarbeiter. Er trieb talauf und talab einen kleinen Handel und untersuchte dabei die Gegend eifrig nach verborgenen Schätzen. Eines Tages fragte nun der Venediger seinen Wirt, ob er ihn nicht gegen gute Belohnung einmal in den Roßtrappenberg begleiten wolle. Der Harzer war einverstanden, und beide wanderten im Bodetal zu der Stelle, die später die »Königsruhe« genannt wurde. Der Venediger führte hier seinen Begleiter durch ein Haselgebüsch zu einem Felseingang, den der Harzer noch nie gesehen hatte. Durch diesen kamen sie in eine Höhle, in der ein großer Hund saß, der einen eisernen Schlüssel in der Schnauze trug.

Der Venediger nahm dem Hund den Schlüssel ab, und das Tier umschmeichelte ihn schweifwedelnd. Nur gegen den Harzer fletschte er knurrend die Zähne. Der Venediger schloß mit dem Schlüssel eine eiserne Tür auf, und vom Hund gefolgt, führte er seinen Begleiter in einen großen Saal. In dessen Mitte stand eine Mulde voll goldener Kugeln und Kügelchen. Der Venediger füllte sich daraus die

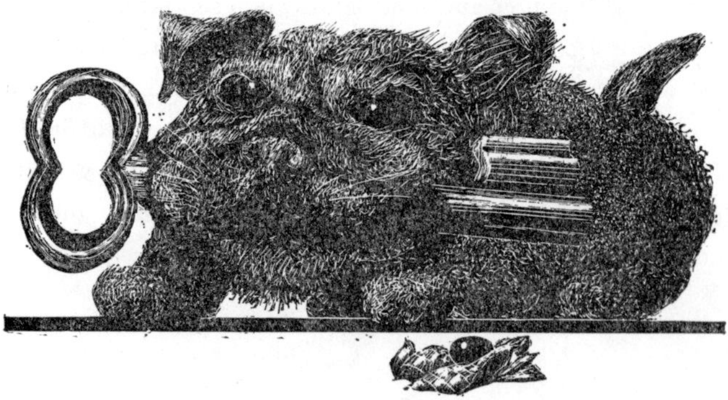

Taschen, mahnte aber den Harzer durch einen Wink, sich an den Kugeln nicht zu vergreifen. Doch dieser trocknete sich mit einem Tuch den Angstschweiß vom Gesicht, ließ das Tuch in die Mulde fallen und nahm mit diesem ein Kügelchen aus der Mulde. Tuch und Kugel ließ er dann in seine Tasche gleiten.

Da stürzte der Hund mit weit aufgerissenem Rachen auf den Harzer zu, und nur mit Mühe vermochte der Venediger, ihn zu beruhigen. Dieser wandte sich danach dem Ausgang zu; der Harzer und der Hund folgten ihm. Hinter ihnen schloß sich die Eisentür ohne fremdes Zutun. Durch die zweite Tür traten alle drei wieder ins Freie. Auch diese Tür schloß sich hinter ihnen. Der Venediger gab darauf dem Hund den Schlüssel zurück. Dann trat er mit dem Harzer den Heimweg an.

»Du hast alles verdorben«, sagte er zornig zu seinem Begleiter. »Deinen Lohn hast du dir schon selbst genommen. Ohne deine Habgier hättest du mehr bekommen.«

Damit trennte sich der Venediger von dem Harzer, und im Tal wurde er nicht mehr gesehen. Der Harzer aber empfing für sein Goldkügelchen ein hübsches Sümmchen Geld und war fortan ein gemachter Mann. [56]

Der Tod des Italieners

Die Tidianshöhle ist umgeben von vielen Sagen über verunglückte, aber auch über reich gewordene Schatzgräber. Am besten wußten wohl jene großen Italiener die Schätze des Tidians zu finden, die mit Mausefallen beladen, die sie zum Schein zu verkaufen suchten, im Harz herumzogen. Häufig gruben sie am Kyffhäuser, am Tidian, am Brocken, am

Auerberg und anderen Orten. Wie sich ihre Säcke füllten, versenkten sie ihre Mausefallen im Wasser.

Auf einer solchen Reise ereilte einen dieser Italiener der Tod. Im Augenblicke des Sterbens raffte sich der Kranke noch einmal auf, warf ein Notizbuch, welches er bis dahin immer sorgfältig verborgen hatte, ins Feuer und verschied. Der Wirt hatte dies bemerkt und rettete einen Teil der halbverbrannten Papiere, welche Bezeichnungen von Punkten am Harz enthielten, wo Gold zu finden sei. [52]

Die Tidianshöhle bei Falkenstein

Geht man von der Burg Falkenstein im Selketal flußaufwärts, so kommt man unweit der anhaltischen Grenze an den Fuß des Tidiansberges. In knapp halber Höhe des Berges öffnet sich der Eingang zu einer kleinen Höhle, aus der ein Wässerlein gelben Sand herausschwemmt. Der Eingang heißt das Venediger Tor, die Höhle aber die Tidianshöhle. Vor Zeiten, als man noch tief in sie hineingehen konnte, sind jedes Jahr drei fremde Männer gekommen, haben mit dem Sande, der darinnen lag, ganze Säcke angefüllt und sind damit davongegangen. Man hat ihnen das nicht verwehrt, denn kein Mensch wußte, was das für Sand war. Wenn man sie fragte, wozu sie den Sand gebrauchten, so haben sie geantwortet: »Zum leichteren Schmelzen des Eisens.« So haben sie viele Jahre lang eine Menge Sand weggetragen. Als sie nun auch einmal wiederkamen, fanden sie die Höhle mit großen Felsstücken angefüllt, und sie konnten kaum noch zehn Schritte weit hineingehen. Sie fanden auch den Sand nicht mehr, der sonst dort lag. Da haben sie den Leuten erzählt, daß der Sand reiner Goldsand gewesen sei, der sie zu reichen Leuten gemacht hätte. Sie meinten, ein böser Geist müsse die Höhle verrammelt haben, denn Menschenhände könnten das nicht gewesen sein. Obwohl ihnen das niemand geglaubt hat, sind doch viele aus Neugierde hingegangen. Aber sie haben nur ganz gewöhnlichen Sand darinnen gefunden und gesehen, daß die Höhle, die früher tief in den Berg hineinging, mit Felsstücken wie zugewachsen war. Da hieß es nun, das habe der Böse getan. Seitdem hat jeder versucht, der Tidianshöhle nicht zu nahe zu kommen.

Warum sie sich aber geschlossen hat, wird uns in der folgenden Sage überliefert:

Ein armer Schäfer fand in der Nähe des Falkensteins eine Höhle, deren Boden mit Goldsand bedeckt war. Er füllte seine Tasche mit dem Sand und zeigte ihn am nächsten Tage einem Goldschmied. Dieser gab dem Schäfer gutes Geld für den Sand und hieß ihn, noch mehr zu bringen. Aber in der Höhle war kein Sand mehr zu finden. Täglich sah der Schäfer nach, und in einer Neumondnacht glückte es ihm noch einmal, den goldenen Sand zu holen. Wieder bezahlte ihn der Goldschmied reichlich. Der Schäfer beschloß, nun nicht weiter nach Reichtümern zu spüren. Er hatte jetzt genug Geld, um das Mädchen, das er liebte und das ihm bisher die Eltern verweigert hatten, heiraten zu können. So machte der Schäfer denn Hochzeit.

In diesen Tagen betrat der Graf von Falkenstein den Laden des Goldschmieds, um für seine Braut einen Schmuck zu erwerben. Der Graf sah den feinen Goldsand liegen und fragte nach dessen Herkunft. Der Goldschmied erzählte dem Herrn von dem Fund des Schäfers in der Tidianshöhle. Da begab sich der Graf zum Schäfer und drängte diesen, ihn in die goldhaltige Höhle zu führen. Der Schäfer willigte schließlich ein und wies dem Grafen den Weg zur Höhle. Als dieser jedoch den Ort kannte, ließ er den Schäfer ergreifen und blenden. Denn er argwohnte, daß auch der Schäfer sich noch einmal von dem Goldsand nehmen könnte.

In der nächsten Neumondnacht ging der Graf allein zur Höhle. Aber da entdeckte er nur Morast, und aus dem Dunkel drang ein unheimlicher Fluch. Verstört kehrte der Graf in seine Burg zurück. Da brachte ihm ein Bote die Nachricht vom Tode seiner Braut. Und auch der Graf starb bald nach jenem furchtbaren Ereignis. [18/55]

Venediger im Weingartenloch

Der Kuhhirt von Osterhagen lag einmal, während seine Herde ruhig graste, hinter einem Eichenbusch. Da sah er zwei Fremde aus dem Weingartenloch kommen. Diese setzten sich auf einen Stein, zogen Flaschen und Gläser aus ihrem Ranzen und erquickten sich durch einen Trunk. Als sie den Hirt sahen, winkten sie ihn zu sich heran. Wenn er auch anfangs noch zögerte, so folgte er schließlich doch ihrer wiederholten Einladung. Da mußte er sich zu den Fremden setzen und mittrinken.

Danach legte er sich wieder unter den Busch und schlief ein. Als er erwachte, schaute er sich verwundert um, denn er lag nicht mehr an seinem gewohnten Platze, dem Weingartenloch gegenüber, sondern in einem kostbaren Bett, das in einem wunderschön ausgestatteten Zimmer stand. Auf dem Stuhl vor seinem Bett lag seine Kleidung. Doch es war nicht sein abgetragenes Hirtengewand, das dort lag, nein, ganz neue Kleidungsstücke von feinem Stoff und gutem

Schnitt waren es, wie sie vornehme Leute zu tragen pflegten. Wohl oder übel mußte er sie anziehen. Da er nicht wußte, was das alles zu bedeuten hatte, zog er nach einigem Überlegen an einem Glockenstrang, der dort angebracht war. Daraufhin erschien eine Dienerin und führte ihn im Hause nach unten. Da trat er in einen großen Kaufmannsladen, und hinter dem Tisch saßen die beiden Fremden, mit denen er am Weingartenloch getrunken hatte.

Sie redeten ihn nicht an, aber einer von ihnen stand auf und zeigte dem Harzer die Stadt. Auch in dem großen Kaufmannshaus führte er ihn dreimal umher. Und nun fing er endlich auch an zu sprechen und fragte ihn, ob es ihm hier gefiele oder ob er lieber wieder in seine Heimat zurückkehren möchte. Der Hirt bejahte die letzte Frage. Da sagte ihm der Kaufmann, daß er sich ein Andenken aus dem Hause mitnehmen dürfe, und riet ihm, sich entweder einen goldenen Hirsch oder einen goldenen Hasen mitzunehmen. »So will ich mir einen Hasen wünschen, denn der kann wohl am besten laufen«, erwiderte scherzend der Hirt. Der Kaufmann schenkte ihm auch noch einen Stein. Dazu sagte er: »Wenn du mit diesem Stein vor das Weingartenloch kommst, so wird es sich vor dir auftun.«

Inzwischen war es Abend geworden, und der Hirt legte sich wieder in das kostbare Bett. Als er erwachte, lag er aber hinter seinem Eichenbusch und war mit seinem Hirtengewand bekleidet. Den Hasen und den Stein fand er indes neben sich.

Als er nach Osterhagen kam, sagte man ihm, daß man an dem Abend, an dem er verschwunden sei, die Kühe in der ganzen Gegend hätte zusammensuchen müssen.

Nachdem er den goldenen Hasen für 2000 Taler verkauft hatte, wollte er auch einmal sehen, was wohl aus dem Weingartenloche zu holen wäre. Da er aber nicht gern allein gehen wollte, zerschlug er den Stein in zwei Stücke und gab das eine einem treuen Kameraden, der ihn zu begleiten bereit war. In der Höhle kamen sie aber auseinander, und da der Kamerad seinen Stein weggeworfen hatte, ist er niemals wieder an das Tageslicht gekommen. Der Hirt aber brachte große Mengen edlen Erzes mit nach Hause. [15]

Die blecherne Henne

Als die Zellerfelder Kirche nach dem Brand wieder aufgebaut werden sollte, hat jeder gegeben, wie er's gekonnt und gehabt hat. Da war aber auch ein armer Bergmann, der nichts gehabt hat und doch auch gern seinen Pfennig dazu gegeben hätte. Wie er so darüber nachdachte, was er wohl machen könne, fiel ihm ein, daß er einen Korb Schwämme holen könnte. Auf ging's in den Wald. Aber er verirrte sich. Auf einem freien Platz überlegte er, wo er wohl sein könnte und wie er wieder nach Hause kommen kann. Wie er sich so umsah, packten ihn auf einmal drei verlarvte Männer. Sie hielten ihn fest, verbanden ihm die

Augen und führten ihn schließlich mit sich. Schließlich ging es eine Treppe hinunter, und bald darauf wurde angehalten. Als man ihm die Binde von den Augen nahm, sah er, daß sie sich in einem großen Saal befanden, der gar köstlich ausstaffiert war und in dem viele Lichter brannten. Es war hell wie der Tag. Er hat sich aber nicht lange besinnen können. Denn in dem Saal saßen viele Männer – alle verlarvt. Einer von diesen verhörte ihn. Da erzählte er aufrichtig, wie's ihm ergangen sei, sie sollten ihm doch nun auch seine Freiheit wiedergeben. Seine Frau und seine Kinder warteten schon gewiß mit Schmerzen auf ihn. Aber er wurde nicht entlassen, sondern in ein anderes Zimmer geführt, wo man ihm Speise und Trank gab. Dann sagte man ihm noch, daß er sich nach dem Essen und Trinken ruhig schlafen legen solle. Morgen wolle man mehr mit ihm reden. Das Zimmer war ganz prächtig. Das Essen und der Wein und das Bett waren auch nicht so, als ob es Spitzbuben gehörte. Nachdem er sich erquickt hatte, legte er sich zu Bett und dachte: Na, das ist eine schöne Geschichte! Wo bist du denn nun eigentlich? Spitzbuben sind's gewiß nicht, die wären nicht so manierlich mit dir umgegangen. Bist wohl gar unter die Venediger geraten? Da wärst du ja gerade recht gekommen!

Am anderen Morgen, das heißt, als er geweckt wurde, bekam er erst einen Trunk und Backwerk dazu. Danach wurde er wieder vor die Herren geführt. Da waren diese aber nicht mehr verlarvt, sondern waren ganz ansehnliche Leute. Die fragten ihn, ob er nicht Lust hätte, die Welt zu sehen. Wenn er ehrlich wäre, könnte er ein reicher Mann werden. Ja, sagte er, so ginge das aber nicht. Er wisse ja auch nicht, wer die Herren wären. Aber er dächte, daß sie wohl Venediger wären. Auch müßte er da Frau und Kinder verlassen –, und das wäre doch unrecht. Nun, sagte da einer, wir sehen, daß du eine ehrliche Haut bist, und wenn du dir etwas wünschst, so sag's. Da sagte er, daß er gern ein paar Groschen hätte. Es wäre ihm doch gar zu verdrießlich, daß er nichts für die Kirche geben könne. Die Sammler würden am nämlichen Tage kommen, und am Ende könnte man denken, daß er nur deshalb so lange ausgeblieben sei, um nichts geben zu brauchen. Die Herren wären doch so reich, da fiele es ihnen doch nicht schwer, auch etwas für den Aufbau der Kirche zu tun. Da gab's ein lautes Gelächter. Dann führte ihn ein Mann in ein anderes Zimmer und zeigte ihm ein ganzes Faß voll Pistoletten und forderte ihn auf zuzugreifen. Doch der Bergmann erwiderte, daß er sich hüten werde, am Ende hieße es noch, er habe sie gestohlen. Da sagte der Fremde nur, daß des Menschen Wille sein Himmelreich sei. Daraufhin gab er dem Mann eine blecherne Henne. Auch gut, dachte der Bergmann und bedankte sich. Dann wurden ihm wieder die Augen verbunden, und er wurde hinausgeführt. Als ihm die Binde abgenommen wurde, befand er sich auf einem Weg nach Zellerfeld.

Als er nach Hause kam, fragte seine Frau, wo er denn so lange gesteckt habe, und er erzählte sein Erlebnis. Aber was sollen wir denn nun mit dem Ding machen, hieß es dann. Doch wie sie die Henne so um und um betrachteten, öffnete sich unter deren Bauch eine kleine Klappe, und es fielen lauter Goldstücke heraus, alle wie kleine Küchlein gestaltet.

Da war natürlich große Freude im Haus, und der arme Schelm war auf einmal reich geworden. Er hat von dem Gold die Zellerfelder Kirche erbaut. Zum Wahrzeichen hat er die Glucke mit den Küchlein über den Kirchentüren in Stein abbilden lassen. [25]

Der Bergmann Frick aus Zellerfeld suchte einst mit seinen Töchtern am Brocken Beeren. Dabei wurden sie aber von der Nacht überrascht. Der Bergmann zündete daraufhin ein Feuer an und legte sich mit den Mädchen nieder. Diese waren auch bald fest eingeschlafen, während der Bergmann wachte.

Da sah der Bergmann plötzlich eine Laterne. Als er rief, traten drei Männer an das Feuer. Sie blieben die ganze Nacht über sitzen und leisteten dem Bergmann Gesellschaft. Am anderen Morgen geboten sie ihm jedoch, selbst seinen Töchtern nicht zu sagen, daß sie bei ihm gewesen waren. Dies hat der Bergmann versprochen und auch treulich gehalten.

Als der Bergmann nach Jahren gestorben war, kam an dem nämlichen Tage ein Mann in dessen Haus. Er fragte die Töchter, ob ihr Vater ihnen nichts von drei Männern gesagt habe, die in der bewußten Nacht am Brocken bei ihm gewesen waren. Als er merkte, daß selbst die Töchter

nichts von der Begegnung wußten, stellte er einen silbernen Krug auf den Tisch. Dazu sagte er, daß sie den Lohn hinnehmen mögen, der eigentlich ihrem Vater bestimmt gewesen sei. Der einen Schwester soll der silberne Krug gehören und der anderen, was darinnen sei. Darauf ging er fort. In dem Krug aber waren lauter Gulden. Die Männer mögen wohl Venetianer gewesen sein. [25]

Der Venediger im Zwilsberg

Nach dem Zwilsberg hinter dem Stolberger Schloß ging früher immer ein Slowake (Venediger). Einst bat ihn jemand, ihn mitzunehmen. Da sagte er, daß er jetzt drei Jahre im Dienste eines Herrn ginge, dem er alle Schätze bringen müsse. Später wolle er ihn mitnehmen, wenn er die Schätze für sich selbst hole. Der mitgehen wollte, sah den Fremden nachher auch in den Berg hineingehen. Aber später ist er nicht wieder gekommen. [18]

Der ergebnislose Schmelzversuch

Ein reicher Edelmann aus dem Harz unternahm einst eine Reise nach Italien. Er wunderte sich nicht wenig, als er eines Morgens bei seinem Spaziergang aus einer Villa mit Namen angerufen wurde. Ein älterer Herr sah aus dem Fenster und winkte ihm. Sein Erstaunen wuchs noch, als er in demselben jenen Mausefallenträger erkannte, den er oft im Harz in der Nähe seines Gutes gesehen hatte. Dieser stellte sich jedoch als Besitzer der Villa vor und bat den Edelmann, einige Zeit bei ihm als Gast zu bleiben. »Denn«, so schloß er seine Einladung, »alles, was hier zu sehen ist, ist aus dem Boden ihrer Besitzungen hervorgegangen, dem ich manchen Sack goldreichen Sand entnommen habe. Aber jetzt bin ich zu alt, um noch dergleichen zu holen.« Der Edelmann nahm die Einladung an und wurde fürstlich bewirtet. Bei der Abreise gab ihm der Besitzer der Villa noch eine genaue Beschreibung des Ortes, von dem er die Schätze geholt hatte. Nach seiner Rückkehr war dieser auch alsbald gefunden. Der Edelmann besprach sich daraufhin mit einem Professor in Göttingen. Dieser machte auch Versuche mit dem rotgelben Sand, der sich an der angegebenen Stelle fand. Zweimal schmolz er eine Partie davon, jedoch ohne Erfolg. Er versuchte es zum drittenmal. Diesmal befand sich wirklich Gold in den Schmelztiegeln. Doch soviel und so sorgfältig er auch späterhin geschmolzen hat, es ist ihm nie wieder gelungen. [52]

Aus alten Walenbüchern

»Nun hette von Böhmen, Schlesien und Hessen unterschiedliche Nachrichtungen, wo Silber, Amethisten, Saphir, Smaragde, Topasen etc. zu finden, weil es aber entlegen, an theils Orten auch sehr gefährlich, solches zu bekommen, als habe selbige vor dießmal beiseite gesetzet und ausgeschlossen; sollte aber einer oder der andere solches zu wissen verlangen, kann er sich bei mir, dem Autore dieses Büchleins nur melden, alsdenn soll ihm mit schrifftlicher Nachricht an die Hand gegangen werden. Inzwischen aber ist vor's dritte der weltberühmte und von Gott mit allerhand Ertz und Metall gesegnete Hartz, und die alldort herumliegende Städte und Oerter hiebei zu fügen, vor nöthig zu achten,

denn durch diese Wissenschaft und Nachricht wohl noch mancher ehrlicher dürfftiger Mann zu einem Stück Brod und guten Mitteln kommen dürffte, daferne er sich keinen Fleiß dauern lässet. Setze demnach zum Anfang desselben die Stadt Elbingeroda, so am Hartz lieget, da frage nach einem Berg, der Morgenland heißet, und gehe im tieffen Grund das Wasser hinaufwärts, so findest du zwei Steinklippen, an derer einem ist ein Mönch gehauen, daselbst ist ein Stollen, da ist gediegen Goldertz inne, ein Pfund gilt gerne 112 Gülden, davon einsten ein Italiener Noth und Zehrung wegen 1 Pfd. zu Nürnberg um 106 Gülden verkaufft. Der Stollen ist mit Hürden bedeckt und vermacht, darum mußt du mit Fleiß suchen und aufräumen, so du ihn finden wilst. Darnach gehe weiter am Wasser hinaufwärts, so findest du abermals zwei Steinklippen und zwei Mönche daran gehauen, deren einer weiset dir mit dem Finger einen Platz an, da du gediegene Goldkörner finden wirst. Noch besser hinaufwärts ist ein gestümpelter Baum, dabei ist ein Steinhauffen, den räume hinweg, so wirst du einen Stein mit einem Ring finden, den hebe auf und suche, du wirst einen Fürstenschatz daselbst finden.

Gehe hinter den Brocken auf die alte Straße nach dem Morgenbrodsthale zu, in demselben Thale gehe hin, bis du wieder an zwei andere Thäler kommest, deren eines zur Rechten, das andere zur Linken lieget, bleibe du aber im mittelsten so lange, bis du an einen großen Stein kommest. Zu demselben gehe und siehe dich um, so wirst du daran eingehauen finden einen Mönch, der eine Keilhaue auf dem Rücken hat, derselben Spitzen nach gehe den Berg hinauf, so wirst du eine Saalweide und nahe dabei ein Loch finden, mit Wellen oder Reißig und Rasen beleget, die hebe auf und suche darinnen, so findest du Körner, die sich pletzen oder schlagen lassen und sehr gut sind, die andern aber taugen nichts. An eben selbigem Orte findet man auch einen Mönch am Wasser in Stein gehauen, gehe an dem Wasser hinan und siehe dich um, so wirst du einen Ahornbaum, der einer Kertzen gleich ist, finden, drei aus einem Stamm. Daselbst sind in einem Wiesenplatz drei Löcher, die so aussehen, als hätten sie die Schweine gewühlet, darinnen findet man Körner, die sich breit schlagen lassen. Das Pfund soll 20 Gülden kosten.«

»Gehe von Kelbra nach der sogenannten Rothenburg, den Weg nach Frankenhausen zu, der Tannenberg genannt; linker Hand am Wege ist ein Loch, gehe hinein, und wenn du hineinkommst, am Ende des Ganges linker Hand ist eine Ader, in welcher du einen gelben Sand findest. Du mußt dich aber mit Licht versehen, weil in der Gegend etwas ▽ (Wasser) anzutreffen ist, damit du keine Gefahr zu besorgen habest. Kratze den gröbsten gelben ∴ (Sand) weg; da findest du braune Körner, die lassen sich breit schlagen. Du bekommst in Erfurt bei N. N. für das ℔ 96 Thaler 18 Groschen. So du Glück hast, bleibe fromm und vergiß der Armen nicht.

B. C. M. J. K. M. 1761

Ich jauchze schon«

»Wenn du hinein wilt (in das Weingartenloch bei Bartolfelde) / so sey nur getrost / und wende dich gleich anfangs auf die lincke Hand / so wirstu eine V. finden / da steig hinunter in die Tieffe / und gehe 12. Schritt fort / als dann kriech auf die rechte Hand hinein so wirstu hinunter fahren / und daselbst an einem Stein 2 Finger aufwerts stehen; es ist auch ein Wässerlein da / krich auf dem Wässerlein fort / kanstu aber nicht wohl darüber kommen / so steig wieder den Stein hinauf / und gehe gleich auf die lincke Hand / so wirstu in einen schmalen Gang kommen / darinnen gehe fort / so wirstu graue Felsen antreffen / und wird oben daran eine V. stehen / daselbst wird gleich vor dir ein Loch hinunter gehen / steig hinab / und wann du hinunter bist / so krieche gleich zur lincken Hand auf dem Bauche hinein (über ein Paar Häuser lang geht der Gang nicht) und stoß an die Mauren / oder lehne dich daran / so wird die V. auffwarts weisen; gehe gleich fort / so wirstu noch in einen schmalen Gang kommen / und wird gleich am Ende daselbst ein Loch hinein gehen / so mit Steinen verworffen ist / das mustu aufräumen / und wann du es aufgekrazet / krieche hindurch / so wirstu in einen Gang von ohngefähr 30. Klaffter weit kommen / da werden dir 2. Bergmänner mit Grubenlichtern begegnen / fahre nur kühnlich vorbey und rede nicht / sie weichen dir an die Seite; darauf gehe noch weiter fort so wirstu in weisse Felsen kommen / da wird ein rund Loch seyn / da mustu hindurch kriechen / so komstu wieder in die weite / gehe darinnen fort / so wird dort ein Mönch an der Ecke stehen / eine Picke in der Hand habend / und wird nach dem Wasser zu weisen; und wann du hinein kommst bey das Wasser / (ohngefehr einer guten Klaffter breit) da werden 2. Höltzer drüber liegen / gehe hinüber / es wird zur Lincken ein schwartzer Felß seyn / der gemeiniglich gediegen Silber hält; und wenn du davon etwas loß machest / so wird es helle gläntzen / machstu es aber mit dem Lichte schwartz / so wirds einen Schall von sich geben: ich fresse dich. Da kehre dich aber nicht daran / sondern gehe weiter auf die lincke Hand / und kratze allda ein wenig mit der Picken / so wird ein Stein loßfallen / und ein eckigt Loch durchgehen / da mustu durch / und wenn du da hindurch kommst / so wird dort ein Mönch stehen / mit der Picken unter sich weisend auf ein Ertz / das lb. vor 30. thlr. Wann dir das nicht gut genug ist / so gehe 100 Schritt weiter fort / so wird es hinten an selben Ort anzusehen seyn / als wenn du in einen güldenen Kelch kämest / und werden die Felsen gediegen Gold halten / schlage nur ab nach deinem Gefallen / und fürchte dich nicht / siehe aber / daß du dich wieder heraus findest / denn es leichtlich einen darinnen verführen kan / wie ich dann selbsten wohl weiß / indem ich anno. 1680. drey Personen darinnen todt liegend gefunden / und kurtz darauf anno 1681. wiederum ein Weibs-Bild / die zum andernmahl darinnen gewesen / und sich doch nicht wieder heraus finden können ...

Ich I. B. aus Venedig, ein Gebohrner Italiener, schreibe dieses aus Liebe bewogen / meinen Cameraden zur Nachricht / weil mirs nicht schaden kan / indem des Gutes überflüßig am selben Orte / also / daß es kein Ende nehmen wird / ich vor meine Person habe genugsam davon abgeholet / daß ich auch nicht wieder hinzureisen verlange / hiemit á dieu; Ich verbleibe

Dein getreuer Freund.« [18]

Über den Niedergang des Bergbaus

In den Sagen über Bergwerksunglück und Niedergang des Bergbaus werden in der Regel die tatsächlich wirkenden Ursachen nicht benannt, obwohl in diesem Zusammenhang dem Bergmann manches durch Erfahrung bekannt war. Das darf nicht verwundern, liegt dies doch in den Besonderheiten der Sage begründet – ein Fakt, der in speziellen Untersuchungen über die Sage ausreichend dargestellt wird und auch in dieser Publikation bereits Erwähnung fand. Ungenügender Ausbau, Abbau der Bergfesten und Raubbau mußten zum Einsturz des Gebäudes führen. Das wußten alle, vom Bergmeister bis zum Häuer. Hier brauchte deshalb auch nichts mit Hilfe der Sage »ausgedeutet«, erklärt zu werden. Aber es gab auch Ereignisse und Erscheinungen, die dem Bergmann in dieser Zeit noch unverständlich waren, die er sich mit seinem Wissen nicht erklären konnte. Eingeordnet in die Vorstellungswelt jener Epoche, brachte er die Ursachen für diese Ereignisse in den meisten Fällen mit dem Wirken geheimnisvoller, überirdischer Mächte in Verbindung. Ganz selten wird menschliches Versagen direkt benannt. Schuld wird dagegen dem bösartigen, verderbenbringenden Berggeist gegeben. Im Harzer und Mansfelder Revier wird er gern dem Teufel gleichgesetzt. Davon ausgehend läßt sich das Motiv des Teufels in berg- und hüttenmännischen Sagen auch differenzierter betrachten. Insbesondere wird ersichtlich, wie diese Gestalt aus dem Wesen, das früher den entwicklungsfördernden Widerspruch symbolisierte, zum absolut negierenden Prinzip gemacht wurde.

Der Teufel bleibt jedoch in diesen Sagen als Schuldiger nicht allein. Mißbrauch der Macht, Vergehen des adligen Landesherren und willkürliche Auslegung des Bergrechts, Habgier und protziges Prahlen mit Reichtum sowie Mißstände bei der Ausübung der Aufsichtspflicht werden in den Sagen personifiziert und bestraft. Da die Bestrafung in der Zeit, über die uns die Sagen erzählen, auf natürlichem Wege nicht möglich war – es stand das gesamte Gesellschaftssystem prinzipiell dagegen –, wurden übernatürliche Ereignisse bzw. Kräfte zur Herstellung der ausgleichenden Gerechtigkeit bemüht, wobei sich übrigens ein interessanter Bezug zu der im Kapitel »Aus dem Leben der Bergherren« angedeuteten sozialen Entwicklung ergibt. Merkwürdigerweise wird im Harz sogar den Venetianern Schuld am Bergbruch oder am Versagen des Bergglücks gegeben (s. Kapitel »Über die Walen oder Venetianer«).

Unermeßliche Schätze hatten rastlose Menschenhände seit dem Beginn des Grubenbaus im Rammelsberg gefördert. Eben deswegen wurde nun auch der Bau mit stets wachsender Emsigkeit betrieben. Man ließ aus der Ferne tüchtige Bergleute kommen, deren Geschicklichkeit man eine immer reichlichere Ausbeute verdankte.

Einer dieser Bergleute saß einst vor Ort in einer Grube, die bisher zu den ergiebigsten gehörte, und schwang mit kräftiger Hand Schlägel und Eisen. Sein Körper war wie in Schweiß gebadet, so tüchtig arbeitete er – und dennoch konnte er nichts schaffen. Denn mit jedem Augenblick – so schien es ihm – verhärtete sich die blinkende Wand. Er mochte darum das Eisen ansetzen, wie er wollte, es prallte stets zurück und löste so wenig, daß es sich kaum der Mühe lohnte.

Wie das zuging, konnte sich der sonst so geschickte Knappe nicht enträtseln. Zuletzt meinte er, es müsse ihm etwas angetan worden sein. Nicht ohne Grund fürchtete er jedoch, von dem Steiger, der ihm nicht zugetan war, wegen der so unbedeutsamen Ausbeute hart angelassen zu werden. Wie er gedacht hatte, so geschah es denn auch. Der Steiger, ein harter, rauher Mann, konnte die Fremden und ganz besonders diesen Bergmann nicht leiden. Als er nun die geringe Menge Erz sah, die dieser gelöst hatte, schalt er ihn im gröbsten Ton einen Faulenzer und Ungeschickten und drohte, ihn wegzujagen, falls er nicht das Versäumte nachhole. Höflich und mit zitternder Stimme entgegnete der Bergmann, daß er es für unmöglich halte, einen größeren Gewinn zu erzielen, und wenn er sich auch zu Tode arbeite. Hohnlachend antwortete jedoch der Steiger: »Davor nehmt

ihr euch schon in acht! Man sieht an dem gewonnenen Erz, was für ein fleißiger Bursche ihr seid!« Dem Bergmann taten der Spott des Steigers und die unverdienten Vorwürfe weh, und in seinem Groll arbeitete er noch rüstiger als zuvor – doch mit immer weniger Erfolg.

Der Steiger, der ihm eine Zeitlang zugesehen hatte, riß ihm endlich Schlägel und Eisen mit den Worten aus den Händen: »Muß euch Ungeschickten wohl noch zeigen, wie ihr anzusetzen habt? Denn so, wie ihr es macht, kann man in aller Ewigkeit nichts ausbeuten!« Hierauf gebrauchte der erfahrene und kräftige Steiger die Werkzeuge selbst. Doch es war, als bestünde die Erzwand aus einem einzigen Diamanten oder als sei sie verzaubert. Denn nicht das kleinste Stück Erz vermochte der Steiger trotz aller angewandten Mühe zu lösen, wo und wie er auch das Eisen ansetzte. Da warf er zuletzt Schlägel und Eisen zornig zu Boden und rief mit einem entsetzlichen Fluch auf die Grube: »Hier mag der Teufel vor Ort sitzen!« Und so entschuldigte er den Knappen und befahl ihm, er solle ihm folgen, damit er ihm eine andere Grube anweise.

Kaum hatten die beiden den Fahrschacht verlassen, da gesellte sich ein fremder Bergmann zu ihnen, der dem Steiger seine Dienste anbot. Der Steiger betrachtete den stämmigen, hochgewachsenen Knappen von Kopf bis Fuß, fragte nach Namen und Herkunft und dachte: Der kann sich ja da unten mal ein bißchen betätigen und dort sein Probestück ablegen! So schickte er ihn in die seiner Ansicht nach verzauberte Grube.

Als er nach einiger Zeit zum Nachsehen kam, fand er einen so großen Haufen Erz gelöst, daß ihm vor Staunen Hören und Sehen verging. Der Bergmann blickte ihn mit seltsam verzerrtem Gesicht an und fragte ihn, ob er mit seiner Arbeit zufrieden sei und ihn in seinen Dienst nehmen wolle. Der Steiger bejahte die Frage mit einem erzwungenen Lächeln. Denn seltsam! Es wurde ihm in der Nähe des Knappen so eigen zumute, daß er sich selbst nicht darüber Rechenschaft zu geben vermochte. Unwillkürlich bebte er zusammen und fuhr, sein »Glück auf!« murmelnd, zutage. Bald verbreitete sich indessen die Kunde von der ungewöhnlichen Kraft und der Tüchtigkeit des fremden Bergmanns, so daß er die allgemeine Verwunderung auf sich zog. Dafür wurde er aber von der gesamten Knappschaft mit neidischen und scheelen Blicken betrachtet.

Nicht selten führte dies zu Reibereien und Händeln. Da sich jedoch der Fremde auch in dieser Beziehung Respekt zu verschaffen wußte, wagten sich zuletzt die anderen nicht mehr offen an ihn heran. Desto mehr suchten sie durch List und Heimtücke, ihn zu beunruhigen. Er drohte, empfindliche Rache zu nehmen, falls man das nicht unterließe; doch machten seine Warnungen nur einen geringen Eindruck. Wohl beklagte er sich deshalb bei dem Steiger. Allein, dieser wollte ihn selber gern auf eine gütliche Art los werden, nahm daher stets die Knappschaft in Schutz und maß ihm selbst die Schuld bei, obgleich er vom Gegenteil überzeugt war. Besonders hinterging man den fremden Bergmann bei der Zumessung des wegzuschaffenden Erzes, so daß die ihm zugewiesene Menge gewöhnlich verdoppelt und verdreifacht war. Eine Zeitlang schien er nicht auf solche Ungerechtigkeiten zu achten. Da man sich aber immer gröblicher gegen ihn verging, beschwerte er sich endlich darüber.

Der Steiger achtete indessen nicht darauf, nannte ihn im Gegenteil noch einen Lügner. Da riß er sich mit den Worten: »Ha! Du nichtswürdiges Menschengeschlecht, du heißt mich einen Lügner; aber unter dir ist allenthalben nichts zu finden als Arglist, Lug und Trug!« Kittel, Leder und Schachthut ab und warf alles dem Steiger zu Füßen, der vor Schreck bleich wurde und zu Boden fiel. Denn vor ihm stand der Böse in eigener Person. Drohend erhob der Teufel die geballte Faust gegen den Steiger und stampfte mit dem Fuß auf die Erde, so daß die Grube, in der er gearbeitet hatte und die bis auf den heutigen Tag die Teufelsgrube heißt, unter fürchterlichem Krachen zusammenbrach und verschwand. Der Steiger aber war verschieden. [56]

Der Teufel in der Grube am Rammelsberg

Bei Goslar war am Rammelsberg eine Grube, in die immer der Teufel kam und mitarbeitete. Da er aber immer allein arbeitete, sagte einst einer der Bergleute, daß sie ihm doch einmal nachgehen sollten, um zu sehen, was er tue. Ein anderer Bergmann erwiderte jedoch, daß sie das lieber unterlassen möchten. Doch die Bergleute folgten dem ersteren nach. Als das der Teufel sah, sprach er, daß dies den Bergleuten nicht gut bekommen solle. Auch solle nun der große Rammelsberg nicht eher bebaut werden, bis der kleine ausgebaut sei.

Als der Teufel am anderen Morgen wieder in die Grube kam, geleitete er den einen Bergmann, der seinen Kameraden davon abgeraten hatte, dem Teufel nachzugehen, nach Hause. Von den übrigen Bergleuten aber sah niemand etwas wieder. Auch den Teufel erblickte man nicht mehr.

Sooft man jedoch nach diesem Ereignis einen Schacht abtäufte, sank jedesmal in der Nacht alles wieder ein. Andere sagten, daß höchstens sechs Bergleute in einer solchen Grube arbeiten dürften. Den übrigen würde der Hals umgedreht. Darum wollte sich schließlich keiner mehr in eine solche Grube wagen, obwohl im großen Rammelsberg weit mehr Gold und Silber sei als im kleinen, wo allein der Bergbau noch betrieben wurde. [56]

Das verwünschte Bergwerk bei Rodishain

Zwischen Rodishain und Stempeda in der ehemaligen Grafschaft Stolberg-Stolberg liegt der Rödersee. Dort wurde vor langer Zeit starker Bergbau betrieben. Auch eine Münze hatte man erbaut, um das gewonnene Gold sofort auszumünzen. In einer Röhre kam vom Eichenforst das Wasser herab, um das Werk in Gang zu halten.

Zu jener Zeit lebte in Rodishain ein Bürgermeister, dem noch im hohen Alter ein Sohn geboren wurde. Voll Freude darüber sann er nach, wie er seinen Sohn recht glücklich machen könne. Da kam er auf den Gedanken, die Berggeister zu Paten zu nehmen. Diese verschafften dann auch ihrem Patenkind auf die Bitte ihres Gevatters Reichtum,

Verstand und Schönheit. So war es denn nicht zu verwundern, daß schon der Knabe bei allen Leuten wohlgelitten war.

Als er aber das zwanzigste Lebensjahr erreicht hatte, verliebte sich eine Gräfin in den schönen Jüngling und gab ihm deutlich ihre Neigung zu verstehen. Er schenkte jedoch ihren Andeutungen kein Gehör. Als ihm nun die Gräfin wieder einmal auf dem Schloß »Zum alten Stolberg« vergeblich zugesetzt hatte, erfüllten Rachegedanken ihr Herz. Sie beschloß, den jungen Mann zu verderben.

Sie lief daher eines Tages ihrem nach Hause zurückkehrenden Gemahl klagend entgegen und erzählte ihm, daß sich ihr der Jüngling mit einer Liebeserklärung zu nahen gewagt habe. Da ließ der erzürnte Graf den Unschuldigen festnehmen, hinrichten und zwischen Stempeda und Rodishain begraben. Auf dem Grab wurde ein Kreuz gesetzt, das noch im neunzehnten Jahrhundert an jener Stelle gestanden haben soll. Vor seinem Tode aber hatte der Ermordete den ganzen Bergbau verflucht, und sein Fluch war so wirksam, daß die reiche Ausbeute bald ein Ende nahm und keine Spur der ganzen Anlage mehr zu sehen ist. [14]

Die Entstehung des Råder-Sees

Eine anderthalbe Stunde von Stolberg und eine halbe Stunde von Stempeda entfernt soll vor vielen Jahren ein Hüttenwerk gestanden haben. Jetzt befindet sich an dieser Stelle ein großer Teich, genannt Räder-See oder auch Rödersee. Sein Wasser ist grün, die Fische darinnen sind ganz mit Moos bewachsen. Über die Entstehung des Sees wird folgendes erzählt:

Ein Werkführer in dem Hüttenwerk legte in guten Zeiten breite Silberplatten zurück, die er unter den Dielen verbarg. Er tat dies, um das Silber für den Grafen wieder emporholen zu können, wenn keins mehr zum Verhütten vorhanden wäre. Aber die Magd bemerkte und verriet es. Wenn jedoch damals ein Berg- oder Hüttenmann auch nur wenig gestohlen hatte, mußte er sterben. Deshalb wurde auch der Werkführer in Stolberg vor dem späteren Johnschen Gasthof gerichtet. Vor der Vollstreckung des Urteils nahm der Werkführer eine Semmel in die Hand und sagte: »So rein und unschuldig wie die Semmel bin auch ich! Und so gewiß wie ich unschuldig gerichtet werde, so gewiß wird das Hüttenwerk in dem Augenblick untergehen, in dem mein Kopf vom Rumpf fällt!« Weiter sagte er noch, daß es nicht eher wieder zum Vorschein kommen werde, bis drei Grafen geboren werden, von denen jeder der beiden ersten gewisse körperliche Eigenheiten hätte und der dritte eine Haselrute fände, die in einem Schuß sieben Fuß hoch gewachsen wäre. Auch müßte dann noch eine Wanne Gold angewandt werden, bevor das Hüttenwerk wieder in Gang komme.

In dem Augenblick, als des Werkführers Kopf fiel, soll in der Hütte ein Mann – die Erscheinung des Werkführers – gestanden und das Triebrad mit der Hand angehalten haben. Danach ging das ganze Werk unter Wasser. [25]

Der Silberne Mann

Wer vom Bahnhof Steinerne Renne, an der Peripherie der Stadt Wernigerode, am Oberlauf der Holtemme, die hier die Steinerne Renne heißt, entlangwandert, der gelangt nach ungefähr 600 m zu einer Talverengung. Sie wird durch zwei Quarzporphyrfelsen gebildet, von denen der eine der Silberne Mann und der andere die Silberne Frau heißt. Da das Holtemmental altes Bergbaugebiet ist, hat auch die Namensgebung des erstgenannten Felsens in einer bergmännischen Sage ihren Ursprung.

Danach sollen in alter Zeit, als der Bergbau im Harz noch blühte, im Tal der Holtemme Bergleute nahe diesem Felsen einen Stolln in den Berg getrieben haben, in dem sie reiche Silberadern fanden. Nach einiger Zeit des erfolgreichen Abbaus schlugen sie eines Tages aus dem Gestein einen silbernen Kopf frei. Bald hatten sie eine ganze Figur in Menschengröße bloßgelegt, die aus purem Silber war. Da diese Gestalt aus dem edlen Materiale genau wie der sagenhafte Bergmönch aussah, wagten die abergläubischen Bergleute nicht, sie anzurühren. Vielmehr gruben sie ihre Stolln von hier aus nach allen Seiten. Und der silberne Mann im Bergwerk brachte ihnen Glück, denn die Grube Zum Silbernen Mann, wie sie jetzt hieß, war bald die fündigste im ganzen Harz. Menschliche Habgier sollte aber dem nach kurzer Zeit ein Ende setzen.

Eines Tages wollte ein Bergmann ein Stück Silber von

der Figur abschlagen, um es in der nahen Stadt zu verkaufen. Er setzte Schlägel und Eisen an und trennte von der Hand den kleinen Finger ab. Da schoß aus der verunstalteten Hand ein so mächtiger Wasserstrom, der bald die ganze Grube unter Wasser setzte und die Bergleute gerade noch ihr nacktes Leben retten konnten.

Seitdem konnte in die Grube Zum Silbernen Mann kein Bergmann mehr einfahren, und Silbererz wurde im Tal der Steinernen Renne auch nicht mehr gefunden. [43]

Unschuldig gerichtet

Der Berggeist machte sich häufig wohl eine Kurzweil daraus, die Bergleute mit Gold und Silber zu beschenken. Sehr oft aber, wenn der Beschenkte nicht reinen Sinnes war, verwandelte sich dies nachher in Kohle und Unrat. Manchmal wieder schenkte er den Bergleuten Sachen von scheinbar unbedeutendem Wert, die sich erst später in Gold und Silber verwandelten.

So trat in der Grube Goldener Altar der Berggeist einmal zu einem Steiger, der ein halbes Jahrhundert ehrlich, fleißig und treu seinen Dienst verwaltet hatte. Er sprach mit ihm, und als er hörte, daß die Familie des Steigers daheim nur kümmerlich zu leben habe, gab er ihm ein paar braune Wurzeln mit; die sollte er sich für Zeiten der Not aufbewahren. Die Wurzeln hatten sich aber, als der Steiger nach Hause kam, in Silber verwandelt. In seiner großen Gewissenhaftigkeit trug er nun Bedenken, ob er sie wohl als sein Eigentum behalten dürfe. Im Vertrauen fragte er seinen Nachbarn, was er dazu meine. Dieser aber war ein Schurke. Zu dem Steiger sagte er, daß er die silbernen Wurzeln mit Fug und Recht behalten könne. Nach einigen Tagen jedoch ging er zum Bergmeister und erstattete Anzeige: Der Steiger habe ein paar kostbare Silberstufen entwendet. So kam der ehrliche Greis in Untersuchung, und da man die Stufen in seinem Haus fand und seiner Erzählung über ihren Erwerb keinen Glauben schenkte, wurde er zum Tode verurteilt. Das gab viel Aufsehen in den Bergstädten des Harzes. Da war fast keiner, der ihn für schuldig hielt. Alle kannten ihn als einen ehrlichen Mann, den Angeber aber als einen sehr schlechten. Doch die Richter glaubten, nicht anders urteilen zu können, denn der Schein war gegen den Steiger. Als der Steiger hingerichtet werden sollte, hatte sich viel Volk versammelt, das wegen des Spruchs murrte.

»Nein«, rief der Verurteilte dem Volk zu, »im Angesicht des Todes noch sage ich euch, daß ich unschuldig bin und daß euch ein Zeichen werden soll. Mein rotes Blut wird unter dem Richtschwert zu Milch werden, und die Gruben, in denen ich gearbeitet habe, werden erlöschen. Wenn dies geschieht, beweist das meine Unschuld!«

Da war Totenstille auf dem weiten Platz, und aller Augen schauten auf den Scharfrichter. Dieser nahm das Richtschwert. Es blitzte in der Luft. Ein Schrei, und das Haupt des Steigers rollte nieder. Aber statt des Blutes spritzte Milch hervor. Da erblaßten die Richter, denn sie erkannten, daß sie unrecht gerichtet hatten. Das Volk jedoch entbrannte in heißer Wut, und es gab unruhige und blutige Tage.

Der böse Angeber hatte schon vorher die erledigte Stelle des Steigers erhalten. Doch bald fand auch er seinen Lohn. Als er zum ersten Mal in die Grube Goldener Altar fuhr, begegnete ihm der Berggeist mit grimmigem Antlitz und drohenden Zügen, faßte ihn vor die Brust und schleuderte ihn ins Räderwerk des Treibschachtes. Dann ging der Berggeist mit ebenso zornigem Gesicht in der ganzen Grube und in der danebenliegenden um. Er trieb die Arbeiter vondannen. Er schickte Wetter hinein, daß sie die Baue zersprengten, zertrümmerte Fahrten und Künste und ließ die Bergströme von allen Seiten hereinbrechen, so daß der Bau der Gruben aufhörte und auch dies die Unschuld des Steigers bestätigte. [56]

Die verkannte Absicht

Von Sieber wird die vorstehende Sage etwas anders überliefert. Dort heißt es:

Die reichsten Silbergruben am Harz waren in alter Zeit Der große Johann und Der goldene Altar. Über diese Gruben war vorzeiten ein Steiger gesetzt, der einmal, als der Gewinn sehr groß war, ein paar Stufen beiseite gelegt hatte, um sie zuzulegen, wenn der Bau schlechter und ärmer sein würde. Was er in guter Absicht getan hatte, das wurde von anderen, die es bemerkt hatten, als ein Verbrechen angeklagt. Und wer damals auch nur wenig entnommen hatte, mußte sterben. So wurde der Steiger verurteilt. Als er niederkniete und ihm das Haupt abgeschlagen werden sollte, beteuerte und beschwor er nochmals seine Unschuld und sprach: »So gewiß bin ich unschuldig, wie mein Blut sich in Milch verwandeln und der Bau der Grube aufhören wird. Erst wenn im gräflichen Haus ein Söhnlein geboren wird mit Augen aus Glas und mit Rehfüßen und am Leben bleibt, wird der Bau wieder beginnen. Stirbt es aber noch im Kinderbett, dann bleiben die Gruben ewig zu!«

Als der Scharfrichter den Hieb getan hatte und das Haupt herabfiel, sprangen zwei Milchströme statt des Blutes aus dem Rumpf und bezeugten des Steigers Unschuld. Und die beiden Gruben gingen alsbald darauf ein. Nicht lange danach wurde zwar ein Graf mit Glasaugen und Rehfüßen geboren, aber er starb gleich nach der Geburt. Darum wurden die Silberbergwerke nicht wieder aufgetan, sondern blieben verschüttet bis auf diesen Tag. [46]

Der Bergbau in den Sagen über Orts- und andere Namen

2
3

In diesem Kapitel wurden all die Sagen zusammengetragen, in denen Orts- und andere Namen mit dem Bergbau in Verbindung gebracht werden. Auch hierbei ist natürlich die Spielbreite sehr groß. Sie reicht von der Sage, die fast wie eine mündlich weitergegebene Chronik wirkt, bis zu der frei sich hingebenden Phantasie. Letzteres ist vor allem der Fall, wenn entweder der konkrete Grund der Namensgebung nicht mehr bekannt war oder nicht mehr verstanden wurde.

Angemerkt sei in diesem Zusammenhang, daß auch diesem Themenkomplex Aussagen aus den anderen Kapiteln zugeordneten Sagen wiederholt werden müßten. Das betrifft das Auffinden der Bodenschätze, wenn es namensgebend wurde, ebenso wie das Leben der Bergleute, wenn Einheimische und Fremde aufeinandertrafen. Mitunter führen die Sagen auch ziemlich weit zurück, wenn zum Beispiel Spezialisten aus technisch weiter fortgeschrittenen Bergrevieren zur Bewältigung anstehender Aufgaben angeworben und herbeigeholt wurden. Außer den Sagen, die sich mit Leben und Wirken der Bergherren befassen, können alle anderen Themenkreise ebenfalls in diesen Zusammenhang gebracht werden.

Schwieriger ist dagegen – und ohne Kenntnis berg- und hüttenmännischer Redensarten oft Anlaß zu freier Spekulation –, derartige Namen einfach mit umgangssprachlichen Ausdrücken erklären zu wollen. Hinzu kommt – wenngleich es in der bewußt so gewählten Form des Aufschreibens von Sagen in diesem Lesebuch kaum noch erkennbar ist –, daß im Harz Sprachdialekte aufeinanderstoßen. Wenn man verhältnismäßig rasch merkt, daß Gaipel und Göpel den gleichen bergmännischen Schutzbau benennen, so wird man kaum ohne weiteres in dem Wort Klee in dem Ort Hahnenklee die Bezeichnung für Kluft vermuten, die in einer Landkarte von 1527/42 als »Hannenkloffthe wißk« eingetragen ist. Aus Spaß (und Ernst) an solchen Wortdeutungen und Wortspielen wurden in die »Bergmännischen Redensarten« am Schluß dieses Buches auch Ausdrücke aufgenommen, die in den erfaßten Sagen in anderem Zusammenhang oder gar nicht vorkommen. Da liest man vom »Alten Mann«, vom »Silbernen Mann« und vom »Hut-Mann«, man trifft auf die »Bergliese« und die »Hüttenkatze«, erfährt, was eine »Nase« und was ein »Mißpückel« ist.

Diese Sammlung »bergläufiger Rede«, das sind bei Berg- und Hüttenleuten geläufige Redewendungen, kann jedoch dem Anspruch nicht genügen, ausreichendes Hilfsmittel zur wissenschaftlichen Erklärung von Orts- und anderen Namen zu sein, und sie will es auch nicht. Sie soll, wenn es gestattet ist, das abschließend bergläufig zu sagen, für den Leser eine vergnügliche Fundgrube sein.

Ein alter Hüttenschmied aus Thale, der jeden Tag den weiten Weg an der Bode hinauf zur Hütte zurücklegte, obwohl ihm die Arbeit schon recht sauer wurde, machte sich Sorgen, wie lange er die schwere Arbeit wohl noch durchführen könne. Er lebte bei seiner Tochter, die eine Bergmannswitwe war und fünf kleine Kinder, aber keinen anderen Ernährer als ihren alten Vater hatte.

Eines Tages trug er die fertigen Eisenstangen aus der Hüttenschmiede auf den Hof hinaus, damit er drinnen Platz für neue Arbeit hatte. Wie staunte er aber, als er bemerkte, daß ein Zwerg neben ihm ging, der ebenfalls Eisenstangen aus der Schmiede trug. Als er nachzählte, stellte er fest, daß doppelt so viele Stangen draußen lagen, wie er geschmiedet hatte. Und dabei war erst die halbe Schicht vorbei! Bei der Mittagsrast forderte er den kleinen Helfer auf, sich zu ihm zu setzen und von seinem Brot mitzuessen. Das tat er denn auch, ohne sich lange zu zieren. Nach dem Essen nickte er dem Alten einen Dank zu und verschwand. So ging das nun jeden Tag, so daß der Alte am Ende der Woche einen guten Lohn ausgezahlt bekam und weit mehr Geld verdiente als die anderen Hüttenleute.

Nach einiger Zeit wurde der Hüttenmeister darauf aufmerksam und überlegte, wie er von allen Leuten solche Leistungen erzielen könne. Er schickte zwei fremde Gesellen zu dem alten Mann, die ihm seine Kniffe absehen sollten. Diese waren nicht erbaut davon und gingen nur widerwillig daran, dem Alten zu helfen und ihn zu beobachten. Sie waren von weit her zugewandert und vertrugen sich schlecht mit den Harzer Hüttenleuten, deren Sprache sie kaum verstanden.

Am nächsten Morgen kamen statt eines Zwerges gleich ihrer drei, um zu helfen. Die fremden Gesellen scheuchten die Kleinen, die ihnen im Wege standen, hin und her, so daß es ihnen schwerfiel, das gleiche zu schmieden wie die Gesellen und der Alte. Als die Mittagspause herankam, gaben sie ihnen nichts von ihrem Essen ab, so daß der Alte sein Brot mit allen dreien teilen mußte. Als sie nach dem Essen die Hüttenschmiede verließen, warf ihnen der eine Geselle ein Stück Eisen nach und verletzte einen der Zwerge schwer. Der rief daraufhin dem Alten zu, daß er morgen zu Hause bleiben solle – hier würde alles brake (zerbrechen, brach). Damit verschwanden sie im Berg.

Am anderen Tag standen die Gesellen ratlos in der Schmiede und wußten nicht, was sie ohne den Alten, der zu Hause geblieben war, anfangen sollten. Es mißlang ihnen alles, was sie auch anfassen mochten. Da begann es draußen plötzlich in Strömen zu regnen. Die Bode schwoll an, bis sie, zu einem reißenden Strom angewachsen, über die Ufer trat und in die Hütte eindrang. Die Hüttenleute flüchteten auf die Berge, wo sie vor dem Wasser sicher waren. Die beiden fremden Gesellen, die zu spät erst die Gefahr erkannten, folgten den anderen in großer Hast. Das Wasser verfolgte sie und riß sie immer wieder zurück. Steine prasselten ihnen entgegen, so daß sie mit blutigen Köpfen aus dem Tal entflohen und aus Furcht vor der wilden Bode nie wieder wagten, in diese Gegend zu kommen.

Die Gebäude der Hütte waren vom Wasser zerstört, so daß die Hüttenleute weiter entfernt eine neue Hütte aufbauen mußten. Die Stelle, an der die alte Hütte gestanden hatte, nannten sie seit der Zeit die »Alte Brake«. In der neuen Hütte fanden sich nach einiger Zeit auch wieder die Zwerge ein und halfen den Hüttenleuten. Das gefiel diesen,

und sie vergalten es den Zwergen, indem ihnen jeder Brot und Milch mitbrachte, soviel sie essen und trinken mochten.

Einstmals feierten die Hüttenleute ein großes Fest und luden auch die Zwerge dazu ein. Dem Zwergenkönig hatten sie aus Dankbarkeit einen neuen Rock und ein Paar zierliche Stiefel anfertigen lassen. Über den neuen Rock hat sich der kleine König sehr gefreut, hat ihn gleich angezogen und einen Freudentanz damit aufgeführt. Als er aber die neuen Stiefel sah, wurde er traurig und sagte: »O weh, nun müssen wir wandern!« Er zog die Stiefel an und machte sich auf den Weg; alle Zwerge folgten ihm durch das Tal und aus dem Harz hinaus. Niemand hat sie seitdem in den Bergen des Harzes angetroffen, soviel man auch nach ihnen suchen mochte.

Der alte Hüttenschmied lebte noch lange in bescheidenem Wohlstand bei seiner Tochter, bis die Enkel groß waren und selber in den Stolln und Hütten Arbeit aufnehmen konnten.

Seit jener Zeit sagt man aber im Harz: Wenn man jemand gern hat, soll man ihm weder Schuhe noch Pantoffeln schenken, sonst geht er damit ab und kommt, ebenso wie die Zwerge, nie wieder. Darum darf auch kein Bursche seiner Liebsten die Brautschuhe kaufen und kein Mädchen ihrem Burschen ein Paar Pantoffeln schenken. [51]

Der Anfang von Clausthal

Die Stadt soll im 10. Jahrhundert durch eine Einsiedlerklause, die in der Nähe des Sorgaer Teichs stand, ihren Anfang genommen haben. Bergleute und Hirten, die hier die zutage anstehenden Erze des Thurm Rosenhof fanden, bauten sich dabei an und legten so den Grund zu Clausthal. [5]

Wie der Landgasthof Drei Annen zu seinem Namen kam

Am 24. Februar 1770 wurde dem Grafen Christian Friedrich zu Stolberg-Wernigerode eine Tochter geboren, die er auf den Namen Anna taufen ließ. Am 20. Mai des gleichen Jahres bekam der Graf eine Nichte, die ebenfalls Anna genannt wurde. Da außerdem die Großmutter der beiden Kinder auch noch Anna hieß, soll der Bergverwalter Schmidt aus Schierke, der offenbar nicht nur ein gottes-, sondern auch ein lehnsherrnfürchtiger Mann war, erklärt haben, als er auf den Hasselköpfen ein Kupfer- und Silberbergwerk anfing zu bauen: »Die Grube wird den Namen Drei Annen erhalten!«

Die Grube ging zwar nach einigen Jahren wieder ein. Der Name aber blieb erhalten und wurde auf alle Einrichtungen übertragen, die später an dieser Stelle betrieben wurden, so auch auf die heute noch beliebte Einkehrstätte. [57]

Der Fresser

Auf dem Wildemann war einst ein gescheiter Steiger. Als nämlich dort im zweiten Viertel des sechzehnten Jahrhunderts viel Silber gefunden wurde, kamen fremde Bergleute in großen Scharen an und begehrten Arbeit. Da hätte Grube an Grube sein müssen, um alle zu beschäftigen. Um sie aber in Ehren wieder loszuwerden, steckte sie der Steiger in eine Gegend der Grube Wildemann, wo nichts als feste Strosse war. Weder Eisen noch Stahl wollten darauf haften. Hatten nun die fremden Bergleute eine Schicht verfahren und viel Eisen verschlagen, hatten sie so wenig Erz gewonnen, daß sie sich nicht einmal hätten daran satt essen können, selbst wenn es Brot gewesen wäre. Da wurden sie solcher Arbeit bald überdrüssig und kündigten wieder auf. Die anderen aber sagten scherzhaft: »Es hat sie gefressen«, und sie nannten den Ort der Grube den »Fresser«. [46]

Der Frankenberg zu Goslar

Der Frankenberg soll seinen Namen davon herleiten, daß Kaiser Otto den zum Abbau der reichen Erzlager im Rammelsberg herbeigerufenen Franken diesen Berg zur Wohnung anwies. [5]

Lautenthal

An der wilden Innerste stand vorzeiten eine Hütte, in der ein Bursche lebte, der eine glühende Liebe zu der Tochter eines benachbarten Grafen in seiner Brust fühlte. Auch diese liebte den Burschen, doch konnten beide nicht auf Erfüllung hoffen, denn der Graf hätte seine Tochter nur einem reichen und angesehenen Eidam gegeben. Beide saßen deshalb oft im Tal beisammen und wußten nicht, wie sie ihr Schicksal meistern sollten.

So harrte auch eines Abends die Jungfrau wieder ihres Geliebten. Sie hatte ihre Laute im Arm. Da klang es, als ob ein Geist die wohltönenden Klänge aus dem Berge wiederholen würde. Als der Jüngling herankam, hörte er ebenfalls die himmlischen Töne, die er in dieser Reinheit noch nie vernommen hatte. Er überlegte: sollte eine Höhle am Berge die Ursache für diese Klänge sein? An der Stelle, wo die Töne so vorzüglich wiederklangen, schob er etwas Erde zur Seite. Da sah er, daß durch eine Wand aus gediegenem Silber die Lautenklänge so hell und rein klangen. Da waren die beiden Liebenden glücklich, denn der Jüngling wurde durch den Fund reich und war gar noch angesehen, weil er als Lohn für seine wichtige Entdeckung ein hohes Amt bei dem Bau der Gruben erhielt. Auch gab ihm nun der Graf mit Freuden seine Tochter.

Der Ort aber, der an dieser Stelle entstand, wurde Lautenthal, das Tal der Laute, genannt. [53]

Spar die Müh'

Bei Lautenthal gibt es einen Stolln, der den sonderlichen Namen Spar die Müh' führt. Wie es zu diesem Namen kam, berichtet folgende Sage:

In dem Felsgestein dieser Gegend wohnten Zwerge. Sie lebten in bester Freundschaft mit den Leuten aus Lautenthal. Wenn sie auch hier und da einen Schabernack ausführten, machten sie es durch Gefälligkeiten und Geschenke immer wieder gut. Diese kamen stets in Zeiten der Not oder Verlegenheit und waren dann doppelt willkommen.

So gingen viele Jahre in Frieden und Freundschaft dahin. Die Zwerge fühlten sich glücklich dabei, und die Menschen hatten großen Nutzen und gutes Auskommen.

Da kamen Venediger in die Gegend. Diese hörten auch von den Geschenken der Zwerge und beschlossen, die Zwergenhöhlen zu plündern. Sie dachten, wo Geschenke herkommen, muß auch viel Gold zu holen sein. Die Zwerge aber hatten ihre Horcher, denn sie waren ein neugieriges Völkchen, denen die fremden Männer gar nicht gefielen. So hörten sie natürlich auch von dem Vorhaben der Schatzgräber und lachten darüber. Denn sie waren sich ihrer Macht wohl bewußt.

Eine Frau aus Lautenthal hatte besonders viel Freundlichkeiten von den Zwergen erfahren. Darum wurde sie von den Venedigern ausgeforscht. Das schwatzhafte Weib sagte auch, was es wußte, und verriet den Habgierigen den Eingang zu den Zwergenhöhlen.

So zogen die Männer hinaus an die bezeichnete Stelle, hackten und bohrten, aber eisenhartes Gestein machte all ihre Mühe zunichte. Nirgends konnten sie in den Fels weiter eindringen als einige Fuß. Endlich schien es, als gelänge es ihnen, einen Stolln zu graben. Triumphierend jubelten die Venediger. Weiter und weiter gedieh die Arbeit, tiefer und tiefer wurde der Stolln. Nach einigen Wochen waren sie wirklich tief in den Felsen eingedrungen. Da aber hörte der Erfolg auf. Alle Arbeit war umsonst. Kein Bröcklein ging mehr vom Gestein los, und die Männer wurden immer verdrießlicher und ärgerlicher. Aber das half erst recht nicht.

Eines Morgens gingen die Männer wieder an ihr saures Tagewerk. Sie wollten mit Gewalt die Schätze aus den Felsen herausholen. Da hörten sie fortwährend um sich her Gekicher und Gelächter. Einer schalt den anderen wegen des Lachens. Und doch wollte keiner gelacht haben. Es kam zu Prügeleien, aber immer toller wurde das Lachen. Es polterte drinnen im Berge, als rollten große Felsblöcke einher. Und so war es auch! Die Zwerge wälzten das härteste Gestein an die Stelle, wo die Männer arbeiteten. Hacken und Picken zerbrachen eher, als daß sich der Stolln auch nur um ein Bröcklein vergrößert hätte. Von allen Seiten aber tönte den Venedigern der Ruf entgegen: »Spar die Müh'! Spar die Müh'!«

Da merkten die Venediger den Zorn und den Widerstand der Zwerge und zogen ab.

Die Lautenthaler Frau aber, die den Venedigern den Weg gewiesen hatte, kam bald darauf in große Not und Sorge. Wie gewohnt ging sie zu den Zwergen und bat um Hilfe. Aber kein Zwerg ließ sich mehr sehen, nur der Ruf erklang: »Spar die Müh'!«

Da wußte die Frau, was sie angerichtet hatte mit ihrem Geschwätz, und ging traurig zurück nach Lautenthal. Die Zwerge aber hat man nicht wieder gesehen. [6]

Woher der Name Mönchsthal kommt

Das Mönchsthal bei Clausthal soll der Sage nach seinen Namen vom Bergmönch herleiten, der hier seinen Lieblingsaufenthalt hatte. Es gab früher dort auch reiche Gruben. Manchmal ist da der Bergmönch in den Gruben erschienen, und die Bergleute hatten sich so an ihn gewöhnt, daß sie sich schließlich nicht mehr vor ihm fürchteten. Aber manchmal hat er seine Launen gehabt und die Bergleute durch allerlei abenteuerliche Spielereien und Neckereien behindert. Auch zog er die Schützen auf, daß man die Wasserräder nicht mehr zum Stehen brachte, oder er hielt die Kunst an. Dadurch wurde er den Bergleuten schließlich zur Last, und sie wollten ihn gern los sein. So folgten ihm einstmals ein paar Bergleute nach und legten, wo sie gingen, Kreuze vor sich hin. Da ging der Bergmönch schließlich in eine Schlucht hinein, die hinten durch eine nackte Steinwand abgeschlossen wurde. Der Bergmönch sah sich dort noch einmal zornig um und rührte dann den Stein an. So wie er diesen aber angerührt hatte, tat sich die Wand auf, und der Bergmönch trat hinein. Gleich darauf schloß sich die Wand wieder fest zusammen.

Seit dieser Zeit ist der Bergmönch nie wieder in die Gruben gekommen. Aber diese sind auch alle überschwemmt, und man hat sie auflassen müssen. Die Wasser waren nicht mehr zu gewältigen. An der Stelle, wo der Bergmönch in den Fels gegangen ist, ist das Bild eines Bergmanns zu sehen. [35]

Wie der Rammelsberg zu seinem Namen gekommen ist

Zu der Zeit des Kaisers Otto I., der auf der Harzburg wohnte und vielfältig in den Harzgebirgen jagen ließ, jagte auch einer seiner vornehmen Jäger, namens Ramm, an den Vorbergen des Harzes. Als der Jäger an einem Ort wegen der Höhe des Berges dem Wild nicht mehr zu Pferde nachjagen konnte, band er dieses an einen Baum und folgte dem Wild zu Fuß. Als Ramm wiederkam, sah er, daß sein Pferd während seiner Abwesenheit viele Steine aus der Erde gescharrt hatte. Darunter war auch eine schwere Stufe Erz. Diese brachte Ramm dem Kaiser, der sie probieren ließ. Obwohl sich diese Stufe gering an Silber und Blei zeigte, hat der Kaiser aus Liebe zum Bergbau den Berg durch Bergleute gewaltig angehen lassen. Da hat man dann das Erz in solch großer Menge angetroffen, wie es in der Christenheit bis auf den heutigen Tag nicht wieder gefunden worden ist. Als nun der Kaiser die große Menge gesehen und den Bestand des Erzes erfahren hat, hat er den Berg nach dem Jäger Rammelsberg genannt. Die Stadt aber, die an seinem Fuß entstand, und das Wässerlein, das sie durchfließt, wurden nach des Jägers Weib Gosa Goslar und Gose geheißen.

Ramm und Gosa wurden in Goslar in der St. Augustiner-Kapelle begraben. Auf ihrem Grab liegt ein Stein, in dem sie beide lebensgroß ausgehauen sind. Ramm hält in der Rechten ein Schwert über sich, Gosa trägt eine Krone auf dem Haupt.

Nach einer anderen Variante ist ein Mann von adligem Geschlecht, dessen Name unbekannt ist, über einen Berg geritten. Von ungefähr ist er dabei abgestiegen und hat seinen Klepper, der Rammel hieß, an einen Baum gebunden. Als er zurückkommt und weiterreiten will, sieht er, daß sein Pferd unterdessen mit den Hufen einen schönen Bleigang entblößt hat. So wurde der Metallreichtum des Berges offenbar und dem Berg der Name des Pferdes beigelegt. [46]

Der Ursprung des Namens Hahnenklee

Der Ortsname Hahnenklee soll der Sage nach daher rühren, daß an dieser Stelle ein Hahn, der im Kleefeld scharrte, blinkendes Erz zutage brachte. [25]

Wildemann

Als die ersten Bergleute in den Harz kamen und von Zellerfeld aus in die Umgebung gingen, um Erz zu suchen, kamen sie auch in das Innerstetal, dorthin, wo später die Bergstadt Wildemann entstand. Die Innerste war gerade angeschwollen und hatte einige Gänge ausgewaschen. Diese fanden die Bergleute. Sie fanden dabei aber auch eine Menschenspur, die im Schlamm der Innerste zu sehen war.

Die Bergleute wußten, daß keine Menschen weiter im Harz waren als sie. Deshalb suchten sie und sahen bald darauf einen Menschen in der Nähe der Gänge. Dieser lief nackt herum und sein Weib, das sie etwas später sahen, ebenfalls. Beide hatten Mooskappen auf dem Kopf und einen Laubgürtel um den Leib. Wenn die Bergleute ihnen näher kamen, rannten sie fort, so scheu und wild waren sie. Sie verstanden auch nichts, wenn sie gerufen wurden. Oft machten die Bergleute Jagd auf sie, ohne sie zu erwischen. Sie gaben deshalb ihrem Herrn, dem damaligen Herzog von Braunschweig, Nachricht davon. Dieser ließ ihnen sagen, daß sie die wilden Menschen mit Schlingen oder mit Bogen und Pfeil fangen, sie aber ja am Leben lassen und nach Braunschweig schicken sollen.

Die Bergleute gaben sich alle Mühe, die beiden Menschen zu fassen. Aber es mißlang immer. Endlich verwundete man den Mann so, daß er nicht weiterlaufen konnte, und fing ihn. Er war groß und stark, hatte einen langen dicken Bart und lebte mit seinem Weib, das ihm ähnlich war, in dieser Waldeinsamkeit. Sie nährten sich von Beeren und Wildfleisch.

Der Mann hatte einen ziemlich starken Tannenbaum in der Hand, den er auch als Waffe gebrauchte. Beide konnten sehr schnell laufen und waren gelenkig wie die Riesen. Da er außerdem sehr stark war, war es keine Kleinigkeit gewesen, des Mannes habhaft zu werden. Was das für ein Kampf war, kann man gar nicht erzählen.

Als die Bergleute den wilden Mann gefangen hatten, sollte er arbeiten. Er tat es aber nicht. Man fragte ihn, woher er wäre und was er getan hätte. Er schwieg. Man reichte ihm Essen und Trinken. Er berührte nichts. Dabei sah er aber immer nach der Gegend hin, wo die Gänge waren. Es schien, als könne er sich nicht davon trennen. Bisher hatte man zwar dort Ganggestein gefunden, es war jedoch kein Erz darinnen.

Da der Mann durchaus stumm war und blieb und auch kein Wort verstehen konnte oder wollte, schickte man ihn nach Braunschweig zum Herzog. Dieser bekam ihn aber nicht zu sehen, denn auf dem Weg nach Braunschweig starb der wilde Mann.

An dem Tag, an dem die Nachricht kam, daß der wilde Mann auf der Reise gestorben sei, gruben die Bergleute an der Innerste das erste Erz auf. Dieses war sehr reich an Silber, und die erste Grube dort wurde Der alte Wildemann genannt. Man glaubte nun, daß der wilde Mann die Gänge so lange taub gemacht habe, solange er lebte.

Zum Andenken an ihn pflanzte man an der Stelle, wo er gefangen worden war, eine Linde, baute sich dort an und nannte den Ort Wildemann. Das Bild des wilden Mannes nahm man ins Stadtsiegel auf. So entstanden Name und Siegel der Bergstadt Wildemann. [56]

Die Türkeischenke zu Wolferode

Vor dem Dorf Wolferode, wo der Weg nach Bornstedt führt, steht eine Schenke, welche die »Türkeischenke« heißt. Dieser Name soll daher rühren, daß in alten Zeiten, als es in den Bergwerken dieser Gegend schlecht ging und niemand viel verdiente, ein Balsamträger dahingekommen sei und erzählt habe, daß jetzt gerade eine vortreffliche Gelegenheit sei, um sein Glück zu machen. Wie er sagte, stünden nämlich die Bergwerke in der Türkei unbebaut, weil alle Arbeiter hätten mit in den Krieg ziehen müssen. Der türkische Sultan würde deshalb jedem Bergmann, der zu ihm käme, nicht nur sehr hohen Lohn, sondern auch ein wahrhaft fürstliches Leben bieten. Das waren gute Nachrichten für die Mansfelder Bergleute, und aus Ziegelrode, Wimmelburg, Ahlsdorf, Blankenheim, Schmalzerode, Helbra sowie einigen weiteren Orten fanden sich eine Menge Bergleute, die auf diese Nachricht hin ihre Heimat verlassen und frischweg in die Türkei ziehen wollten. All diese Leute verabredeten sich, daß sie sich in der kürzesten Sommernacht früh vier Uhr vor der Schenke in Wolferode treffen wollten. Wie gesagt, so getan! Wohlgerüstet für die lange Reise kamen sie alle zur rechten Zeit dorthin. Da sahen sie jedoch einen dicken, buckligen Bergmann, dem sie den Spottnamen »Der Zwerg« gegeben hatten, auf einmal auf einer Weide am Gasthof sitzen. Der rief sie an, wo sie hinwollten, und fragte sie, ob sie wohl närrisch wären, aufs Geratewohl und ohne alle Sicherheit, nur auf die Rederei eines Schwindlers hin, ihr Vaterland und ihre Familien verlassen zu wollen. Kurz, er redete ihnen so ins Herz, daß er sie bewog, ihren törichten Entschluß aufzugeben.

Um aber ihre Narrheit der Nachwelt zu überliefern, nannte man fortan den Gasthof »Zur Türkei« oder auch nur »Türkeischenke«. [56]

Stolberg und der Bergbau

In Stolberg, dessen Namen und Entstehung man überhaupt vom Bergbau, entweder vom Stolln oder vom Stahl, ableitet, soll – nach unverbürgter Nachricht – schon im Jahre 794 ein Graf Otto sein Leben durch den Sturz in einen alten Bergschacht verloren haben. [5]

Der Räder-See

Zwischen Stolberg und Stempeda soll einst ein großes Hüttenwerk gestanden haben, das durch den Fluch eines unschuldig gerichteten Werkführers untergegangen ist und an dessen Stelle ein großer Teich, der Räder-See, entstand.[14] Dieser soll der Sage nach seinen Namen von dem untergegangenen Räderwerk des Hüttenwerkes herleiten. Gar viele unheimliche Erlebnisse sollen die Menschen an diesem See gehabt haben. So erzählte eine Hebamme, daß sie einst zu einer Entbindung in den See geholt worden sei. Dort habe sie auch viele Berg- und Hüttenleute arbeiten sehen. [25]

Der Eiserne Weg

Der Name Eiserner Weg bei Wernigerode soll seine Entstehung der Tatsache verdanken, daß auf ihm Erze von Elbingerode transportiert wurden. [48]

Die Entstehung des Namens Staufenberg

Einst jagte, so erzählt man, Heinrich der Finkeler in der Wildnis des Harzes. Er sehnte sich dabei hinauf auf jenen Berggipfel, der später die Staufenburg tragen sollte und den damals vielleicht noch keines Menschen Fuß betreten hatte. Ein in der Nähe weilender Bergmann schlug deshalb Stufen in den Berg und geleitete seinen fürstlichen Herrn sicher hinauf. [40]

die zu kennen nützlich ist, besonders um bergmännische Kultur und bergläufige Redeweise besser verstehen zu können.[15]

Abbauen	nutzbare Mineralien mittels bergmännischer Arbeiten von ihren Lagerstätten lostrennen, gewinnen
Abkehren	seine Arbeit aufsagen und nicht mehr auf dieser oder jener Zeche arbeiten wollen. Das gebührende Abkehren geschieht, wenn ein Arbeiter acht Tage und ein Hutmann, Steiger und dergleichen Diener wenigstens vierzehn Tage zuvor seine Arbeit und Dienste aufkündigt. Wer nicht gebührend abkehrt, soll auf anderen Gebäuden nicht wieder in Arbeit genommen werden
Ablegen	den Arbeitern die Arbeit aufsagen Soll aber nicht ohne Ursache und mitten in der Woche geschehen
Ader	Gänge und Klüfte werden auch Erzadern genannt
Alter Mann	ein allgemeines Wort bei den Bergleuten, das sie sagen: »Alten Mann finden. In alten Mann schlagen. Der alte Mann ist dagewesen«, wenn sie in den Gruben auf ausgehauenes Feld oder verstürzte Berge kommen. »In alten Mann bauen« ist in alten Gebäuden den dahin gestürzten Berg wegräumen und gewältigen

Anbruch — wenn man Erz von einer Strosse oder Ort weggewinnt und so noch anstehen bleibt, nennt man dasselbe einen Anbruch

Andreaskreuz — wenn die Gänge einander durchsetzen wie ein x (vgl. St.-Andreas-Kreuz, Martyrium eines der zwölf Apostel durch Kreuzigung am x gestellten Kreuzbalken)

Anfahren — ist soviel, wie an die Arbeit gehen
Die 8-Stündner sollen früh mit Schlag 4 Uhr anfahren. Die 12-Stündner sollen früh um 5 Uhr anfahren, und wenn die Steiger um halb weg 11 Uhr in die Grube eingezeichnet, und sie vor Ort gesaubert, ausfahren, so denn aber um 12 Uhr mittags abermals ein- und wenn halb 5 Uhr abends wieder in die Grube gemeldet und ausgeklopft, ausfahren. Wird ein Gebäude Tag und Nacht getrieben, soll man früh 4 Uhr die erste Schicht, die andere zu 12 Uhr und die dritte zu nachts um 8 Uhr anfahren

Anlassen — wenn der Ofen vorgerichtet und zugemacht ist, der Schmelzer alsdann die Balgen blasen läßt und zu schmelzen anfängt

Anlegen — heißt, die Arbeiter annehmen und anweisen

Anschlagen — heißt, Berge oder Erz zum Ausfördern in Kübel füllen.
Die solches verrichten, werden Anschläger genannt
Anschlagen geschieht, wenn ein Freimacher oder Aufnehmer alter Zechen alsbald nach dem Bestätigen einen Brief öffentlich anschlagen läßt, welche Zeche er aufgenommen

Anschnitt heißt, wenn der Schichtmeister im Beisein des Steigers an gewissem hierfür bestimmten Tage, gemeiniglich der Sonnabend vor dem Bergamte über alle Berg-, Hütten-, Schmiede- und gemeine Kosten und was sonsten bei der Zeche an Ausgaben vorfallen von Stück zu Stück, und nicht nach denen laboribus, vor dem Bergamte Rechnung tut und alles öffentlich abliest, damit solche Kosten und Ausgaben examinieret und von dem Geschworenen aufgezeichnet, auch um Nachricht willen beigelegt werden können

Anschützen die Wasser bei den Kunstgezeugen, Poch- und Hammerwerken auf die Räder schlagen
Anschützen bedeutet, eine durch Wasserkraft bewegte Maschine in Gang setzen

Arschleder halbrund gearbeitetes Leder, welches die Bergleute sowohl zur Zierat, als an ihrer Arbeit tragen

Armen so vor Gericht zu tun haben und sich selber nicht helfen können, soll ein Defensor ex Officio zugeordnet werden

Aschtonne ein Maß, daran die Asche zum Abtreiben des Silbers vermessen wird

Aufkleiden/ Ausklauben die guten Erze von den Bergen aussuchen

Aufstand heißt eine Relation oder ein Bericht von des Bergwerks Beschaffenheit.
Soll aber fein aufrichtig damit verfahren und nichts, was man nicht selbst mit Augen gesehen oder in der Tat befunden, mit hineingebracht werden

Auftragen/ Auflaufen — Erz und Kohlen in den Schmelzofen schütten

Auspochen/ Ausklopfen — heißt, wenn zur Zeit des Ausfahrens ein dazu bestellter Junge die Losung in die Grube gibt, da dann der nächste Häuer, der es gehört, mit dem Fäustel an das Gestein schlägt und immer einer dem anderen dadurch ein Zeichen gibt, daß sie vom Schlägel fahren und Schicht machen sollen

Ausrichten — heißt so viel als finden. Daher sagt man: Er hat den Gang ausgerichtet, das ist gefunden.

Ausrichter — Auch Losmachen der Tonne, wenn sie im Schacht hängenbleibt
heißt der Bergmann, so Achtung gibt, wenn etwas die Tonnen im Ausfördern aufeinander hocken, daß er das Seil also richtet, damit sie unverhindert nebeneinander gehen können

Balgliese — die eiserne Schnauze vorn am Blasebalgen

Balg vernasen — über die Balgliese Schlacken setzen, wenn man zu schmelzen anfängt

Bau — ein durch bergmännische Arbeiten und zu bergmännischen Zwecken im Gebirge hergestellter Raum

Bauch — heißt, wenn der Gang sich auftut und mächtig wird

Bauen — ist gebräuchlich, daß man sagt: Ich baue auf dieser Zeche so viele Kuxe mit. So heißt auch Bauen, wenn ein Gebäude mit Arbeit belegt ist

Baum — wenn eine Halde oder Pinge aufgenommen wird, und es stehen auf derselben Bäume, so gebühren solche dem neuen Lehn-Träger und nicht dem Grund-Herren, besonders, wenn das Holz zur Zimmer-Arbeit auf der Zeche vonnöten ist.

Befahren — wenn Bergbeamte in die Grube einfahren, dieselbe in Augenschein nehmen und deren Beschaffenheit erkunden, um danach den Bau anzuordnen

Begräbnis — wenn man in der Grube im alten Mann und solche Orte erschlägt, da die alten Berge hineingestürzt, so heißt es ein Begräbnis

Berg — wird genannt alles dasjenige losgenommene oder selbst abgefallene Gestein, das kein Erz führt und neben den Gängen bricht
Bei den Unter-Harzern wird auch kleines und gröbliches Erz Berg genannt

Bergamt — Bergbehörde erster Instanz
Das Bergamt besteht gemeiniglich aus dem Bergmeister, aus den Geschworenen und dem Bergschreiber
Beide, sowohl Kurfürstliche und Fürstliche als gemeinschaftliche Gruben, werden durch Bergämter regiert. Das kurfürstliche Bergamt ist zu Clausthal und besteht unter dem Vorsitz eines Berghauptmanns und Vizeberghauptmanns in zwei Klassen. Die erste nennt sich von der Feder.
Hierzu gehört der Zehnter, Bergsyndikus, Bergsekretär, Hüttenreuter usw. Die andere Klasse, so vom Leder sich nennt, besteht aus dem Oberbergmeister, vier Unterbergmeistern, zwei Ober-, Acht-, Stuf- oder Reviergeschworenen.

Jedes Bergamt wird wöchentlich zweimal, mittwochs und sonnabends, gehalten. Es gehören davor alle Berg- und Hüttensachen, auch Justizsachen . . .

Bergbarte/ Bergparte — fast wie ein Beil, nur daß es dünner und oben mit einer langen Spitze ist, daran ein Helm, meistens mit Bein (Knochen) zierlich ausgelegt, und tragen es die Bergleute zum Zierat

Bergfeste/ Bergfestung — ein Keilberg, welcher bei mächtigen Gängen wie ein Pfeiler in der Mitte des Ganges stehen bleibt, damit die Grube eine sichere Haltung habe und nicht zu Bruch kommen könne

Bergfreiheit/ Privilegium — weil Berg-Bauen nicht eines jeden Mannes Tun ist und doch dem allgemeinen Wesen sehr viel daran gelegen ist, so bedarf es besonderer Freiheiten

Bergteile (Kuxe, Kuckus) sollen mit anhängiger Nutzung und Ausbeute weder in Krieg noch in Frieden um keinerlei Verbrechen willen confisziret und eingezogen werden, sondern in alle Wege dem Besitzer und dessen Erben frei bleiben

daß Bergsachen ihr besonderes Forum haben

daß Bergstädte nur halbe Land- und Tranksteuer geben

daß bergbauende Gewerken gegen Vorzeigung gewisser Pässe wegen der Victualien, Akzise, Lizenz und dergleichen einen Vorzug erhalten

daß den Bergleuten forstzinsfreies Holz gegeben wird, freies bürgerliches Gewerbe und freier Markt gestattet und Gelegenheit zu Acker- und Wiesenbau gegeben wird

Berghauptmann hat anstatt des Landesfürsten allen zum Berg- und Schmelzwesen bestallten Amtsleuten, Dienern und sämtlichen zum Bergwerk gehörenden zu gebieten und zu verbieten, . . ., sonderlich dahin zu trachten, daß Friede und Gerechtigkeit auf den Bergwerken erhalten, aller Betrug, Untreue, Unrecht, Eigennützigkeit und Vorteil, so dem Landesfürsten, dem Bergwerk oder bauenden Gewerken zu Nachteil vorgenommen, abgeschafft, des Bergwerks Nutz treulich befördert, alle Confusiones verhütet und die irrigen Parteien nach Billigkeit vertragen[16] mögen. Die Reviere der Ämter soll er oft selbst bereiten, daß darin nichts verwahrloset. Vornehmlich soll er alle Rechnungen ehe und bevor solche in die Kammer eingeschickt werden, durchsehen, überlegen, und wohl erwägen, ob dabei etwas zu erinnern, wenn Defecte vorhanden und sein Bedenken und Gutachten einschicken und alles Nachteilige abwenden helfen. Er soll besonders darauf sehen, daß kein Amt oder Dienst mit unverständigen, unfleißigen, betrügerischen und untüchtigen Personen bestellt werde

Bergherr er soll die Bergwerke und so solche sich mit möglichster Beförderung erweisen, sie mit gnädigen Freiheiten, ohne welche der Bergbau nicht erhalten werden kann, begaben, dieselben unverbrüchlich zu halten, nicht um geringen Genusses oder Eigennutzes willen einziehen, sondern die Gewerke dabei schützen und sich gegen sie aufs gnädigste und willigste erzeigen, sie dadurch zu Berglust anreizen, weil Bergwerk allewege mehr Freiheit und Gnade als scharfes Recht haben will, sollen anders die Gewerken, welche auf ihr Wagnis und Darlegung des Bergherrn Nutz ohne seinen Beitrag zu befördern baulustig verbleiben. Zu dem Ende wird er mit Rat und Bedenken bergverständiger Leute eine wohlgegründete Bergordnung abfassen und nach deren Publikation derselben nicht nur selbst gnädig nachkommen, sondern auch gute Acht haben, daß sie von allen Amtleuten, Gewerken und Dienern unverbrüchlich gehalten und die Übertreter gebührlich gestraft werden.

Bergleute sollen: Im bergmännischen Habit gehen und kein ander Gewehr als Bergbarten führen. Ihre Arbeit, wozu sie von Geschworenen und Steigern angewiesen, treulich und fleißig verrichten, sich nicht auf ihre Schlägel-Gesellen verlassen, noch vor der Zeit davonpoltzen. Horchhäusel ist ein Behältnis, darinnen ein Berg-Junge gegen die Zeit des Ausfahrens steht und acht hat, wenn der Seiger (Uhr) schlägt, damit er ein Zeichen zum Ausfahren in die Grube geben kann und die Burschen ausschreien möge, welches die Bergleute heißen: Er stehet im Horchhäusel auf dem Poltz

Bergmännisch Bauen heißt vorsichtig bauen, alles wohl verwahren und auf die Nachkommen denken

Bergmeister Bedienter, der anstatt des Lehnsherrn Zechen verleiht und das ganze Bergwerk richtet. Soll von Bergwerken, dessen Bau und Erkenntnis der Erze und Gestein gute Wissenschaft haben und mit allen Fleiß darauf sehen, daß dem Bergwerk und bauenden Gewerken in und auf der Grube nützlich, fleißig und wohl vorgestanden, verständige und tüchtige Schichtmeister gesetzet, alle Gebäude bergmännisch angestellt und ohne unnötige Kosten gebauet, nach Möglichkeit befördert, was Schaden drohet abgewendet werde, einen jeden, der ihn ansuchet in seinem Amte zuständigen Sachen gerne und mit Geduld anhören, alle Affekten hintan setzen, auf seine Pflicht das Beste raten, zu seinem Rechte helfen, keinen wider Billigkeit beschweren und an seiner geordneten Besoldung und gesetzten Gebühren begnügt sein. Auf denen Gebirgen sich täglich befinden, daß die Arbeiter ihre Schichten redlich verfahren ... Bei dem Anschnitt gegenwärtig zu sein ... Der Lohnung im Zehnten bei wohnen ... Nicht gestatten, daß auf einem Gebirge zwei Zechen mit einem Namen oder alte Gebäude mit neuen Namen benannt werden

Bergspiegel — Zauberspiegel, durch den man ins Innere der Erde sehen kann
(vgl. Balthasar Rößler: Speculum Metallirgiae Polotissimum oder hell polierter Berg-Bau-Spiegel. Darinnen zu befinden, wie man Bergwerk suchen, ausschürfen, mit Nutz bauen, allenthalben wohl ausstellen, befördern, dabey alles Gestein und Ertze gewinnen, fördern, rösten, schmeltzen und zu gutes machen soll. Dresden 1700)

Bergwerk — sind diejenigen Örter, da man nach Erzen Schächte senkt, Stollen treibt oder Schürfe wirft

Bergwurzel — werden die genannt, so große Liebhaber von Bergbau und davon nicht abzubringen sind

Bleischweif — schmierige, lettige Bergart, so sich bei den Gängen spüren läßt und hat bei fündigen Gängen seine Wohnung

Blicken — heißt, wenn das Silber auf dem Treibeherd

hell und gar wird. so überlaufft zuvor die Röte mit weißen Blumen augen-blicklich

Buch — weil das Gedächtnis der Menschen schwach, auch ein Mensch dem Tod unterworfen, so daß eine Sache und deren eigentliche Beschaffenheit bald vergessen oder auch wohl von glaublosen und leichtfertigen Leuten gar geleugnet werden kann, also ist höchst nötig, daß man die vorfallenden Dinge fein fleißig in gewisse dazu verordnete Bücher bringe und anschreiben lasse. Und was nun also von dazu verpflichteten Personen in die Bücher eingetragen wird, findet allenthalben vollkommenen Glauben und gehet dem vor, was nicht eingeschrieben

Büchsenpfennig — Geld, so von der Bergleute Lohn zur Erhaltung der armen Witwen und beschädigten Bergleute gesammelt wird, von jeden Taler wöchentlich 3 Pfennige

Durchschlag — wenn man zwei Örter gegeneinander treibet und die selben zusammen kommen

Einfahren — geschieht, wenn ein Bergmann sich in die Grube an seine Arbeit begibt, es geschähe nun durch Schächte oder Stollen

Einlieger — ein Hüttenwächter

Erz — Erz sitzt in der Sau sagt man, wenn noch rohes Erz in Schlacken gesehen wird

Erzhöle/ Erzdruhe — ein zum Erzführen zugerichteter Kasten
Soll alle halben Jahre geeicht werden

Erzhöl-Führer — zur Verrichtung der Erzhöl-Fuhren sind vornehmlich die Grundherren, dann die Gewerken zugleich, so sie sonderlich Pferde darauf zu halten, gemeint, ferner einzelne Gewerken nach diesen die Schichtmeister, jedoch um den Preis, wie es andere führen wollen (anderer Gestalt denen Gewerken nach ihrem Gefallen Fuhrleute zu gebrauchen frei stehet) vor Fremden zuzulassen.

Fahrschacht siehe Schacht

Fahrkunst 1833 von Bergmeister Dörell erfunden. Es sind nebeneinander sich gegenläufig auf und ab bewegende Fahrten. Durch ein sprossenweises Übersteigen von einer zur anderen und zurück ist ein Einfahren bzw. Ausfahren möglich

Fahrten sind Leitern, darauf man in die Gruben hinabsteigt
Eine ganze Fahrt sind 12 Freibergischer Ellen lang gemacht, darinnen 24 Sprossen. Nach solchen Fahrten rechnen die Bergleute die Teufe

Fahrzeug Grubenzeug oder Grubenkleider

Faktor soll auf die ihm untergebenen Hüttendiener, als Anrichter, Guardein, Schmelzer, Abtreiber, Silberbrenner, Garmacher, Kupferschmiede und alle anderen Arbeiter ein fleißiges Aufsehen haben, damit ein jeder das seine mit Nutz und treulich verrichte. Niemanden, wer der sei, ohne des Berghauptmanns Vorwissen, einigen Bericht, Auszug noch Modell von diesem Saigerhüttenwerk zukommen, viel weniger Schmelz- und Saigerungsproben versuchen lassen. Über Einnahme und Ausgabe ... richtige Verzeichnisse, auch treue beständige Rechnung halten. Blei, Lehm, Ziegel, Bretter, Schindeln, Treib-,

Brenn- und Bauhölzer und eiserne Hüttengezähe, Treibeasche, samt aller anderen Notdurft bei Zeiten, sonderlich aber das Blei aus der ersten Hand erkaufen und alles mit möglichster Einziehung der Fuhrlöhne anschaffen. Keinen Kupfer-Handel ohne ausdrückliche Vergünstigung zu treiben befugt sein

Fäustel eiserner Hammer
Es gibt vielerlei, als Hand-Fäustel, ist der Schlägel, mit welchem die Bergleute auf das Eisen schlagen. Ort-Fäustel oder Päuschel, Keil-Fäustel, Fimmel-Fäustel (Fimmel = starker Keil), Pfahl-Fäustel, Bohr-Fäustel, Scheide-Fäustel, Stempel-Fäustel

Feld die Gerechtigkeit auf und mit dem Gange
Daher sagt man: Sein Feld erstreckt sich so weit... Feldort ist, wenn aus einem Schacht oder Stolln ein Ort entweder im Hangenden oder Liegenden hinaus nach vorliegenden Gängen getrieben wird

First/Först ist der obere Teil des Stollns und wird die Stolln-Firste genannt

Fleiz/Flöz wird dasjenige genannt, was nicht gangweise streicht und ins Feld will, sondern nur der Breite nach, horizontaliter, sich ins Feld erstreckt, darüber und darunter aber wieder festes Gestein ist

Fluder/Fluter breite Gerinne von zwei Spund-Stücken, dadurch die Wasser laufen können. Diesem gleichet ein Flut-Bette, so seithalben in die Kunstgräben gelegt ist, entweder die Wasser dadurch auf die Zeuge (Wassermaschinen beim Bergwerk, auch Künste genannt) oder in Fluten abführen. Wo das Wasser von Pochwerken seinen Abfall hat, wird das Flut genannt

Fördern Erz, Gänge oder Berge aus der Grube zu Tage oder in der Grube fortschaffen

Form eiserne oder kupferne Röhre, darinnen die Blasebälge liegen, verhütet, daß die Bälge kein Feuer fangen, auch den Wind nicht wieder in sich ziehen

Frischen wird genannt, wenn die Gänse geschmelzet werden, daß das Eisen davon zum verschmieden kann gebraucht werden.
Wenn das gebrochene Schwarz-Kupfer mit Frisch-Blei und Glöte beschickt und Frisch- oder Saigerstücke gemacht werden

Fundgrube Feld, wo zum ersten Gang entblößt und Kübel und Seil eingeworfen

Gaipel/Göpel rundes und oben spitzes Gebäude, darinnen die Pferde und das Seil vor Regen und Schnee bewahret werden, wenn sie Erz oder Berg oder auch Wasser aus der Erde treiben

Gang Strich, so das Gestein entzwei schneidet oder eine mit Erz, Letten oder anderer Materie ausgefüllte Klunse (Spalte).

Es sind derer vielerlei:

1. Morgen-Gang wird genannt, der dem Kompaß nach die Stunde führt von 3 bis 6
2. Spat-Gang von 6 bis 9
3. stehender Gang von 9 bis 12
4. Flacher Gang von 12 bis 3

Gans/Ganz — das im hohen Ofen geschmelzte und in eine Gestübe; das ist kleingestoßene mit Lehm vermengte Kohlen, daraus der Herd vor dem Schmelz-Ofen gemacht wird; gemachte Form abgestochene Eisen

Gebäude — Zechen oder das Bergwerk

Gedinge — gewisse abgemessene Arbeit so den Bergleuten verdinget wird, damit besserer Fleiß in der Arbeit getan. Damit man nun wisse, ob das Gedinge auch von dem Häuer recht angefahren

Geschicke — sind gleich den Klüften, die man oft kaum spüren kann; wenn sich dergleichen mit den Gängen in die Teufe ziehen und artig sind, so machen sie beständig Erz

Geschrei/Berg-, Erz-Geschrei — die Nachricht von Auffinden einer reichen Lagerstätte

Geschworene — sind beeidigte Berg-Bediente, die gewisse Zechen in ihrer Aufsicht haben. Sollen bergverständige, ehrliche und gewissenhafte Männer sein, alle Verleih-Tage bei dem Bestätigen, des sonnabends im Anschnitt und quartaliter bei Abnahmen der Register und den Aufrechnungen gegenwärtig sein. Wenn die Geschworenen in die Grube fahren und sehen, ob der Steiger seine Arbeit recht angestellt und die Häuer auf die Strossen und vor die Örter angewiesen, heißt es: Geschworene fahren auf den Steiger Geschworene werden auch an manchen Orten Schauherren, Sinker und Schiefergeschworene genannt

Gesenke

das Tiefste in der Grube, darinnen immer weiter nieder abgeteuft wird

Gewerken/
Gewerkschaft

Personen, so eine Zeche bauen und ihre gewissen Teile daran haben, auf dieselben Zubuße geben, auch nach Gelegenheit hinwieder Ausbeute erheben. Nach der Ungarischen Bergordnung heißen sie auch Waldbürgen

Gezähe

alle die Instrumente, die sowohl die Bergleute zur Gewinnung der Gänge, als auch die Schmelzer in Hütten gebrauchen

Glanz

eine Bergart, so gerne auf Silber-Gängen bricht, enthält oft Blei und Silber, ist oft auch kupfrig

Glöte

das Blei, so sich beim Abtreiben der Werke kalzinieren

Glück Auf

alle miteinander, Bergmeister, Geschworene, Steiger, Schlegelgesellen, wie ihr hier versammelt seid. Mit Gunst bin ich aufgestanden, mit Gunst setze ich mich nieder. Grüßete ich das Gelag nicht, so wäre ich kein ehrlicher Bergmann nicht

Gnadenlohn/
Gnadengeld

Unterstützung für arbeitsunfähige Bergleute aus der Knappschaftskasse

Grube

darunter wird das Berggebäude verstanden

Habit

bergmännische Kleidung, worinnen die Bergleute gemeiniglich zu gehen pflegen. Die Knechte oder Berg-Knappen, wie auch die Jungen tragen ihre Grubenkittel, Arschleder, Bergkappen und Schachthüten. Die Häuer aber tragen außer diesem Habit auch eine Barte und

Kniebügel, und die Steiger über dieses noch eine Steigerkappe, Grubentasche und Tzscherper. Die Knappschafts-Ältesten pflegen auch einen Säbel, oder nach jetziger Mode einen Hirschfänger zu tragen. Bei solennen Aufzügen lassen die Berg-Offizianten sich auch wohl in weißen Bergkappen und schönen bunten Hütchen, weißen wollenen Bergröcklein, Arschledern und Kniebügeln, auch Grubenseilen in den Händen habend, sehen

Halde/Halle — erhabener Ort vor einem Schacht oder Stolln, der von den ausgeförderten und aufeinander gestürzten Bergen gemacht wird

Hanen — sind die Körnlein Silber, so ein Treibe- und Brennofen abspritzen oder sich an den Blick oder das Brandstück setzen

Haspel — runder Baum, der an beiden Seiten die Bleuel-Eisen hat, daran die Haspel-Hörner befestigt sind, um welchen ein Seil geschlagen und in Kübeln Berg und Erz aus der Grube gezogen wird

Häuer — Bergmann, der auf Gängen arbeitet

Heintz — Röhrwerk, darinnen eiserne Seile mit Taschen gehen, das Wasser damit aus der Grube zu holen

Höle — halbrund ausgehauener Baum, auf ein gewiß Maß gerichtet, darinnen man Erz auf einem Wagen-Gestell führen kann. Achtundzwanzig hölzerne Körbe werden auf eine Höle gerechnet (Hölzerner Korb entspricht – landesunterschiedlich – von 0,13 bis 0,3 cbm)

Hutmann — der Wirt, der in dem Hut- oder Zechenhaus wohnt
Hutleute haben auf der Gewerken Zeche Erz, Gezähe und anderen Vorrat, auch daß die Pursche nicht zu zeitig ausfahren, wohl aufzusehen. Nicht gestatten, daß trunkene Arbeiter in die Grube fahren. Niemand verdächtigen, noch auch, außer der äußersten Not, fremde Personen des nachts allda beherbergen

Hüttenkatze — wird die Krankheit genannt, so die Hüttenarbeiter vom Gestank der Erze bekommen, besteht in Lähmung und Husten

Hüttenreuter — nachdem am Schmelzen der Erze viel gelegen und dasselbe ein fleißiges Aufsehen erfordert, so soll der Hüttenreuter die Hütten, wo nicht täglich, doch über den anderen Tag, absonderlich montags bald früh, bald nachmittags besuchen, ob getreulich und fleißig gehandelt und gearbeitet wird ... daß vor den hohen Öfen montags mittags zwölf Uhr angelassen, sonnabends aber um selbige Zeit zugesetzet und abends gegen vier Uhr ausgebrennet werde, gebührend anordnen. Alle Waagen und Gewichte, groß und klein, sowohl der Erz-Fuhrleute Hölen und Truhen alle halbe Jahr in seiner Gegenwart aufstoßen und zeichenlassen, damit selbige allezeit richtig und wohl gehalten werden

Inselt/Unschlitt/Unselt — soll von den Fleischhackern zum Gewichte um einen billigen Preis hergelassen werden
Geleuchte heißet, was die Bergleute mit in die Grube führen, es sei nun Unselt (Talg) oder gezogene Lichte, daß sie dabei sehen und arbeiten können

Kappe

sind erstlich Hölzer, welche über die Türstöcke auf den Stollen gelegt werden

und endlich eiserne Schienen, die man über die Reifen an den Tonnen und Kübeln beuget, dieselben damit zu befestigen

oder eine Kopfbedeckung

Kerbholz

ein Stück Holz eines quer Fingers breit und ein Glied lang, darauf der Bergmeister seinen Namen brennt oder zeichnet, das braucht er loco citationes, wenn er dergleichen einen Bergmann zuschicket, muß er darauf vor ihm erscheinen

auch Rabisch genannt, sind zwei gleich lange Holzstäbe, auf welchen die Bergkosten eingezeichnet wurden in der Weise, daß die beiden Stäbe, von denen Geschworenen den einen, der Steiger den anderen in Verwahrung hatte, zusammengelegt und in das zusammengelegte Holz Einschnitte gemacht wurden, die dann auf jedem der beiden Stäbe erkennbar waren und genau auf einander paßten

Kittel

Oberkleid, so die Bergleute von Barchent oder Leinwand über das Hemd zu tragen pflegen und wie einen Brust-Latz in die Hosen stecken

Kluft

wird genannt, wo sich das Gestein wie ein Schrick an einem zerknirschten Gefäße, wodurch das Wasser rinnen kann, von einander teilt, es mag nun so weit sein, als es wolle. Eine Spalte im Gestein

Hangend-kluft ist eine Kluft im Hangenden einer Lagerstätte

Knappschaft

die ganze Gesellschaft der Bergleute und derer, so auf dem Bergwerk zu schaffen haben

Krummer Zapfen	besteht aus Bleuel, Hals, Arm und Warze. Der Bleuel kommt in die Welle, mit dem Hals liegt er im Zapfen-Klotz, der Arm gibt den Hub und die Warze führt die Korbstange herum, das Gestänge damit hin und wieder zu regieren
Küh-Kamm	Beil, so der Steiger in und außerhalb der Grube braucht
Küh-Schicht	eine Schicht von 12 Stunden
Kumpe	im Harz nennen die Bergleute ihre Gesellen so
Kunst	eine Maschine, die Wasser aus der Grube zu heben. Künste sind dermaßen privilegiert, daß, wenn man das Wasser darauf bedarf, auch Brett-Mühlen abgeschützet werden müssen. Und im Falle auch Mahl-Mühlen, Pochwerke, Seifen und dergleichen wohl zu entraten, sind sie gegen einen billigen Abtrag zu weichen schuldig
Kutten	die Halden durchsuchen und das noch vorhandene Erz auslesen
Kux/Kuckus	wird ein Anteil an einer Grube genannt, welche 128 solche Anteile hat. Man teilt eine Zeche oder 128 Kuxe auch in Schichten, und machen 32 Kuxe eine Schicht, 16 Kuxe $^1/_2$ und 8 Kuxe $^1/_8$ Schicht. Vier Kuxe heißen ein Stamm oder ein zweiunddreißig Teil und dreißig Stamm ist eine ganze Zeche oder 128 Kuxe. Erb-Kux ist, der demjenigen frei gebauet wird, auf dessen Grund und Boden das Bergwerk lieget und genießt davon Ausbeute, um das er leiden muß, daß Halden auf sein Feld gestürzt, auch Wege und Stege gemacht werden
Lachter	ein bei Bergwerken gewöhnliches Maß (ca. 2 m) Ist immer an einem Ort länger, als am ande-

ren. Zu Freiberg und im Meißnischen Ober-Gebirge ist es gemeiniglich $3^1/_2$ Ellen lang und wird in 80 Zoll eingeteilt. Hat also ein Lehn $24^1/_2$ Ellen (7 m). Ein Wehr 49 Ellen (14 m). Eine Maase 98 Ellen (28 m) und eine Fundgrube 147 Ellen (42 m) in die Länge

Lange Schichten eine Arbeit von 12 Stunden, wird auch eine Küh-Schicht genannt

Leckmäulen wird genannt, wenn die Gänge anfangen gut zu tun am Gehalt reich zu werden, daß es viel schüttet und Überschuß gibt

Lehen bedeutet ein Feld von 7 Lachtern lang und 7 Lachtern breit. Dann zum anderen dasjenige, was ein Muter auf einmal an Fundgruben und Maasen zu verleihen begehrt.
Nach Eislebischer Art ist ein Lehn 22 Lachter breit und 66 Lachter lang

Maasen/Maassen sind die Zechen, so nach einer Fundgrube auf demselben Gang aufgenommen werden

Markscheiden eine Kunst die Stollen- und Grubengebäude unter der Erde am Tag oder über der Erde mit ihren Winkeln abstecken, die gerade Teufe vom Tage auf ein Ort in der Grube zu wissen und zu berichten, wie tief dahin sei, auch zu wissen, wie weit zwei Örter der geraden Linie nach von einander abgelegen und wieviel eines höher ist als das andere

Markscheider eine Person, die am Tage (übertage) wissen und erfahren kann, wo man mit einem Ort in der Grube oder auf dem Stollen stecket, muß ausweisen, wo man mit Durchschlägen zusammenkommen, wo man Gänge mit Örtern erbrechen soll, item, der die Ortungen am Tage bringet. Lichtlöcher auf Stollen angibt, die Hauptstunde des Ganges absteckt, Lochsteine in die Grube fällt, die Markscheide-Linie angibt und die Gebäude mit ihren Stollen, Schächten, Strecken, Klüften und Gängen auf eine Mappe oder Abriß bringt, daß man derselben Beschaffenheit auch außerhalb der Gruben abmerken kann. Soll sich keiner des Markscheidens unterfangen, er sei denn von denen Berg-Beamten zugelassen, für tüchtig und seiner Kunst gewiß und fertig erkannt, auch in gebührliche Pflicht genommen

Misspückel eine weiß-glänzende Bergart, wie ein Kies, ist arsenikalisch und wird Rauschgelb daraus gemacht

Muten geschieht, wenn der Finder eines Ganges dem Bergmeister durch einen Zettel zu erkennen gibt, wie er an einem gewissen Orte auf dem Gebirge im unverliehenen Felde eine Fundgrube, Maasen, Stolln, Wasser, Poch- oder Schmiede-Statt oder eine ins Freie gefallene Zeche aufzunehmen und zu bauen begehrt

Muter soll den Mut-Zettel dergestalt einrichten, daß darinnen des Muters Namen, der Ort des Gebirges, das Streichen des Ganges, wo es möglich widrigen Falls zum längsten beim Bestätigen, dann die Art der Metalle, der Tag und Stunde, auch Anzahl der Fundgruben und Maasen deutlich begriffen.
Wer aber auf seinen eigentümlichen Gütern mit dem Bergwerks Regal spezialiter beliehen, der ist ... von Muten, Bestätigen und Quatember-

Geld billig befreit und mag seinen eigenen Bergmeister halten und anderen das Feld verleihen

Nase dasjenige, was sich anfänglich von den Schlacken und hernach von dem Rost um das runde Loch der Form in dem Schmelzofen ansetzt, mit der Zeit lang wird und dadurch der Wind gegen die Vorwand des Ofens, wie die Nase vom Schmelzer geleitet wird, bläset. Wenn sich die Form verstopft, spricht man: Die Form naset sich zu. Vernasen ist so viel, wie Schlacken im Schmelzofen über die Form setzen, damit sich das Gebläse nicht versetze. Ist im Schmelzen ein Meisterstück.

Nest Anbrüche finden sich oft nur nester- oder nierenweise, wenn sie nicht ganghaftig brechen

Ort dasjenige Ende eines Stolln-, Feld-, Quer- oder anderen Orts, so weit ein jedes getrieben worden. Vor Ort arbeiten ist, wo ein Bergmann seine Arbeit in der Grube auf dem Gestein hat

Pingen Gruben und Löcher von alten eingegangenen Schächten

Planeten haben ihre Wirkung in den Gebirgen und Erzen
☉ Sol = Gold, ☽ Luna = Silber, ♂ Mars = Eisen, ☿ Merkurius = Quecksilber, ♃ Jupiter = Zinn, ♀ Venus = Kupfer, ♄ Saturn = Blei

Pochwerk Maschine, darinnen Erz gepocht wird, besteht aus einem Wasserrad, Welle, Poch-Stempeln, Poch-Eisen, Poch-Graben, Poch-Gerinne und dergleichen

Probieren	eine Kunst, durch welche man nicht alleine ein jedes Erz und jede Bergart, was sie für ein Metall bei sich haben, auch den rechten Halt, wieviel ein Zentner derselben an Silber, Gold und dergleichen bei sich führen, erlernen und erfahren kann, sondern auch eines jeden Erzes Natur und Eigenschaft an sich selber, ob es strenge oder flüssig, erkennet und also Rechnung machet, ob man dem Halte (Gehalte) nach bei den Kosten bestehen möge
Quartal	Zeit von 13 Wochen zu 13 Wochen mit dem neuen Jahr anfangend
Querschlag	Ort, so man vom Hauptgang entweder aus dessen Hangenden oder Liegenden durch Quer-Gestein auf keinen Gang oder Kluft nach anderen Gängen treibet
Rabisch	sind die Kerbhölzer also genennet worden, darauf man vor alters die Berg-Kosten angeschnitten. Daher sagt man: Auf den Rabisch schneiden
Radstube	Radstube ist der Ort, darinnen das Rad hängt, und muß sich mit Hängung des Rades und Erbauen der Rad-Stube nach dem Gange und seinem Fallen gerichtet werden
Ramlen/Rammen	heißt, wenn viele Gänge zusammen fallen, daß man ihr Streichen und Saalband nicht erkennen kann. Und da veredelt gemeiniglich einer den andern
Räum-Eisen	Eisen, damit die zugenaste Form aufgenast und die Ofenbrüche gelöst werden

Rotgülden — eine Art reichen Silber-Erzes, so braun, rot und zum öftern durchsichtig wie ein Rubin ist

Rundhaue — eine Axt, wie eine Radehaue, nur daß sie etwas breiter ist, damit haut man die Rasen auf, wenn man schürfen und einschlagen will

Saigern/Seigern/Seygern — Schacht abseigern, wenn die Teufe eines Schachtes mit einer Schnur und perpentical gemessen wird
Seygern ist, das Kupfer von Silber und Blei scheiden

Sau — wenn noch roh Erz in Schlacken gesehen wird, sagt man: Das Erz sitzt in der Sau

Schacht — in die Tiefe abgesunkenes Loch oder Weite, dadurch man einfahren, auch Erz und Berg ausfördern kann. Sind deren unterschiedliche, als Förder-Schacht, Fahr-Schacht, worinnen die Bergleute ein- und ausfahren, Kunst-Schacht, wo das Kunstgestänge hineinschiebet und das Wasser ausgießt; Fund-Schacht; Richt-Schacht; Schmiede-Schacht, so der Markscheider wegen ins Feld getragen oder gesunken (gesenkt) wird; Treibe-Schacht, dadurch mit Pferden oder Kehrrädern das Erze und Berge ausgefördert werden; Bremmer-Schacht ist der Ort, wo ein Schacht gesprenget oder geteilet ist, daß er nicht in einem Seil niedergeht; Wetter-Schacht ...

Schicht — gewisse Zeit zu 6, 8 bis 12 Stunden, so lang ein Bergmann nacheinander zu seiner Arbeit bleiben muß. Lange- oder Kühschicht ist 12 Stunden. Halten Bergleute eine oder mehr Schichten nicht völlig, ob es gleich aus redlichen Ursachen geschieht, wird ihnen doch so viel, als es beträgt, an ihrem Lohn abgezogen, bei verspürter Faulenzerei aber das ganze Schicht-Lohn aufgehoben

Schichtmeister ist der, so der Gewerken Geld aufnimmt, lohnet und verrechnet, auch in der Gruben- und Schmelz-Hütten auf der Gewerken Nutz und Gut siehet. Sollen die Amtleute nicht gestatten, daß einem, so nicht ehrlicher Abkunft, mit bösem Namen behaftet, auch sonsten Untreue oder Unfleiß halber verdächtig, zänkisch, ihres Leides Unvermöglichkeit halber untüchtig oder des Schreibens und Rechnens unerfahren, bestellet werden. ... Mit denen Steigern nicht Brüder noch sonst nahe Anverwandte sein, auch in keine verdächtige Einigkeit mit ihnen sich begeben. Keinen Arbeiter von der Zeche nehmen und zu eigener oder der Bergbeamten Arbeit gebrauchen. Ohne Urlaub vom Bergmeister nicht verreisen. Sowohl in der Grube als in der Hütte keine unnötigen Kosten machen. Den Arbeitern mit guter Münze und keinem anderen Geld, als sie aus dem Zehnten oder von ihren Gewerken bekommen, lohnen und solch Lohn dem Steiger und Arbeitern selber zur Hand reichen und es keinem aufschlagen

Schlich/Schlicht/Schlieg das klein gepochte und rein gewaschene Erz

Schwarzkupfer wenn bei dem Kupfer noch Silber, Blei und Unart ist

Schweif gefärbte Materie, die von den Gängen gegen den Tag zu in der Tamm-Erde sich verspülen läßt, nach welchen sich zu richten, wenn man Gänge ausschürfen will, geschieht, aber nicht bei allen Gängen.

Seifen	eine Arbeit, da man in und unter der Tamm-Erde Gold oder Zinnstein sucht und wäscht
Sichern	das Erz in einem Trog (Sicher-Trog) zu Schlich waschen. Wenn nun viel sitzen bleibet, so sagt man: Das Erz setzt in der Sicherung einen schönen Bart
Silberner Mann	wenn etliche Gänge sich aneinander lehnen, edele Geschicke aus Hangenden und Liegenden dazu stechen, davon sich die Gänge auftun, einen Bauch werfen und der natürlichen Wirkung einen solchen Raum geben, daß ein Stock Erz sich zusammenlegt
• *Sohle*	wird das untere Teil des Stollns genannt
Speise	Erzgehalt des Mansfeld'schen Kupferschieferflötzes wird Speise genannt und ist in sehr feinen Stäubchen eingesprengt, die mit dem Auge schwer erkennbar auf dem Querbruch im Sonnenlicht einen metallischen Schimmer verursachen arsenhaltiges Zwischenprodukt des Hüttenprozesses
Steiger	werden die genennet, welche einer Grube vorstehen und über die darin arbeitenden Bergleute die Aufsicht haben. Alle anfahrenden Tag früh zu rechter Zeit auf der Zeche und aufs längste um 6 Uhr in der Grube sein, und daß die Häuer und Arbeiter nach verrichtetem Gebet zu rechter Zeit ein- und ausfahren, völlige Schicht halten, den Gewerken zu Nutz treulich arbeiten und die Gedinge redlich auffahren, gute Aufsicht haben, denen darwider Handelnden es ernstlich verweisen, auch dem Bergmei-

ster zur Bestrafung ansagen sollen. Allezeit montags früh ein Verzeichnis aller Arbeiter, wo und zu welcher Schicht ein jeder die Woche über anfahren soll, dem Schichtmeister zur Nachricht fertigen und auf dem Zechenhause lassen. Auf den Zechenhäusern weder für sich noch den Hutmann oder sonst jemanden mit Bier-Schank, Wirtschaft oder andere Hantierungen treiben. Außer dem Grubensteiger gibt es noch Graben-, Kunst-, Jungen-, Ober-, Poch-, Unter- und Zimmer-Steiger

Strecke ein Ort in der Gruben, so gleich als ein Stolln getrieben ist, entweder daß man die Gänge damit überfahren will oder die Erze aushauet oder einen Wasser-Lauf zu machen oder die Berge auf solchen fort und bis ans Füll-Ort zu bringen

Strosse sind zweierlei, auf Stöllen, wenn man mit dem oberen Teil des Stollens auf $^3/_4$ Lachter hoch fortfährt und der Stolln soll $1^1/_4$ Lachter hoch werden, so wird das untere Teil, so noch soll hinnach gehauen werden, Strossen, das obere aber das Sitz-Ort genannt; in Schächten oder Gesenken, wenn man mit Örtern auf dem Gang auslängt und eine Strosse nach der anderen hauet, welche wie Stufen scheinen, daß immer ein Bergmann hinter dem anderen sitzen und arbeiten kann

Tamm-Erde wird der Rasen und das zerschüttete Gestein genennet, von Tage nieder bis auf die Gänge oder das feste Gestein.

Teufe so viel wie tief

Treibeherd	gemauerte Rundung, zwei Ellen hoch mit kreuzweiser Abzucht (Gräben) mit Schlacken ausgestürzt, darauf ein Herd zu Abtreibung des Silbers geschlagen wird. Treiben ist der Akt, wenn Silber und Blei voneinander geschieden werden
Treiben	auf dem Oberharz eine Anzahl von 40 Tonnen aus der Grube geförderter Erze oder Berg
Trog/Bergtrog	wie eine Mulde, dienet dazu, daß man mit Kratzen Berg oder Erz drein füllet und ferner in den Karrn und Kübel stürzet
Trom/Trum	wenn ein schmaler Gang den Hauptgang zu oder davon absetzet
Vater	vom Vater her ist soviel, als von dem Ort her, wo der Gang zuerst erschürft worden
Victualien	und andere Bergwerksnotdurft sollen zur Beförderung des Bergbaues ohne Maut und Zoll und dergleichen Beschwerung frei passieret werden. Wie denn auch um des Bergvolks willen an vielen Orten eingeführt, daß niemand Fremdes, noch auch die Höcken und Vorkäufer etwas an den Markttagen kaufen dürfen, so lange das Fähnlein oder der Wisch noch stehet
Wasser	alle Wasser, die mit Stöllen, Schächten, Schürfen oder Röschen verschroten werden, hat der Bergmeister zu des Bergwerks Notdurft und zur Aufbereitung der Erze auch andern Leuten mit dem Reservat, daß solche zum Berggebrauch wieder hergelassen werden sollen, zu verleihen. Fließende Wasser sollen gar nicht verliehen, sondern dem Bergwerk vorbehalten werden

Weil-Arbeit	wenn ein Bergmann über seine verordnete Schicht noch andere Arbeit tut
Wetter	wird die Luft in der Gruben genennet und das muß in der Grube sein, sonst brennet kein Licht und können die Bergleute nicht dauern. Wetter mit in die Grube führen oder Wetter auf die Schlägel bringen geschieht, wenn Wetter-Lotten (Kästen oder Röhren) in den Schacht geführt werden
Witwen/Waisen	armer Bergleute nachgebliebene Witwen und Waisen sind auf Erkenntnis des Bergamtes aus der Knappschaftskasse von den Büchsenpfennigen mit einem Almosen zu bedenken
Zeche	bedeutet soviel Feld, wie eine Gewerkschaft in der Belehnung hat, es sei ein Stolln oder Fundgrube ohne oder mit einer oder etlichen Maasen. Zechen-Haus oder Hut-Haus, darinnen sich die Berg-Leute versammeln, ihr Gebet verrichten und die Steiger ihr Gezähe und Gerätschaften haben
Zeug	bedeutet so viel wie eine Kunst (Maschine zum Wasserheben)
Zubuße	was die Gewerken quartaliter auf ihre Kux an Geld zusammenlegen, daß davon die Zeche bis zur Einnahme oder Ausbeute kann gebauet werden, und ist das erste Wort, welches denen Gewerken am ehesten bekannt wird
Zug	wo viel Zechen, Lehen oder Gewerkschaften nacheinander auf einem Gang liegen. Zug-Erz bedeutet sowie wie ein Treiben-Erz
Zu Sumpfe treiben	wenn eine Zeche durch Nachlässigkeit liegen bleibt

Fußnotenverzeichnis

1 s. dazu auch die Vorbemerkungen »Über den Berggeist«

2 s. die Sage »Das Hufeisen am Tor«

3 Dabei ist zu berücksichtigen, daß im Harz St. Daniel als Bergbauheiliger kaum eine Rolle spielt

4 zitiert bei [18], S. 687

5 s. Hinweise zur Namensdeutung in den Vorbemerkungen

6 s. auch die Sage »Wildemann«

7 vgl. dazu auch: »Der Bergmönch zu St. Andreasberg«

8 vgl. dazu auch: »Wer der Bergmönch früher war«

9 Dost

10 s. die Sage »Der silberne Nagel«

11 s. auch die Sage »Der Bergmönch schenkt Unschlitt und Spindel«

12 vgl. zu diesem Motiv auch die Sage »Der Bergmönch und der Bergmann Sieben«

13 Teilweise werden sie auch als Venezianer bezeichnet

14 vgl. dazu auch die Sage »Die Entstehung des Rädersees«

15 Zusammengestellt aus verschiedenen Bergbüchern, Berginformationen und Bergordnungen:

G. E. Löhneyss. Bericht vom Bergwerk, wie man dieselben bawen und in guten wolstand bringen sol ... Zellerfeld 1617

Abraham v. Schönberg. Ausführliche Berginformation, zur dienlichen Nachricht vor Alle, die bey dem Berg- und Schmelzwesen zu schaffen; Darinnen deutlich gewiesen wird, was einem jeden zu verrichten obliegt ... Leipzig 1698

Johann Gottlieb Voigt. Bergwerksstaat des Ober- und Unterharzes ... Braunschweig 1771

16 kommt von Vertrag

Quellenverzeichnis

[1] Autorenkollektiv: Sagen und Geschichten aus der Vorzeit des Harzes und der Umgegend. Halle: G. C. Knapp's Verlag (o. J.)

[2] Bochmann, E.: Zusammenhänge zwischen den Bevölkerungen des Obererzgebirges und des Oberharzes. In: Programm des Königlichen Gymnasiums zu Dresden-Neustadt. Verlag Teubner 1889

[3] Brüning, K.: Der Bergbau im Harze und im Mansfeldischen. Braunschweig: G. Westermann-Verlag 1926

[4] Dennert, H.: Bergbau und Hüttenwesen im Harz vom 16. bis zum 19. Jahrhundert. Clausthal-Zellerfeld: E. Piepersche Verlagsanstalt 1960

[5] Ey, A.: Harzbuch. Der Geleitsmann durch den Harz. Goslar: Verlag v. Ed. Brückner 1855

[6] Förstner, C.: Aus der Sagen- und Märchenwelt des Harzes – Quedlinburg: Oberharz. H. Schwanecke (o. J.)

[7] Förstner, C.: Aus der Sagen- und Märchenwelt des Harzes – Unterharz. Quedlinburg: H. Schwanecke (o. J.)

[8] Förstner, C.: Neues und Altes aus dem Sagenkreis des Vater Brocken. Quedlinburg: H. Schwanecke (o. J.)

[9] Förstner, C.: Sagen vom Kyffhäuser und der goldenen Aue. Quedlinburg: H. Schwanecke (o. J.)

[10] Giebelhausen, C. F. A.: Der Berggeist. Ernst und heitere Mittheilungen aus Mansfelds Vor- und Neuzeit. Halle: C. E. M. Pfeffer 1868

[11] Gillwald, A.: Die Sagen vom Ober- und Unterharz und die neu entdeckte Hermannshöhle bei Rübeland. Thale/Harz: Wilhelm Rauch (o. J.)

[12] Grässe, J. G. Th.: Sagenbuch des Preußischen Staates. Erster Band. Glogau: C. Flemming 1868

[13] Grosse, W.: Die Geschichte unserer Heimat im Spiegel der Sage. In: Der Brocken. Heimatliche Monatsblätter der Harzer Landschaft. Wernigerode: Harzer Graphische Kunstanstalt (o. J.)

[14] GRÖSSLER, H.: Sagen der Grafschaft Mansfeld. Eisleben: Selbstverlag 1880

[15] GÜNTHER, F.: Aus dem Sagenschatz des Harzes. Hannover-Linden und Leipzig: Manz & Lange 1893

[16] GÜNTHER, F.: Die Besiedlung des Oberharzes. In: Zeitschrift des Harzvereins für Geschichte und Altertumskunde. Nr. 17/1884

[17] HAASE, H.: Kunstbauten alter Wasserwirtschaft im Oberharz. Clausthal-Zellerfeld: E. Piepersche Verlagsanstalt 1966

[18] HEILFURTH, G.: Bergbau und Bergmann in der deutschsprachigen Sagenüberlieferung Mitteleuropas. Marburg: N. G. Elwert Verlag 1967

[19] LOCHER, E.: Die Venedigersagen. Inaugural-Dissertation. Phil. Fakultät der Universität Freiburg in der Schweiz, 1922

[20] MEIER, P. I.: Die Stadt Goslar. Stuttgart: Deutsche Verlagsanstalt 1926

[21] MÜCK, W.: Der Mansfelder Kupferschieferbergbau in seiner rechtsgeschichtlichen Entwicklung. Leipzig: A. Köllner 1910

[22] MÜLLER, G.: Taufwein aus dem Ritterkeller. Berlin: Evangelische Verlagsanstalt 1984

[23] PRESSLER, W.: Der niedersächsische Kulturkreis. Hannover: Niedersächsische Verlagsgesellschaft 1925

[24] PROBST, A.: Sagen und Märchen aus dem Harz. Berlin: Altberliner Verlag Luci Groszer 1954

[25] PRÖHLE, H.: Harzsagen. Leipzig: H. Mendelsohn 1886

[26] SCHREIBER, Th.: Kurzer historischer Bericht von Aufkunft und Anfang der Fürstlich Braunschweigisch-Lüneburgischen Bergwerke an und auf dem Harz... Rudolstadt: Barthold Fuhrmanns 1678

[27] SCHURTZ, H.: Der Seifenbergbau im Erzgebirge und die Walensagen. In: Forschungen zur deutschen Landesvolkskunde. Band V. Stuttgart: J. Engelhorn 1890

[28] SCHUSTER, C.: Sagen des Harzes. Hannover: Hahnsche Hofbuchhandlung 1832

[29] SKIBA, R.: Moderner Harzer Bergbau. Clausthal-Zellerfeld: E. Piepersche Verlagsanstalt 1966

[30] SPANGENBERG, C.: Chronik der Grafschaft Mansfeld. Band 1. Eisleben: Christian Friedrich Viewegs Buchhandlung 1572

[31] STEINHOFF, R.: Geschichte der Grafschaft bzw. des Fürstentums Blankenburg, der Grafschaft Regenstein und des Klosters Michaelstein. Quedlinburg 1891

[32] THIEDE-PARIS, M.: Harzsagen (o. V., o. J.)

[33] VOIGT, J. G. – gewesener Oberbergamtsverwalter zu Freiberg: Bergwerksstaat des Ober- und Unterharzes denen baulustigen Gewerken zum Unterricht mit Anmerkungen herausgegeben von Julius Johann Madilin, Herzogl. Braunschw. Sekretär. Braunschweig: Meyersche Buchhandlung 1771

[34] WACHLER, E.: Der wilde Mann im Harz. In: Der Brocken. Heimatliche Monatsblätter der Harzer Landschaft. Harzer Graphische Kunstanstalt. Wernigerode (1930) S. 94 f.

[35] WRUBEL, F.: Sammlung bergmännischer Sagen. Freiberg: Graz & Gerlach 1883

[36] Aus dem Sagenschatz des Harzlandes. Zusammengestellt und bearbeitet von F. Eggeling, H. Scholke, A. Siebrecht. Herausgegeben von der Kreisleitung Halberstadt des Deutschen Kulturbundes. Halberstadt 1965

[37] Bergmannssagen aus dem sächsischen Erzgebirge. Bearbeitet und herausgegeben von D. WERNER und E. NEUBERT. 2. Aufl. Leipzig: VEB Deutscher Verlag für Grundstoffindustrie 1986

[38] Bergordnung für Zellerfeld, Clausthal etc. von 1593

[39] Der Brocken. Heimatliche Monatsblätter der Harzer Landschaft. Harzer Graphische Kunstanstalt. Wernigerode

[40] Der Harz. Zur Belehrung und Unterhaltung für Harzreisende von C. G. Fr. Brederlow. Braunschweig: Verlag von C. W. Ramdohr's Hof- und Kunsthandlung 1846

[41] Deutsche Sagen. Gesammelt und bearbeitet von G. A. RITTER. 28., verbesserte Auflage. Berlin: W. Herlet (o. J.)

[42] Die silberne Rose. Europäische Bergmannssagen. Herausgegeben von M. BLECHSCHMIDT. Rudolstadt: Greifenverlag 1980

[43] Die Zwerge im Kreuzberg. Harzsagen. Nacherzählt von M. OELSNER. Herausgegeben von der Kreisredaktion Wernigerode der »Volksstimme« und dem Zentrum Harzer Folklore. Wernigerode 1984

[44] Die Geschichte des Mansfeld'schen Kupferschieferbergbaus und Hüttenbetriebes. Festschrift zur Feier des 700jährigen Jubiläums. Eisleben 1900

[45] Geschichte der deutschen Volksdichtung. Herausgegeben von H. STROBACH. Berlin: Akademie-Verlag 1981

[46] Harzlandsagen. Gesammelt und herausgegeben von FR. SIEBER. Jena: Eugen Dietrichs 1928

[47] Harzmärchenbuch oder Sagen und Märchen aus dem Oberharze. Gesammelt und herausgegeben von A. EY. FR. STEUDEL. Stade 1862

[48] Heimatzeitschrift des Kreises Wernigerode. Herausgegeben von der Kreiskommission der Natur- und Heimatfreunde im Kulturbund und im Rat des Kreises, Abteilung Kultur

[49] Mansfeldische Sagen. C. F. A. Giebelhausen. Gedruckt und in Commission bei G. Reichardt, Eisleben 1850

[50] Niedersächsische Sagen und Märchen. Herausgegeben von G. SCHAMBACH und W. MÜLLER. Göttingen: Vandenhoeck u. Ruprecht's Verlag 1855

[51] Sagen aus dem Harz. Nacherzählt von F. A. KÖRBER. Herausgegeben vom Rat des Kreises Halberstadt, Abteilung Kultur, in Verbindung mit dem Deutschen Kulturbund. Erstes Sonderheft des Jahres 1960 der Heimatzeitschrift »Zwischen Harz und Bruch«

[52] Sagen des Harzes. Den Freunden des Harzgebirges zur Unterhaltung und Erinnerung erzählt von G. A. LEIBROCK. 5. Auflage. Quedlinburg: Verlag von Chr. F. Vieweg's Buchhandlung (o. J.)

[53] Sagen und Geschichten aus der Vorzeit des Harzes und der Umgegend. Halle: G. C. Knapp's Verlag (o. J.)

[54] Sagen vom Harz. Zusammengestellt und bearbeitet von L. LINS, K. H. PIGORSCH, G. RUHE, W. STENGEL. Herausgegeben von der Kreisleitung Halberstadt des Deutschen Kulturbundes. Halberstadt 1963

[55] Volkssagen zwischen Hiddensee und Wartburg. Zusammengestellt und interpretiert von W. WOELLER. Berlin: VEB Deutscher Verlag der Wissenschaften 1979

[56] Wo das Erz in Fülle blinkt. Bergmannssagen. Bearbeitet und herausgegeben von H. TROMMER. Leipzig: VEB Friedrich Hofmeister 1956
[57] Archiv des Herausgebers

Schutzumschlaggestaltung Innenseiten von CHRISTA JAHR, nach Vorlagen aus:

linke Seite

ALBERT RITTER: RELATIO HISTORICO-CVRIOSA DE ITERATO ITINERE IN HERCYNIAE MONTEM FAMOSISSIMVM BRVCTERVM.
Helmstädt 1740 (aus dem Wissenschaftlichen Altbestand der Bibliothek der Bergakademie Freiberg, Nachlaß A. G. WERNER, 1749–1817)

rechte Seite

MORICH, H.: Kleine Chronik Oberharzer Bergstädte. 4., erweiterte Auflage. Überarb. und erweit. von Oberbergrat HERBERT DENNERT. Clausthal-Zellerfeld: Ed. Piepersche Buchdruckerei und Verlagsanstalt 1974
Die Schmuckleiste zeigt bergbauliche Anlagen des Harzes. Als Vorlage dienten in obengenannter Quelle enthaltene Bergzettel.

Annotation: Bergmannssagen aus dem Harz / hrsg. u. bearb. von Dietmar Werner, mit kulturwissenschaftlichen und montanhistorischen Erläuterungen von Eberhard Neubert · Mit Ill. von Christa Jahr. – 1. Auflage · Leipzig: Dt. Verl. für Grundstoffind., 1988. – 354 S.
NE: Werner, Dietmar /Hrsg./
Das Buch enthält eine Auswahl der schönsten Sagen und sagenhaften Überlieferungen aus dem Harz und dem Mansfelder Revier. Sie geben einen interessanten Einblick in die Arbeitswelt, die Lebensweise und Gedankenwelt der Berg- und Hüttenleute vergangener Jahrhunderte. Die Sagen sind nach ihren inhaltlichen Schwerpunkten in sieben Komplexen zusammengefaßt, wobei jedem Themenkreis eine kulturhistorische und montanwissenschaftliche Erläuterung über den Ursprung der Sagen vorangestellt ist. Die am Ende des Buches beigefügten Erläuterungen bergmännischer Redensarten stammen aus historischer Bergbauliteratur und sollen dem nicht bergkundigen Leser das Verständnis erleichtern.

Dieses Buch will als Lesebuch verstanden und genutzt werden. Eine tiefgründige volkskundliche Untersuchung der Sagen lag nicht in der Absicht des Herausgebers. Somit wendet es sich nicht nur an Berg- und Hüttenleute sowie Historiker, sondern an alle Leser, die volkskundlich interessiert sind.

ISBN 3-342-00323-5

1. Auflage
© VEB Deutscher Verlag für Grundstoffindustrie, Leipzig 1988
VLN 152-915/82/88
Printed in the German Democratic Republic
Satz: Druckhaus Weimar
Druck: Gutenberg Buchdruckerei und Verlagsanstalt Weimar
Betrieb der VOB Aufwärts
Buchbinderei: GG Interdruck Leipzig
Schrift: Garamond-Antiqua und Alte Schwabacher
Lektor: Dipl.-Krist. Helene Schwarz
Typographie und Einbandgestaltung: Gottfried Leonhardt
Hersteller: Christa Krause
Redaktionsschluß: 10. 12. 1986
LSV 3109
Bestell-Nr.: 542 105 2
02400